GUIDE BELLES LETTRES

Collection

dirigée

par

Jean-Noël Robert

DES CIVILISATIONS

DU MÊME AUTEUR

Die iranischen Personennamen in den griechischen Dokumenten Ägyptens. Iranisches Personennamenbuch. V/6a, Vienne, 1990.

Die dreisprachige Inschrift Šābuhrs I. an der Kaʿba-i Zardušt (ŠKZ). 2 vols. Corpus Inscriptionum Iranicarum, Londres, 1999.

Le y final dans les inscriptions moyen-perses et la 'loi rythmique' proto-moyen-perse. Cahiers de Studia Iranica 29, Paris, 2003.

W. Breidbach – Ph. Huyse (éds.), *Rüdiger Schmitt. Selected Onomastic Writings*. Persian Studies Series 19, Winona Lake (Idaho), 2000.

Ph. Huyse (textes réunis par), *Iran : questions et connaissances. Actes du IVe Congrès Européen des Études Iraniennes*. Paris 6-10 septembre 1999. Vol. I : *Études sur l'Iran ancien*. Cahiers de Studia Iranica 24, Paris, 2002.

J. Wiesehöfer – Ph. Huyse (éds.), *Eran ud Aneran. Beiträge zu den Beziehungen zwischen Ost und West in sasanidischer Zeit*. Akten der Internationalen Sasaniden-Tagung « Das Bild des Anderen ». Oriens et Occidens, Stuttgart, 2005.

PHILIP HUYSE

LA PERSE ANTIQUE

Quatrième tirage

LES BELLES LETTRES

Premier tirage 2005

ISBN : 978-2-251-41031-9

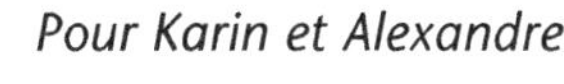

Pour Karin et Alexandre

Crédits des illustrations

Friedrich Krefter, dans L. Trümpelmann, *Ein Weltwunder der Antike.* Persepolis (1988) (p. 61, 63) ; G. Gullini, *Architettura Iranica dagli Achemenidi ai Sassanidi. Il « palazzo » di Kuh-i Khwagia,* Seistan, Turin (p. 66, 67) ; Dietrich Huff, *Istanbuler Mitteilungen* 19/20 (1969/70) (p. 68) ; Dietrich Huff. *Archäologische Mitteilungen aus Iran* [Neue Folge] 4 (p. 69) ; Erich F. Schmidt, *Persepolis I.* Oriental Institute Publications LXVIII, Chicago (p. 60, 87, 197, 244) ; Erich F. Schmidt, *Persepolis III.* Oriental Institute Publications LXX, Chicago (p. 175) ; M. G. Houston, *Ancient Egyptian, Mesopotamian and Persian Costume and Decoration,* 2nd ed., A&C Black Publishers Limited (p. 90) ; Ann Britt Tilia, *Studies and Restorations at Persepolis and Other Sites of Fars II,* Rome : IsMEO (p. 91) ; Mary Boyce, *Textual Sources for the Study of Zoroastrianism,* Glasgow (p. 116) ; Louis Vanden Berghe, *Archéologie de l'Iran ancien,* Leyde (p. 128) : Hans Henning v. d. Osten, *Welt der Perser* (p. 129) ; O. M. Dalton, *The Treasure of the Oxus,* Londres (p. 132) ; Georgina Herrmann, « The Darabgird relief », dans : *Iran 7* (p. 141) ; d'après Andrae, *Hatra I* et *II,* Leipzig, (p. 198) ; C. Hopkins (éd.), *Topography and Architecture of Seleucia on the Tigris,* Ann Arbor : *University of Michigan Press* et Roman Ghirshman, *Bichâpour I.* Paris (p. 199) ; d'après E. Flandin et P. Coste (p. 201) ; d'après Flandin-Coste (p. 201) ; d'après Ernst Herzfeld, *Iran in the Ancient East,* Oxford (p. 202) ; dessin adapté de L. W. King et R. C. Thompson, *The sculptures and inscription of Darius the Great ...,* Londres (p. 203) ; *Athar-e Iran II* (p. 205) ; Louis Vanden Berghe, *Archéologie de l'Iran ancien,* Leyde (p. 208) ; M. E. Masson, Trudi IUTAKE (Askhabad) (p. 210) ; A. U. Pope, *A Survey of Persian Art,* Oxford (p. 212, 218) ; d'après Friedrich Sarre, *Die Kunst des alten Persien,* Berlin (p. 210) ; D. J. Wiesemann, *Cylinder Seals of Western Asia,* Londres (p. 233) ; G.Tilia (p. 243).

La glorieuse civilisation de la Perse antique avec ses impressionnants reliefs achéménides et sassanides a séduit un large public. Les somptueuses expositions dans les grands musées du monde de ces dernières années n'y sont probablement pas tout à fait étrangères. Mais en dépit de la grande fascination qu'il a exercé sur l'Occident depuis l'époque d'Hérodote, l'Iran préislamique demeure malgré tout un peu une civilisation « oubliée » dans l'ombre des cultures avoisinantes. Sans aucun doute y a-t-il de multiples raisons à cela, trop nombreuses pour les énumérer ici, mais il est certain que **les préjudices** que l'Antiquité gréco-romaine a fait subir aux « barbares » orientaux, de surcroît vaincus lors des guerres médiques au début du Ve siècle av. J.-C., **perdurent** dans une certaine mesure jusqu'à ce jour.

Dans ce contexte, **des erreurs d'appréciation fondées sur une vision trop eurocentrique des choses restent particulièrement difficiles à éradiquer** : ainsi, l'imitation par Xerxès Ier des inscriptions et reliefs de son père Darius Ier dans un souci d'aspirer aux mêmes hautes valeurs universelles, a été mal interprétée et on l'accusa d'un « manque d'originalité ». De même la « destruction générale » de Persépolis par Alexandre le Grand ne fut nullement confirmée par les fouilles archéologiques. La prétendue « macédonisation » de l'Iran sous les Séleucides fut également démentie par une meilleure interprétation des sources qui désavouent l'ancienne idée d'une rupture radicale avec les traditions des prédécesseurs perses. Finalement, le processus d'une « décadence » croissante des dynasties achéménide et parthe tardives ou encore la supposée institution d'une « religion d'État » chez les Sassanides dès le début de leur règne ne résiste pas non plus à une évaluation objective des faits.

COMMENT UTILISER CE GUIDE ?

Il est, certes, possible de lire ce livre chapitre après chapitre, pour découvrir un panorama de la société perse ; mais il est aussi conçu pour que le lecteur puisse y trouver rapidement (et en extraire) des informations précises sur un sujet qui l'intéresse.
Il est donc conseillé :
– de se reporter au sommaire : *chaque chapitre est divisé en rubriques (avec des renvois internes) qui permettent de lire, dans un domaine choisi, une notice générale. En outre, les autres rubriques du chapitre complètent l'information.*
Au début de chaque chapitre, une introduction situe le sujet dans une

perspective différente, illustrant l'évolution de la société et des mentalités perses ;

***– d'utiliser l'index** à partir duquel, sur une notion générale, un terme technique, voire un personnage, il est possible de réunir, à travers l'ensemble du livre, plusieurs données complémentaires.*

***Une bibliographie choisie** permet, dans un premier temps, de se reporter à des ouvrages récemment parus pour y commencer une recherche. Tous offrent, sur le sujet qu'ils traitent, une bibliographie plus ou moins riche.*

Enfin, les tableaux de synthèse, les cartes et graphiques pourront aider à visualiser et mieux retenir les informations désirées. (Cf. table des cartes, plans et tableaux en fin de sommaire.)

Le terme d'« Iran » en tant que concept politique, religieux et culturel a été forgé au IIIe siècle ap. J.-C., quand les premiers rois sassanides ont introduit le nom d'*Ērān* — ou *Ērānšahr* (« pays des Aryens/Iraniens »), écrit en toutes lettres — dans leurs inscriptions pour désigner le territoire sur lequel ils exerçaient le pouvoir. En dernier lieu, ce nom propre à connotation ethnique remonte au nom (adjectif et substantif) iran. anc. **aryānām*, génitif pluriel de **arya-* (vp. *ariya-*, avest. *airiia-*) qui ne signifie rien d'autre qu'« aryen, Aryen », c.-à-d. « iranien, Iranien ». Dans leurs inscriptions, les rois achéménides Darius Ier et Xerxès Ier ont souligné leur descendance « aryenne » (vp. *ariyaciça-*), présenté le dieu suprême Auramazdā comme le « dieu des Aryens » et désigné leur langue et leur écriture comme « aryennes », tout comme le roi kouchan Kaniška en Bactriane, à l'autre bout du monde iranophone, plus de six siècles plus tard.

Avec la chute de l'empire sassanide, la notion politique d'Iran disparut également et, **des siècles durant, le nom officiel du pays fut remplacé par celui de la « Perse »** jusqu'en 1934, quand le nom « Iran » redevint le nom officiel de l'état sous la dynastie des Pahlavis. À l'origine, la *Perse* désigna seulement la province au sud-ouest de l'Iran actuel (la *Persis* « Perside » des Grecs et Romains), dont étaient originaires les rois achéménides et sassanides. Ils appelaient cette région respectivement *Pārsa-* en vieux-perse et *Pārs* en moyen-perse (la désignation actuelle de la région en persan moderne étant *Fārs*). En raison du rôle central de ladite province pendant plusieurs siècles de l'histoire iranienne avant l'arrivée des Arabes et de l'islam par le Chorassan peu avant le milieu du VIIe siècle ap. J.-C., le terme « Perse » a retenu notre préférence dans l'intitulé de ce livre. Nous nous attarderons du reste essentiellement sur cette partie occidentale du territoire iranien dans le présent ouvrage.

Si l'intérêt des Européens pour l'Orient s'était limité au Levant à l'époque des croisades, les grandes conquêtes des Mongols au début du XIIIe siècle ont permis de renouer des contacts entre l'Occident et le reste de l'Orient, dans un premier temps par le biais de légations de marchands comme celle bien connue du Vénitien Marco Polo et de missionnaires franciscains et dominicains qui, sur leur chemin vers l'Extrême-Orient, ont aussi traversé la Perse. **Ils furent les premiers d'une longue série de voyageurs qui ont rapporté des descriptions extravagantes et des dessins souvent non moins fantaisistes de la Perse antique.** Italiens, Anglais et Allemands ont été parmi les pionniers, mais, à partir du XVIIe siècle, les Français n'ont pas été en reste, avec les voyages de Jean Baptiste Tavernier, Jean de Thévenot et surtout Jean Chardin, dont le rapport contient la première description détaillée des « Guèbres ignicoles » (c.-à-d. les Parses zoroastriens). Son récit fut en outre une source d'inspiration pour *Les Guèbres ou la tolérance* (1768) de Voltaire, ou encore pour le *West-Östlicher Divan* (1819) de Johann Wolfgang von Goethe.

Les cercles cultivés de l'Europe du XVIIe siècle et plus encore du siècle suivant des Lumières furent par ailleurs particulièrement réceptifs à des thèmes perses. Rien qu'en France, les auteurs tragiques ont écrit à cette époque une trentaine de pièces de théâtre sur la Perse, comme par exemple *Rodogune* (1644) et *Suréna* (1674) de Pierre Corneille, ou encore *Mithridate* (1673) et *Esther* (1689) de Jean Racine. À peine un demi-siècle plus tard, Montesquieu publia un roman philosophique sous forme de *Lettres persanes* (1721). Même les compositeurs découvrirent la Perse achéménide comme thème : les opéras *Ciro* (1654), *Xerse* (1655) et *Statira* (1656/1666) de Francesco Cavalli, *Croesus* (1710/1730) de Reinhard Keiser, *Xerxès* (1738) de Georg Friedrich Händel, *Zoroastre* de Jean-Philippe Rameau (1756), *Artaxerxès* de Thomas Arne (1762) et d'autres en sont tous inspirés. Plusieurs travaux historiques sur la Perse antique virent aussi le jour, à commencer par celui de l'Anglais Thomas Hyde sur *L'histoire de la religion des anciens Perses* (1700). La connaissance des langues de l'Iran ancien fit également d'énormes progrès avec les Français Abraham Hyacinthe Anquetil-Duperron (1731-1805) pour l'avestique, et Antoine Isaac Silvestre de Sacy (1758-1838) pour le déchiffrement du moyen-perse et du parthe dans les inscriptions sassanides, ainsi que l'étudiant allemand Georg Friedrich Grotefend (1775-1853) pour le déchiffrement de l'écriture cunéiforme vieux-perse.

Aux XVIIIe et XIXe siècles, la Perse devint enfin le but propre des voyages et non plus simplement un lieu de passage : **les rapports de voyage sont alors aussi mieux informés**, à la hauteur de la *Description de l'Arabie* (1772) de Carsten Niebuhr, **et les dessins plus précis et réalistes**, comme dans l'ouvrage monumental en deux volumes (1839-1841) du peintre Eugène Flandin et de son compagnon de voyage, l'architecte Pascal Coste. **Le XIXe siècle vit aussi les premières « fouilles » archéologiques**, dont celles de l'Anglais William Kennett Loftus qui était à la recherche du palais de l'Esther biblique à Suse. Les fouilles ne prirent cependant pas de caractère scientifique avant celles de la première « Délégation Archéologique Scientifique en Perse » (1897-1912) à Suse, sous la direction du Français Jacques de Morgan, précédées de celles du fameux couple français Jane et Marcel-Auguste Dieulafoy.

Le XXe siècle enfin a mis au jour plusieurs dizaines de milliers de (fragments de) manuscrits comme autant de trouvailles inestimables, faites lors des nombreuses expéditions par plusieurs nations (la Grande-Bretagne, l'Allemagne, le Japon, la France, la Russie, etc.) dans les oasis du désert interminable du Takla-Makan. En un quart de siècle, dix-sept nouvelles langues et treize nouvelles écritures furent ainsi découvertes. Mais ce dernier siècle avant le nôtre a malheureusement aussi connu **l'usage détourné du terme « aryen » par les nationaux-socialistes** qui ont identifié ce concept au mot « indogermanique », antonyme à leurs yeux de « juif ». Leurs idéologies absurdes étaient fondées sur les théories raciales du comte Joseph Arthur de Gobineau et sur des étymologies erronées. Un autre détournement, moins grave, a eu lieu en Iran à la même époque avec la fausse propagation par les Pahlavis d'une continuité ininterrompue de l'histoire iranienne depuis les Achéménides, culminant en 1971 dans les festivités grandioses à l'occasion des 2 500 ans de l'empire perse et dans l'invention d'un titre royal historicisant *šāhānšāh āryāmehr* « roi des rois, lumière des Aryens ».

Au bout du compte, la Perse antique est bien plus proche de nous que nous ne le croyons. **De nos jours, notre vocabulaire contient encore nombre de mots d'origine perse** que nous utilisons presque quotidiennement, par ailleurs souvent sans nous rendre compte de leur provenance. Des mots plus ou moins courants comme bazar, caravane, douane, échecs, épinards, jasmin, kiosque, losange, mage, paradis, pêche, pistache, tambour, tulipe, etc. ont été empruntés au persan (parfois avec une modification du sens) à divers moments entre les XIe et XVIIIe siècles, mais remontent souvent à une période beaucoup plus ancienne. Ils sont arrivés au français par l'intermédiaire de l'arabe, du grec ou du latin médiéval (ainsi que des langues romanes dérivées comme le portugais ou l'italien). De même l'expression biblique « jeter des perles aux pourceaux » est sans doute elle aussi en dernier lieu d'origine iranienne et a déjà été employée dans un poème originairement parthe (transmis oralement par la suite jusqu'à sa mise par écrit en moyen-perse à l'époque post-sassanide), avant qu'elle ne trouve son chemin dans la transmission de l'évangile de saint Matthieu.

Décrire le premier empire-monde de l'Antiquité dans les limites du cadre imposé n'est pas chose facile et des choix ont forcément été nécessaires. Ce guide n'a dès lors d'autre ambition que de fournir une première introduction sommaire à un vaste sujet, tout en essayant de corriger ou tout au moins de relativiser un certain nombre d'idées reçues. Si, en fin de compte, ce petit livre donne envie au lecteur d'en savoir plus et d'approfondir ses connaissances, son modeste but aura été pleinement atteint.

TABLEAU DE PRONONCIATION

Les noms propres (anthroponymes, ethnonymes, toponymes) d'usage courant tels que Cambyse, Mithradate, Parthes, Persépolis, Sogdiens, Zoroastre, etc. ont en général été cités sous leur forme française, elle-même souvent héritée du grec ou du latin.

Les *voyelles* se composent de brèves (*a*, *ə*, *e*, *i*, *o*, *u*, *ṛ*) et de longues (*ā*, *ē*, *ī*, *ō*, *ū*). À noter que le *ə* se prononce comme le *e* dans fr. *je* et le *ṛ* est proche d'un *ə* suivi par un *r* roulé ; le *u* bref se prononce comme le *ou* dans fr. *genou*, le *ū* long comme le *ou* dans fr. *court*. Les semi-voyelles *y* et *v* se prononcent comme fr. *y* dans *yeux* et fr. *ou* dans *oui* respectivement. Les diphtongues *ai* et *au* finalement se prononcent comme fr. *ai* dans *aïe* ! et comme *au* dans allem. *Haus* ou angl. *ow* dans *powder.*

Les *consonnes* se prononcent plus ou moins comme en français (à noter que le *r* est un *r* roulé et que *s* est toujours sourd comme fr. *ss* dans *poisson*, alors que *z* rend le *s* sonore de *poison*) ; à ceci s'ajoutent :

ᶜ = son glottal, comme le *h* de non-liaison dans *héros* ou comme les sons au début de *onze* et entre *a* et *ou* dans *yaourt*

θ = comme angl. *th* dans *thing*

δ = comme angl. *th* dans *there*

č = comme fr. *tch* dans *Tchèque*

ǰ = comme angl. *j* dans *jazz* et *jet-set* ou fr. *dj* dans *adjoint*

ç = son proche du *s* sourd comme dans fr. *ça*

š = comme fr. *ch* dans *chaise*

ž = comme fr. *j* dans *jeu*

h = comme fr. *h* dans *hop* ! (exclamatif) ou allem. *h* dans *haben*

x = comme allem. *x* dans *acht*

SOMMAIRE

L'économie est fondée sur l'agriculture, complétée dès l'époque parthe par une intensification du commerce international de transit. S'y ajoute à l'époque sassanide le développement de l'industrie du textile qui conduit à une urbanisation croissante. Au fil du temps, la monnaie se développe d'un outil idéologique à un instrument économique.

LES PERSES

Le mythe d'une division du monde en sept continents, avec les pays iraniens au centre, détermine l'image perse de la terre jusqu'à l'époque islamique. Les calendriers lunisolaire hérité des Babyloniens et solaire des zoroastriens règlent la vie sociale et religieuse.

VI. LES RELIGIONS

Dans un climat de tolérance pragmatique voire de soutien actif aux minorités religieuses par les rois perses tout au long de l'époque préislamique, le mazdéisme iranien occupe une place de plus en plus prépondérante.

VII. LA LITTÉRATURE ET LES SAVOIRS. 159

Des siècles durant, l'écriture est employée pour des raisons de prestige ou à des fins pratiques d'ordre administratif ou économique. De la littérature séculière, largement orale, peu a survécu jusqu'à nos jours, et la littérature à caractère religieux prédomine. De même, les sciences, encore peu développées, sont entièrement imprégnées d'une vision religieuse du monde.

VIII. LES ARTS. 193

L'art iranien préislamique, très éclectique, est entièrement au service du roi et de sa famille. Les bas-reliefs rupestres sont le moyen d'ex-

pression privilégié pendant plusieurs millénaires. À l'inverse, l'art sassanide a lui-même fortement influencé l'art des époques postérieures chez les voisins occidentaux comme orientaux.

« Le Roi s'amuse ». Les divertissements demeurent le privilège du roi et de la classe aristocratique.

L'individu s'efface derrière ses obligations envers sa famille et envers l'État.

ANNEXES

Tableaux

Encadrés (extraits de textes)

SOMMAIRE

Illustrations

Les rares abréviations employées dans cet ouvrage sont courantes. À cela s'ajoutent les abréviations suivantes pour les langues: iran. anc. (iranien ancien), avest. (avestique), vp. (vieux-perse), pa. (parthe), mp. (moyen-perse), pers. (persan moderne) ; ar. (arabe), aram. (araméen), babyl. (babylonien), élam. (élamite), gr. (grec), lat. (latin).

LA PERSE

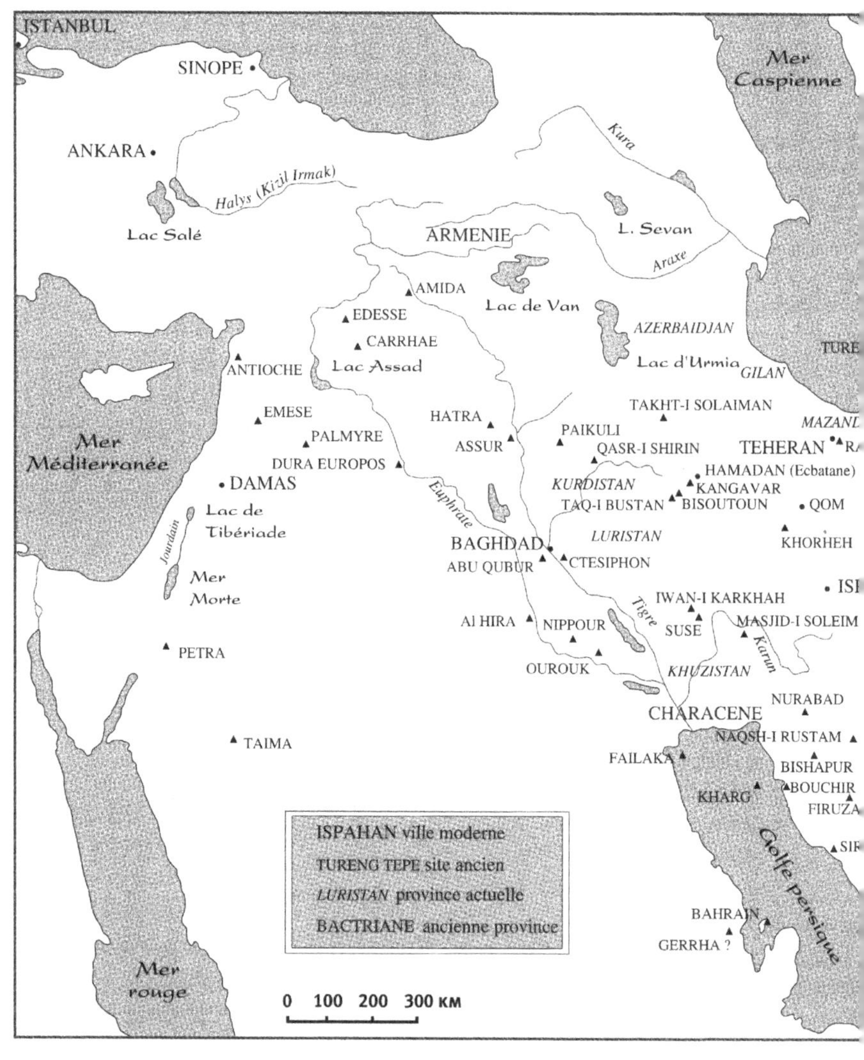

Carte générale du monde iranien à l'époque préislamique

Mer d'Aral
(Syr-Darya)
CHORASMIE
TASHKENT
FERGHANA
BUKHARA
SAMARCANDE
AFRASYAB
PIANDJIKENT
SOGDIANE
MUG
KHALTCHAYAN
Oxus (Amou-Darya)
MARGIANE
HYRCANIE
Atrek
GORGAN
Gorgan
NISA
MERV
DARGAZ
Murghab
AI KHANOUM
BALKH
DAMGHAN
SHAHR-I QUMIS
MESHED
Harirud
GHULBIYAN
BACTRIANE
SURKH KOTAL
GANDHARA
BAMYAN
KABUL
HERAT
PESHAWAR
KHURASAN
YAZD
KUH-I KHAJEH
SISTAN
Hilmund
ISTAKHR
PERSEPOLIS
SARVISTAN
KERMAN
DARABGIRD
HADJIABAD
KERMAN
FARS
Indus
PURA
CHAHAN
MAKRAN
GEDROSIE
ED DOUR
Golfe d'Oman

I

L'HISTOIRE

Un coup d'œil sur la géographie et les conditions climatiques de la Perse antique s'avère riche en informations pour quiconque a essayé de savoir comment les Achéménides ont pu bâtir un empire-monde sur les ruines d'autres grandes puissances orientales, de comprendre pourquoi il a été si dur pour les successeurs de Darius de garder le contrôle politique sur cet immense espace, ou encore de connaître les raisons de l'antagonisme persistant entre la population du plateau iranien au sud-ouest et celle des steppes de l'Asie centrale au nord-est (respectivement les Iraniens et les Touraniens de l'Avesta).

L'Iran, au sens sassanide du terme (cf. Avant-propos), **est en réalité, à l'exception de deux bandes étroites de bas pays** — l'une au sud-ouest le long du mont Zagros qui se prolonge dans les plaines mésopotamiennes entre Tigre et Euphrate favorables aux cultures sédentaires, l'autre au nord dans les plaines côtières le long de la Caspienne —, **un haut plateau** (1 000 à 2 000 m au-dessus du niveau de la mer) **entouré et en partie traversé par de hautes montagnes** : à l'ouest le Zagros, au nord le Caucase et l'Elbourz qui se fond dans les montagnes du Chorassan au nord-est, ainsi que l'Hindūkuš et le Pāmir à l'est. Ces montagnes, dont les rares cols et gorges sont faciles à barrer, sont riches en minerais (fer, cuivre, plomb argentifère, étain) et pierres précieuses (albâtre, diorite, lapis-lazuli, ambre jaune). Les hautes vallées alternent avec les déserts dont le caractère inhospitalier ne convient qu'aux seuls nomades : le désert de sable du Karakom et les deux déserts de sel, le Dašt-i Kavīr (le plus grand au monde de la sorte) et le Dašt-i Lūt. De plus, la Perse, **enserrée entre la Caspienne et l'océan Indien**, fut, pour une bonne partie de son histoire, à l'Antiquité **ceinturée par quatre grandes rivières** : le Tigre, l'Euphrate, l'Oxus — voire le Yaxarte —

(respectivement l'Āmū Daryā et le Syr Daryā actuels) et l'Indus. La texture topographique du pays se prêta dès lors à l'unification, mais les régions les plus isolées de haute montagne étaient difficilement maîtrisables dans la longue durée par un gouvernement centralisé : **révoltes et sécessions dans les provinces les plus éloignées du centre furent programmées**.

Les montagnes n'ont pourtant jamais constitué de frontières naturelles et n'ont pas arrêté les (semi-)nomades parnes (les futurs Parthes) ni d'autres peuples. En revanche, **le climat fut un obstacle majeur, variant selon les régions** : continental dans les plaines mésopotamiennes chaudes et arides, subtropical dans les terres fertiles au sud de la Caspienne, avec une végétation dense, nourrie par des précipitations abondantes. La chaleur estivale étouffante explique en partie le « nomadisme aulique » des Achéménides entre leurs quatre capitales (Babylone, Suse, Ecbatane et Persépolis), mais il ne faudrait pas négliger l'aspect politique et idéologique des déplacements fréquents du roi (cf. Voyages, chap. IX). De même l'aridité des sols fait comprendre pourquoi les Perses ont été des maîtres dans le développement des techniques d'irrigation (cf. Travaux d'irrigation, chap. II). La côte méridionale comptait peu de ports autour du golfe Persique et du détroit d'Hormuz, et une population peu dense à cause de son climat torride : non que les Perses n'aient pas eu de flotte militaire, mais, s'ils avaient été de vrais marins, l'issue de la bataille navale de Salamine en 480 av. J.-C. et de la deuxième des guerres médiques aurait peut-être été différente…

L'Iran forme **le pont entre l'Europe et l'Asie Mineure d'une part et l'Inde et la Chine d'autre part**. Les énormes distances à parcourir ont ainsi nécessité l'aménagement d'une bonne infrastructure routière (cf. Infrastructure routière et fluviale, chap. II). Les deux grands axes de routes royales achéménides d'ouest en est, avec une voie septentrionale Sardes-Ecbatane-Bactres-Taxila et une autre, méridionale, Sardes-Babylone-Suse-Persépolis-Qandahār, n'ont pas seulement servi à des fins militaires pour une mobilisation rapide des troupes venant des quatre coins de l'empire, mais ont aussi été d'importantes artères commerciales dès l'époque parthe pour les marchands sur la section occidentale de la route de la Soie. Ces grands axes de circulation ont également favorisé la propagation des religions comme le christianisme, le manichéisme et le zoroastrisme jusqu'en Chine ou, dans le sens inverse, du culte de Mithra jusqu'aux légions romaines stationnées sur le Rhin ou dans les îles Britanniques.

La survie de la Perse antique sur plus d'un millénaire laisse supposer que la politique des grands rois et des rois des rois qui l'ont gouvernée a somme toute été assez clairvoyante. **Ses dirigeants ont souvent fait preuve d'une grande indulgence envers les minorités culturelles, religieuses ou politiques dans un immense empire multiethnique et multilingue.** La persécution des chrétiens au IVe siècle ap. J.-C. ne fut alors pas une répression aveugle contre des personnes de confession différente, mais au contraire une réplique nécessaire aux yeux des Sassanides contre une communauté déloyale dont la sympathie pour les Romains après la conversion de Constantin mettait en danger l'unité de l'empire. Les déportations de populations entières, pratiquées à plusieurs reprises par les Achéménides et les Sassanides, n'ont jamais été des actes gratuits, mais toujours inspirés par des besoins économiques et démographiques impérieux. Respecté et redouté par les Grecs, Romains et Byzantins, l'empire perse a d'une part toujours cultivé ses propres traditions qui ont laissé des traces dans le *Xvadāy-Nāmag* « Livre des seigneurs », mis par écrit vers la fin de l'époque sassanide (cf. La « tradition nationale », chap. VII), mais s'est d'autre part aussi montré ouvert à la pensée philosophique grecque ou à la médecine indienne.

Ce premier chapitre propose un aperçu général sur les grandes périodes de l'histoire de la Perse antique avec des clés pour appréhender les changements subis ou imposés par l'empire, puis une chronologie essentielle. Des notices biographiques des principaux acteurs de cette histoire sont regroupées en fin de volume.

LES ACHÉMÉNIDES (CA. 558-330 AV. J.-C.)

Depuis le début du VIIe siècle av. J.-C., le centre du pouvoir des Perses se trouvait au sud-ouest de l'Iran actuel, dans la province du Fārs qui leur doit son nom. Comme les Mèdes avant eux, ils n'y étaient pas les habitants originels, mais des immigrants arrivés par vagues successives. Les détails de leur installation restent toutefois largement dans l'ombre. Vers le début des années cinquante du VIe siècle av. J.-C., un homme nommé Cyrus, appartenant à la famille des Teispides (fondateur éponyme : Čišpiš/Teispès, 670-640 av. J.-C.), devint selon ses propres dires « roi de l'Anšān » (en Élam). Il mit peu

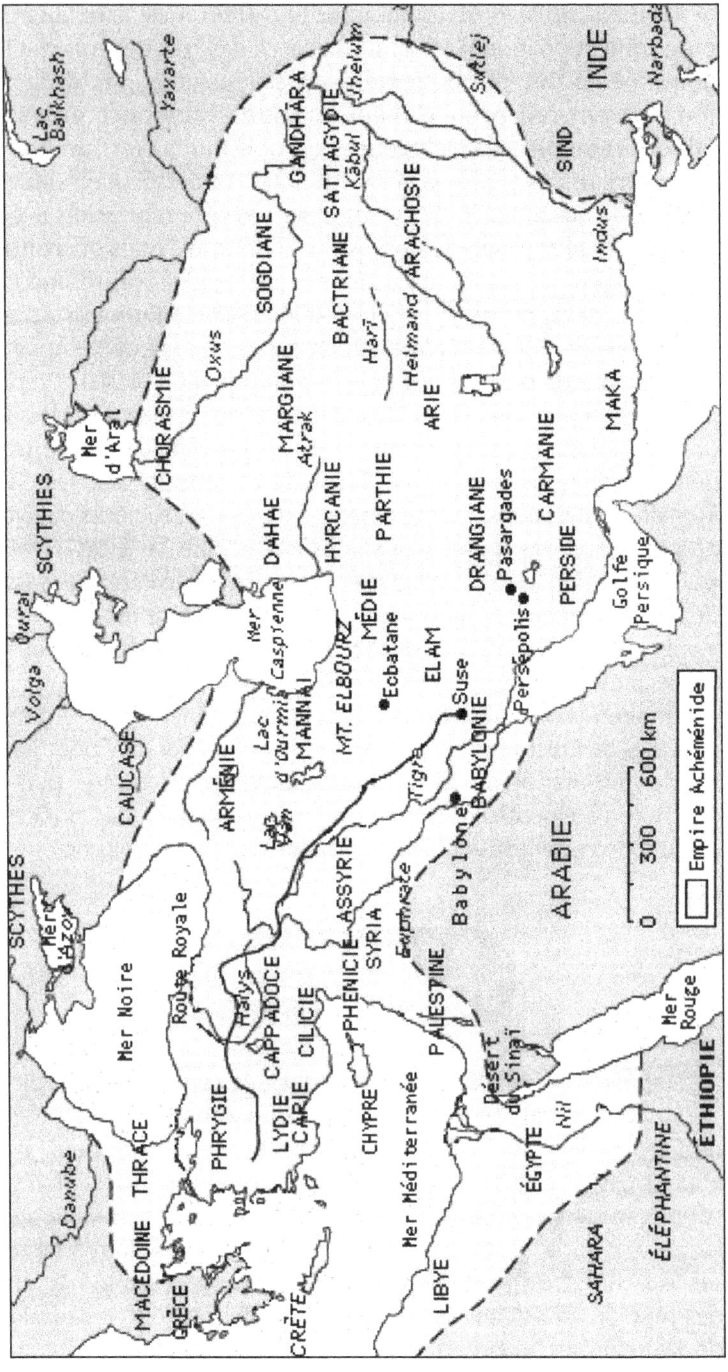

Carte de l'empire achéménide sous Darius Ier

à peu la main sur les anciens territoires élamites, malmenés depuis quelque temps par les Assyriens d'Assurbanipal. Renforcé de cette manière, il osa affronter son suzerain Astyage, lui-même en difficulté à cause d'une discorde avec les chefs de tribus de la confédération mède, et les Lydiens sous Crésus qui commirent l'imprudence de le sous-estimer. Les Babyloniens de Nabonide furent ses prochaines victimes, et les Perses entrèrent à Babylone. L'anniversaire de cette prise de la ville fut encore célébré avec pompe par le dernier shah d'Iran en 1971... Le comportement respectueux de Cyrus pour les traditions locales lui valut la sympathie de l'élite babylonienne. Son territoire s'étendit désormais de la Palestine au Zagros et, grâce à sa politique intelligente, Cyrus put même se permettre vers la fin de son règne la tentative de soumettre à son contrôle l'Iran oriental. **L'image traditionnelle extrêmement flatteuse du « bon » roi Cyrus a nul doute été embellie après coup, comme l'histoire a souvent tendance à le faire avec les bâtisseurs d'empires** : la reconstruction du temple de Yahveh à Jérusalem par exemple est vraisemblablement un événement qui lui a été attribué rétrospectivement par la tradition juive.

Par la conquête de l'empire néo-babylonien, les Perses furent dorénavant des voisins de l'Égypte, et il n'est pas étonnant que leur attention avide se tournât bientôt vers cette dernière grande puissance de l'Asie antérieure. Une alliance du roi égyptien Amasis avec le tyran Polycrate de Samos ne put pas empêcher Cambyse II de prendre d'abord Chypre puis l'Égypte, où il se fit introniser à Memphis en 525 av. J.-C., comme pharaon de la haute et basse-Égypte. En Égypte, **Cambyse appliqua la même politique d'intégration des élites locales que son père Cyrus** en Babylonie afin de se garantir leur loyauté. Cette stratégie ne fut pas sans succès initial, mais la diminution drastique des revenus de biens fonciers que percevaient les temples égyptiens ne le rendit pas populaire auprès des administrateurs de ces sanctuaires. Cela et les deux révoltes égyptiennes au siècle suivant sa mort ont contribué à l'**image déformée d'un despote fou et brutal**, transmise par la description si colorée d'Hérodote. Alors qu'on lui imputa le meurtre du bœuf sacré Apis, la découverte d'une épitaphe dans le Sérapeum de Memphis, datant de 524 av. J.-C., a fourni la preuve irréfutable que Cambyse a au contraire procédé à l'embaumement et aux funérailles d'un Apis avec inhumation dans un sarcophage, en respectant parfaitement les règles précises d'un cérémonial bien connu.

L'HISTOIRE

Une possible querelle de succession au trône avec son frère cadet Bardiya (appelé Smerdis par Hérodote), des tensions avec l'aristocratie tribale perse et la grogne grandissante de ses sujets financièrement et militairement surmenés par l'aventure égyptienne, sont probablement autant de raisons qui ont conduit à **une crise politique** en Perse. Ayant quitté hâtivement l'Égypte, Cambyse ne revit plus son pays natal, car il succomba, des suites d'une blessure à la cuisse, sur le chemin du retour en Syrie. La reconstruction des événements qui suivent alors, relatés par le principal acteur Darius dans sa grande inscription trilingue (en élamite, néo-babylonien et vieux-perse) de Béhistoun/Bīsotūn (522/1 av. J.-C.), suscite toujours un vif débat entre spécialistes, mais **l'épisode se termine par la prise du pouvoir de Darius Ier**. Celui-ci appartenait à une autre lignée que Cyrus et Cambyse, celle des Achéménides, ce qui l'obligea à déployer une grande ingéniosité pour intégrer artificiellement ses prédécesseurs dans sa propre descendance. Les Perses et les autres peuples iraniens ne furent bien sûr pas dupes de ces manipulations évidentes, et les révoltes et rébellions ne tardèrent pas à éclater partout dans l'empire. Darius réussit à les mater toutes, grâce notamment au soutien de la fraction de l'aristocratie qui avait été en désaccord avec Cambyse.

Le règne de Darius fut un des moments clés de l'histoire achéménide : l'empire atteignit non seulement sa plus grande expansion, mais subit aussi des réformes profondes sur le plan fiscal et administratif (cf. Finances, impôts et tributs, chap. III) et connut le début du développement d'une idéologie du pouvoir (avec le commencement des travaux de construction dans les résidences royales de Suse et de Persépolis). **Les sources écrites** — essentiellement grecques — sur cette période importante **s'attardent toutefois davantage sur le conflit opposant la Perse à Athènes et à d'autres cités grecques**. En trois décennies et demie, Darius parvint à intégrer dans l'empire la Cyrénaïque et la Thrace sur le front occidental, et conquit l'Inde jusqu'à l'Indus à l'autre bout du territoire. Sa politique prévisionnelle de consolidation fut cependant gravement perturbée par la révolte ionienne en 499/8 av. J.-C., menée par le tyran Aristagoras de Milet et matée au prix de gros efforts du côté perse. La « défaite » malheureuse dans la plaine de Marathon en 490 av. J.-C., au terme d'une campagne pour le reste couronnée de succès, n'eut rien d'une rencontre décisive — les troupes perses, trop peu nombreuses, avaient préféré reprendre la mer aussitôt après le débarquement —, mais fut célébrée à Athènes comme une victoire de la liberté de la jeune démocratie contre l'esclavage de l'empire perse. À la différence de ce que suggèrent les sources grecques et notamment Hérodote, **la campagne dirigée par Datis et Artaphernès n'avait probablement pas pour objectif la conquête de la Grèce, mais seulement l'installation (réussie) de gouvernements amis dans l'Égée.**

Arrivé au pouvoir en 486 av. J.-C., **Xerxès I**[er] se vit confronté à l'immense tâche de succéder à son père Darius pour consolider ses conquêtes territoriales et poursuivre ses réformes administratives. **Sa présentation par les sources grecques** comme un despote cruel, sans la moindre imagination et militairement défait sur toute la ligne après ses revers en Grèce sur mer à Salamine (480 av. J.-C.) et sur terre à Platées (479 av. J.-C.), bref **comme une réplique falote de son père, ne correspond pas du tout à la réalité.** L'échec en Grèce — où l'alliance grecque ne s'était pas tant battue *contre* la « barbarie » et le despotisme perses que *pour* son indépendance vis-à-vis de l'extérieur — ne peut certes être nié, mais la reprise en main de la Babylonie (sans la destruction des sanctuaires et l'enlèvement de la statue de Marduk dont on l'accuse à tort) fut beaucoup plus importante pour la stabilisation du pouvoir central, et l'ampleur des constructions réalisées à Persépolis tout comme le renforcement de l'idéologie monarchique ne sont pas moins réels.

Les successeurs de Xerxès, à commencer par son fils Artaxerxès Ier, se sont par la suite efforcés de contenir les Athéniens (qui, forts de leurs victoires récentes, avaient fondé la Ligue de Délos en 487/7 av. J.-C. afin de protéger les cités grecques en Asie Mineure) et de faire fructifier les autres territoires de l'empire achéménide. Les relations entre Grecs et Perses durant la période qui succéda immédiatement aux guerres médiques ne furent par ailleurs pas seulement négatives, et le style de vie perse se trouva largement imité. S'il est vrai que les usurpations dynastiques et les assassinats se multiplièrent en Perse jusqu'à l'avènement du dernier grand roi achéménide Darius III en 336 av. J.-C., **ces difficultés indéniables au centre même de l'empire ne représentèrent à aucun moment une menace existentielle pour sa survie et ne témoignent nullement d'une « décadence » débutante** de Perses efféminés par une vie de somptuosité et de débauche au sein d'un empire affaibli, si complaisamment mise en scène par les auteurs grecs du IVe siècle. La reconquête de l'Égypte en 343 av. J.-C. (jusqu'en 332 av. J.-C.) sous Artaxerxès III est même la preuve du contraire.

Jusqu'à ce jour, **l'image prépondérante de Darius III est celle d'un adversaire incapable et lâche d'Alexandre le Grand. Une fois de plus, ce portrait partial demande à être corrigé** : non seulement la fuite du roi achéménide doit se comprendre dans le contexte de l'idéologie royale achéménide comme un acte de préservation du pouvoir qui lui était confié par les dieux, mais sa stratégie défensive face à l'agresseur macédonien était de plus tout à fait logique et compréhensible et non pas chaotique ou motivée par la panique. Au bout du compte, **la fin de la dynastie achéménide s'explique** assurément moins par une prétendue décadence que **par l'incapacité à créer un véritable loyalisme impérial parmi les peuples sujets**.

ALEXANDRE ET LES SÉLEUCIDES (330-125 AV. J.-C.)

La conquête de l'empire achéménide par Alexandre était due aux capacités militaires exceptionnelles d'un homme hors du commun et à une supériorité de son armée, notamment dans l'art poliorcétique. Pour les peuples conquis, **Alexandre** ne fut pas le libérateur du joug perse, mais **se vit lui-même comme le vengeur et l'héritier du dernier des Achéménides** dans le respect de la tradition perse. Alors que les aristocrates perses et la famille royale achéménide commençaient de plus en plus à le considérer comme un des leurs, l'aristocratie bactro-sogdienne continua à lui résister pendant quelque temps, jusqu'à son mariage avec la princesse bactrienne Roxane. En revanche, son comportement public inspiré par le cérémonial de cour des Achéménides (avec la proskynèse, l'audience royale, etc. [cf. Étiquette de cour, chap. X]) l'éloigna graduellement de ses propres troupes gréco-macédoniennes.

Grâce à l'action avisée — qui n'avait rien d'une « macédonisation » — du satrape Peukestas, **la situation générale en Perside resta calme après la mort d'Alexandre, mais ailleurs** (en Bactriane, en Inde et en Médie Atropatène), **rébellions et sécessions furent à l'ordre du jour**. Séleukos Ier, un des généraux d'Alexandre, qui s'était marié à Apamā, une princesse bactrienne, lors des noces de masse à Suse en 324 av. J.-C., subjugua la Mésopotamie et l'Iran depuis sa base babylonienne entre 312 et 301 av. J.-C. À plusieurs reprises, il avait montré son intérêt pour les Hautes Satrapies au nord-est de l'Iran. L'installation de son fils Antiochos III, né de cette union avec une Iranienne et élevé dans les deux cultures, comme co-régent et vice-roi des territoires en-deçà de l'Euphrate, fut un acte de prévoyance. Au cours d'une longue campagne orientale d'Antiochos (la grande *anabasis* de 212-204 av. J.-C.) contre les Parthes et Gréco-Bactriens, ceux-ci furent contraints pour une brève période à une reconnaissance partielle de la souveraineté séleucide. Suite aux lourdes défaites d'Antiochos contre Rome près des Thermopyles (191 av. J.-C.) et de Magnésie (190/89 av. J.-C.) et au fiasco en définitive de sa campagne orientale, la Bactriane fut irrémédiablement perdue pour les Séleucides, et les Parthes obtinrent la possibilité d'une extension territoriale vers l'ouest. Encouragés par ce développement, d'autres « vassaux » séleucides firent sécession (les Frataraka en Perside, les Kamnaskirides en Élymaïde, Hyspaosinès et ses successeurs en Charakène), avant d'être intégrés tôt au tard dans l'empire parthe.

LES ARSACIDES (CA. 247 AV. J.-C. – 224 AP. J.-C.)

Sous Séleukos II Kallinikos (246-225 av. J.-C.), l'empire séleucide fut sérieusement mis sous pression sur plusieurs fronts (révolte du satrape parthe Andragoras, problèmes de succession au trône avec son frère Antiochos Hiérax, rébellion du satrape bactrien Diodote). **Profitant de la confusion suite à la sécession d'Andragoras, les semi-nomades parnes et leur chef Arsace** le chassèrent à leur tour et **prirent rapidement** — dorénavant sous le nom des « Parthes » et en datant les événements selon la nouvelle ère arsacide (début : 1er Nisan [= 14 avril] 247 av. J.-C.) — **d'autres anciens territoires achéménides et séleucides**. Durant un bref interlude (ca. 210-188 av. J.-C.), les Parthes furent contraints de reconnaître à nouveau la souveraineté séleucide, mais en contrepartie Arsace put rester en fonction.

Dès la « paix d'Apamée » (188 av. J.-C.), funeste pour les Séleucides et dont les termes furent entièrement dictés par les Romains, les Parthes choisirent de nouveau l'indépendance et, **sous Mithradate Ier, ils jetèrent les fondements d'un État parthe multiethnique** par la conquête de l'Iran occidental et la Mésopotamie et l'annexion de parties de l'empire gréco-bactrien. Cette phase de construction fut suivie par une période de revers militaires contre Hyspaosinès de Charakène et les nomades au nord-est, mais **Mithradate II restaura finalement le pouvoir et la puissance parthes**.

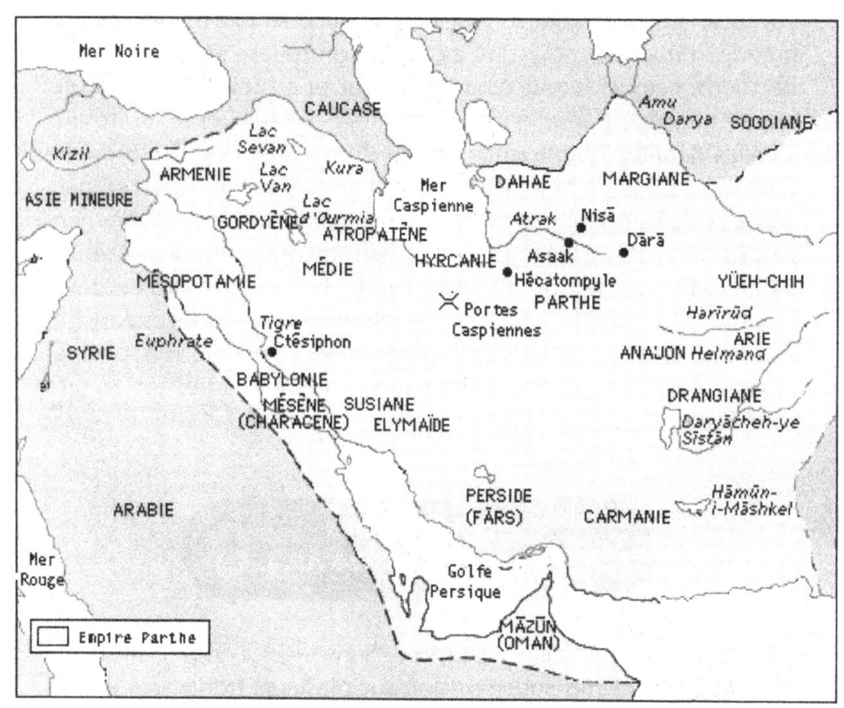

Carte de l'empire arsacide sous Mithradate Ier

La première intervention parthe en Arménie à cette époque suscita la méfiance romaine. Au cours des décennies suivantes, les confrontations avec Rome sur la question arménienne — d'importance primordiale à cause de la situation géopolitique de l'Arménie — furent régulières, avec un premier grand moment lors de la défaite cuisante de Crassus à Carrhes (53 av. J.-C.), dont les Romains ne se remirent vraiment que plus de trente ans plus tard, quand le roi des rois parthe Phraate IV, occupé par des problèmes dynastiques, accepta enfin de rendre les enseignes des légions romaines battues par Auguste (20 av. J.-C.). Les hostilités entre Parthes et Romains, avec l'Arménie comme mise, furent cependant aussitôt reprises, jusqu'à ce que le « traité de Rhandeia » (63 ap. J.-C.) entre Vologèse Ier et Néron règle pour quelque temps le problème récurrent. D'autres soucis préoccupèrent alors les Parthes, mais, avec la campagne orientale (114-117 ap. J.-C.) de Trajan, l'Arménie fut remise au premier plan. Hadrien renonça sagement aux nouvelles conquêtes de

Trajan et **reconnut de nouveau la frontière commune sur l'Euphrate** (123 ap. J.-C.), déjà établie auparavant pour la première fois par Lucullus et Pompée (69 et 66 av. J.-C.). Les derniers heurts avec Septime Sévère et Caracalla cessèrent en 218 avec la signature d'un traité de paix entre Macrinus et Artaban, et n'apportèrent plus de changements significatifs dans les relations entre les deux grandes puissances ; mais ils avaient affaibli les Parthes au point que les roitelets de la Perside pouvaient défier avec succès l'autorité de leur suzerain parthe en 224 ap. J.-C.

LES SASSANIDES (224-651 AP. J.-C.)

À l'exception de l'Arménie, tous les territoires parthes passèrent sous contrôle sassanide au cours des premières années de règne d'Ardaxšīr Ier. On constate même les premiers signes d'une politique offensive envers Rome dès 230 ap. J.-C., par ailleurs couronnée de succès avec la prise de Nisibe et Carrhes en 235/6 ap. J.-C. après l'assassinat d'Alexandre Sévère. **Les trois campagnes militaires de son fils Šābuhr Ier**, avec des incursions en Syrie, Cilicie et Cappadoce, **eurent même un goût particulièrement amer pour les Romains** (cf. Sculpture et reliefs, chap. VIII) : non seulement l'Arménie fut conquise par les Perses, mais le jeune empereur Gordien III mourut sur le chemin du retour (244 ap. J.-C.) ; son successeur Philippe l'Arabe n'avait eu d'autre choix que de conclure un traité de paix humiliant, et Valérien fut le premier empereur romain jamais capturé par un ennemi de Rome (260 ap. J.-C.). Au terme de son règne en 272 ap. J.-C., Šābuhr gouverna un territoire qui s'étendait de la Mésopotamie à Peshawar. Cette situation chanceuse pour les Sassanides prit toutefois déjà une autre tournure à la fin du IIIe siècle : les disputes dynastiques sassanides et la politique orientale agressive de Dioclétien aboutirent au traité de paix humiliant de Nisibe (297/8 ap. J.-C.) avec la perte sur plusieurs décennies des terres à l'est du Tigre et de l'Arménie. Il fallut attendre les succès militaires et diplomatiques de Šābuhr II dans les négociations avec Jovien en 363 ap. J.-C. (et la récupération de l'Arménie en 338 ap. J.-C., avec le partage du pays entre Romains et Perses en 377 ap. J.-C., confirmé par un traité sous Šābuhr III en 387 ap. J.-C.) pour faire oublier cette infamie.

Carte de l'empire sassanide sous Šābuhr Ier

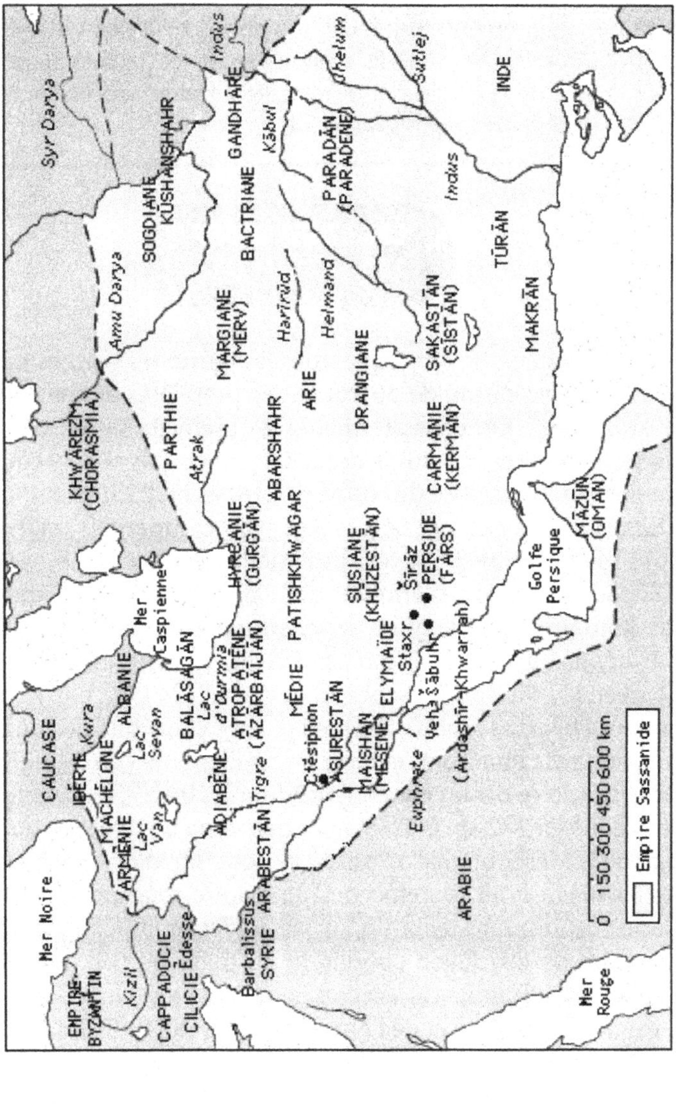

Plus encore que les Romains, les Hephtalites ou « Huns Blancs » (bien plus menaçants que les Chionites et les Kidarites au milieu du siècle précédent) **s'avancèrent** pour plus de cent ans à partir du ve siècle **comme un adversaire très sérieux au front oriental** ; mais contrairement aux guerres avec les Romains, les sources sur ces conflits sont particulièrement maigres. Tous ces mouvements hunniques furent déclenchés par la dissolution de l'empire des Hiung-nu en Mongolie au ive siècle. À deux reprises (465 et 484 ap. J.-C.), le roi des rois sassanide Pērōz fut battu par les Hephtalites et se retrouva en fin de compte en dépendance tributaire. **Les invasions répétées des nomades et des famines récurrentes enfoncèrent l'empire sassanide dans une crise profonde,** et des révoltes populaires ne se firent pas attendre.

Toutes ces rébellions soutenues par une noblesse contestataire, dont celle d'un dénommé Mazdak suite à laquelle le roi des rois Kavād Ier fut déchu entre 496 et 499 ap. J.-C., furent finalement noyées dans le sang par ce même souverain et son fils Husrav Ier (528/9 ap. J.-C.). Ce dernier parvint à retourner la situation à son avantage pour profondément réformer l'État sur les plans social, économique et militaire. Le calme revenu à l'intérieur, Husrav et les Sassanides redevinrent actifs à l'extérieur : ils rompirent la « paix éternelle » avec Byzance pour en conclure une nouvelle, plus avantageuse pour eux, vingt ans plus tard. L'empire hephtalite fut enfin détruit, l'Arabie du Sud conquise, et les Axoumites éthiopiens expulsés. **Les années de règne de Husrav furent propices au développement culturel du pays** : les arts et la littérature fleurirent (sans doute faut-il placer à cette époque la mise par écrit de l'Avesta, jusqu'alors transmis par la voie orale, cf. L'Avesta, chap. VII) et l'échange des connaissances entre Occident et Orient fut favorisé. Sous son successeur Hormezd IV, les choses se compliquèrent de nouveau, tant sur le plan intérieur, avec la réactivation du conflit entre roi et noblesse, que sur le plan extérieur avec de lourds combats contre les Turcs. La page sassanide sembla déjà se tourner, mais sous Husrav II l'empire connut encore une dernière brève période glorieuse avec la conquête de l'Égypte (619-629 ap. J.-C.) et la menace devant les portes de Constantinople (626 ap. J.-C.) — jamais les Sassanides n'avaient été aussi proches de rétablir les anciennes frontières achéménides, mais la riposte de l'empereur byzantin Héraclius (626-628 ap. J.-C.) les contraignit à abandonner les terres conquises dans les plus brefs délais. La décadence qui suivit, intérieure comme extérieure, s'acheva en 651 ap. J.-C. avec l'assassinat du dernier roi des rois sassanide Yazdgerd III et **l'absorption de l'État sassanide dans l'empire des Califes.**

CHRONOLOGIE FONDAMENTALE

La préhistoire (ca. 8000 – ca. 1200 av. J.-C.)

Après 8000 : À la fin du paléolithique (VIIIe et VIIe millénaires), l'Iran est déjà peuplé dans la région septentrionale du mont Zagros (Tepe Āsīāb, Tepe Gūrān, Ganǰ-dara, etc.). Dès le néolithique (ca. 6000 av. J.-C.), **l'agriculture et l'élevage** sont courants dans les communautés installées sur un large territoire de l'Azerbaïdjan (Ḥājī Fīrūz) jusqu'au sud-est de l'Iran (Tepe Yaḥyā).

5500-3000 : Pour les phases du néolithique récent et du chalcolithique, plusieurs cultures ont été décelées avec une riche céramique peinte. La **céramique aux parois fines** de *Suse I* (ca. 4000-3500), en particulier, comprend une riche palette de motifs stylisés et réalistes. Les sites de Tepe Sīālk et de Tepe Hissar (Ḥeṣār) jouent un rôle important dans le commerce de pierres précieuses sur la route du Badaxšān (en Afghanistan) jusqu'en Mésopotamie. Les objets de l'Iran oriental ressemblent beaucoup à ceux de la vallée de l'Indus.

Récipient en céramique, Suse I

Ca. 2500-1500 : La céramique peinte est de plus en plus restreinte à l'Iran occidental (Tepe Giyān) et fait place à la **poterie en gris et noir** au nord-est de l'Iran (Yārīm Tepe).

Après 2300 : Invasions régulières des Lullubi (dès 2300), Guti (dès 2200) et Cassites (dès 1700).

Ca. 2000-1200 : La branche indo-aryenne du groupe indo-iranien se sépare des tribus iraniennes depuis leur région d'origine commune, probablement située à l'est et au sud-est de la mer Aral, peu après le début du IIe millénaire. La **migration des tribus iraniennes occidentales** se réalise beaucoup plus tard par fournées progressives atteignant l'Iran central et occidental au tournant du IIe au Ier millénaire.

La protohistoire (ca. 1200 – ca. 558 av. J.-C.)

Ca. 1100-650 : Les milliers **d'objets en bronze** (des mors de cheval, ornements d'armure, fibules, statuettes, etc.), provenant du **Luristan** (Lorestān), c.-à-d. de la région circonscrite par le triangle Kermānšāh-Nihāvand-Khorramābād, et attestés sur une très longue période à l'âge du fer (ca. 1100-650), sont malheureusement le plus souvent issus de fouilles clandestines, de sorte que nous sommes assez peu informés sur la culture dans laquelle ils furent produits.

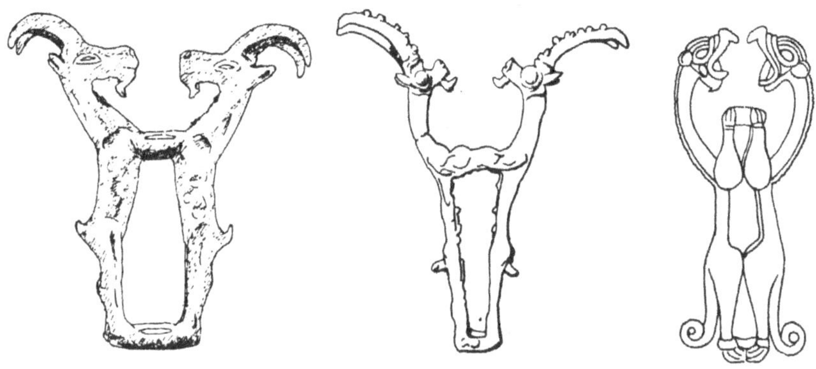

Quelques objets en bronze du Luristan

Après 850 : Des inscriptions néo-assyriennes font pour la première fois mention des *ma-da-a-a* « Mèdes », et d'un toponyme — très controversé ces dernières années — *Parsu(m)a(š)*, correspondant peut-être à Fārs, le futur centre de l'empire des Perses. L'arrivée de ces derniers sur le plateau iranien n'est probablement pas due à une immigration d'une tribu homogène, venue du mont Zagros, mais doit plutôt se comprendre comme le résultat d'une **ethnogenèse progressive**. Au nord-ouest, les Mannéens, d'origine incertaine, s'installent autour du lac d'Ourmia.

Après 750 : Les Cimmériens, un autre peuple d'origine indo-européenne, envahissent le Caucase et infligent des coups durs à l'Ourartou. Ils se dirigent ensuite en partie vers le sud-ouest et détruisent la Phrygie (vers 690) et la Lydie (vers 652).

Ca. 750 – ca. 670 : Des « **tribus** » **mèdes** s'implantent progressivement dans la région du mont Zagros, mais, d'après les dernières recherches, **une formation étatique ne semble pas avoir eu lieu**

avant le milieu du VIIe siècle av. J.-C., en dépit des informations fournies par Hérodote qui voudrait attribuer ce processus d'unification de six tribus mèdes en une confédération à un dénommé Deiocès (dans les documents du temps du roi assyrien Asarhaddon [680-669], les Mèdes apparaissent en effet toujours comme des entités autonomes et désunies).

Vers 675 : **L'intrusion des Scythes**, succédant aux Cimmériens et arrivés des steppes du sud de la Russie, signifie un revers de fortune pour les Mèdes, à cause de l'alliance qui se met en place entre Scythes et Assyriens contre Mèdes et Cimmériens.

625-612 : Sous la direction unifiante de Cyaxare, **les Mèdes** refoulent les Scythes (625). Alliés avec les Babyloniens, ils détruisent l'Assyrie et **s'emparent d'Assour/Aššur (614) et de Ninive (612).**

585-550 : Astyage, fils de Cyaxare, passe un accord avec le roi lydien Alyatte afin d'établir une frontière commune sur l'Halys (585), et évite une confrontation avec la Babylonie, mais ne résiste pas aux Perses de Cyrus II, roi d'Anšān (en Élam).

Les Achéménides (ca. 558-330 av. J.-C.)

Cyrus II (?) le Grand : ca. 558-530 av. J.-C. — Cambyse II : 530-522 — Darius Ier : 522-486 — Xerxès Ier : 486-465 — Artaxerxès Ier : 465-424 — Xerxès II : 424-423 — Darius II : 423-404 — Artaxerxès II : 404-359 — Artaxerxès III : 359-338 — Arsès : 338-336 — Darius III : 336-330

Conquêtes pour un empire-monde

550/49 : Ayant conclu une alliance avec Nabonide de Babylone, **Cyrus II** renverse son suzerain Astyage et **s'empare de la capitale mède Ecbatane.**

547/46 : Les Perses détruisent le royaume des Lydiens, et leur roi Crésus meurt lors de la prise de Sardes.

539 : Les Perses prennent Babylone, profitant du mécontentement interne contre Nabonide.

530 : Cyrus tombe à la bataille contre les Massagètes et est inhumé dans un tombeau monumental qu'il avait fait construire de son vivant à Pasargades.

530-522 : Lui succède son fils **Cambyse II**, satrape de Babylone depuis 538, qui se débarrasse de son frère cadet et rival Bardiya (?).

525 : Les troupes perses sous le commandement de Cambyse **soumettent l'Égypte jusqu'à la Nubie.**

522/21 : Sur la route du retour, Cambyse décède en Syrie. **Sept conjurés, sous la direction de Darius, s'emparent du pouvoir.** Après avoir maté plusieurs rébellions, dont il fait le récit dans sa grande inscription trilingue à Béhistoun/Bīsotūn (cf. Les inscriptions, chap. VII), Darius Ier devient grand roi.

Après 512 : Les Perses n'obtiennent que des succès partiels lors de leur campagne contre les Scythes, mais réussissent à assujettir la Thrace et étendent leur pouvoir jusqu'à la vallée de l'Indus (le Pandjāb).

500-494 : **Des cités ioniennes sur la côte d'Asie Mineure s'insurgent** contre la domination perse, mais Darius réussit finalement à maîtriser la révolte, malgré le soutien des Athéniens et Érétriens aux rebelles.

490 : La flotte perse, sous le commandement de Datis et Artaphernès entreprend dès lors une campagne contre Athènes et Érétrie, mais subit **une défaite près de Marathon.**

L'EMPIRE-MONDE EN MOUVEMENT

486 : À la mort de Darius, en pleine préparation d'une nouvelle campagne contre la Grèce, son fils **Xerxès Ier** lui succède et maîtrise des rébellions en Égypte (485) et à Babylone (481).

480/79 : Après quelques succès initiaux, la grande campagne perse contre la Grèce échoue dans les batailles navale de **Salamine (480)** et terrestre à **Platées (479)**. Une nouvelle révolte à Babylone est matée en 479.

465 : Xerxès, ainsi que l'héritier du trône, Darius, sont assassinés. Le fils cadet **Artaxerxès Ier** (surnommé *Makrocheir* « Longmain » par les Grecs) monte sur le trône.

465 : Les Perses subissent une nouvelle défaite contre les Athéniens sous le commandement de Cimon lors de la bataille de l'Eurymédon en Pamphylie.

Vers 464-454 : La **révolte d'Inaros en Égypte**, soutenue par les Athéniens, se termine par une victoire d'Artaxerxès et de son satrape Mégabyze.

449/8 : Certains auteurs grecs situent à cette date des pourparlers entre Perses et Athéniens, mais la réalité d'un traité surnommé la « **Paix de Callias** » d'après le gendre du vainqueur de l'Eurymédon Cimon reste très controversée.

458-445 : Afin de remettre de l'ordre à Jérusalem, Artaxerxès confie des missions à deux Judéens, Esdras (458) et Néhémie (445).

423 : Après la mort d'Artaxerxès, le prétendant au trône Xerxès II est assassiné, et Darius II (au sobriquet grec de *Nothos* « le Bâtard ») prend la succession.

401 : Cyrus le Jeune s'insurge contre son frère Artaxerxès II (*Mnēmōn* « qui a une bonne mémoire ») qui avait succédé à son père Darius, mais est tué lors de la **bataille de Kounaxa** au nord de Babylone.

387/86 : La « paix du roi » (dite aussi « **paix d'Antalkidas** », d'après le général spartiate qui avait conduit les négociations avec les Perses) établit définitivement l'autorité perse en Asie Mineure occidentale.

343/42 : Au bout de trois campagnes militaires, **Artaxerxès III Ōchos**, fils d'Artaxerxès II, réussit à reconquérir l'Égypte perdue pour l'empire perse par son père.

336 : Le dernier grand roi achéménide **Darius III Codoman** accède au trône après l'empoisonnement d'Artaxerxès III (338) et de son fils cadet et successeur Arsès par l'eunuque Bagoas.

334-330 : **Alexandre III de Macédoine, dit « le Grand »**, attaque l'empire perse et conquiert l'Asie Mineure, l'Égypte, la Mésopotamie, et les capitales perses suite à ses victoires sur les bords du Granique (334), près d'Issos (333) et à Gaugamèles. Le grand roi Darius, en fuite, est assassiné par son satrape Bessos (330).

Alexandre et les Séleucides (330-125 av. J.-C.)

330-323 : Alexandre asservit l'Iran oriental et la vallée de l'Indus. Sur le chemin du retour, il meurt épuisé à Babylone en 323.

312 : Une fois les dissensions entre diadoques réglées, la Mésopotamie et l'Iran sont intégrés dans l'empire séleucide sous **Séleukos Ier Nikator**.

305 : Par le biais d'un traité avec **Candragupta** (Sandrokottos dans les sources grecques) et les Mauryas, les Séleucides abandonnent la haute vallée de l'Indus, le Gandhāra, les Paropamisades, et l'Arachosie orientale, mais soumettent la Bactriane.

Après 250 : Profitant d'un différend entre Séleucides, le satrape de Bactriane et Sogdiane, **Diodote Ier fonde l'empire gréco-**

bactrien. Vers la même époque, le satrape parthe Andragoras fait sécession de l'empire séleucide, mais tombe peu après contre les Parnes sous la direction d'Arsace.

222-220 : Le satrape mède Molon, nommé gouverneur des Hautes Satrapies par Antiochos III le Grand, se rebelle contre le pouvoir séleucide en adoptant le titre de roi et parvient à persuader d'autres satrapes de le rejoindre. Antiochos en personne part en campagne contre l'insubordonné pour l'anéantir près d'Apollonia en Babylonie.

209-207 : Ayant brisé la résistance du roi parthe Arsace II et du souverain bactrien Euthydème, **Antiochos III** reprend temporairement le contrôle de l'Iran oriental. Il permet à Euthydème de garder son titre royal ainsi que le pouvoir en Bactriane, mais à condition de s'assujettir aux Séleucides. Le royaume gréco-bactrien survit jusque vers 130 ap. J.-C., quand il lui est impossible de résister aux assauts répétés des Saces et des Yüeh-Chih, en particulier des Kouchans.

187 : Lors d'une nouvelle campagne dans les Hautes Satrapies, Antiochos III est abattu par la population indigène en Elymaïde.

141-129 : Les rois parthes Mithradate Ier et son successeur Phraate II arrivent à expulser les Séleucides de l'Élymaïde, de la Babylonie, de la Médie et de la Perside. Leur pouvoir se limite désormais à la Syrie et la Cilicie.

Les Arsacides (ca. 247 av. J.-C. – 224 ap. J.-C.)

Arsace Ier : ca. 247/38-217 av. J.-C. — Arsace II : ca. 217-191 — Phriapite : ca. 191-176 — Phraate Ier : 176-171 — Mithradate Ier : 171-139/8 — Phraate II : 139/8-128 — Artaban Ier : 128-124/3 — Mithradate II : 124/3-88/7 — Gotarse Ier : 91/90-81/80 — Orode Ier : 81/80-76/5 — Sinatruce : ca. 78/7-71/70 — Phraate III : 71/70-58/7 – Mithradate III : 58/57 — Orode II : 58/57-38 — Phraate IV : 38-3/2 — Phraate V : 2 av. J.-C. – 2 ap. J.-C. — Orode III : 4-6 — Vononès Ier : 8/9 — Artaban II : 10/11-38 — Vardane : 38-45 — Gotarse II : 43/4-51 — Vononès II : 51 — Vologèse Ier : 51-76/80 — Pacorus : 77/8-108/9 — Vologèse II : 77/8 — Artaban III : 79-81 — Osroès : 108/9-127/8 — Vologèse III : 111/2-147/8 — Vologèse IV : 147/8-191/2 — Vologèse V : 191/2-207/8 — Vologèse VI : 207/8-221/2 ou 227/8 — Artaban IV : 213-224

L'HISTOIRE

La construction d'une puissance orientale

Vers 239/8 : Les **Parnes**, des semi-nomades iraniens de la tribu des Daens, occupent les territoires au nord du Köpet Dāğ sous leur chef **Arsace (Ier)** et conquièrent l'Hyrcanie. Suite à une assimilation rapide à la population indigène, ils en reprennent même le nom (et la langue) et deviennent alors des Parthes.

230-228 : Arsace parvient à repousser les tentatives de reconquête de l'alliance de Séleukos II Kallinikos avec le roi gréco-bactrien Diodote Ier, et fonde sa capitale Dara.

210-208 : Face aux succès de la campagne orientale d'Antiochos III, les Parthes doivent à nouveau partiellement reconnaître la souveraineté séleucide et se retirent probablement de la zone au sud du Köpet Dāğ.

Après **188** : Exploitant la défaite d'Antiochos III contre Rome (scellée par la « **paix d'Apamée** »), les Parthes font de nouveau sécession et étendent leur pouvoir vers le sud et l'ouest.

171-139/8 : Mithradate Ier crée la puissance parthe grâce à des campagnes menées sur deux fronts : il annexe une partie de l'empire gréco-bactrien (entre 160 et 155) et subjugue tout l'Iran occidental ainsi que la Mésopotamie (entre 148 et 139/8). Il se fait désormais appeler « roi des rois ».

139/8-124/3 : Phraate II et Artaban Ier consolident l'État parthe, mais tombent lors des combats défensifs contre les peuples steppiques au nord-est (respectivement en 128 et 124/3).

Confrontations avec Rome et la question arménienne

124/3-88/7 : Sous **Mithradate II**, les Parthes interviennent pour la première fois en **Arménie** et étendent leur pouvoir jusqu'au cours supérieur de l'Euphrate avec la prise de Doura en 113. Mithradate fait construire la nouvelle capitale Nisā. En tant que grande puissance entre Occident et Extrême-Orient, les Parthes entament des négociations avec l'empereur Wu-ti des Han en Chine.

96 : L'envoyé parthe Orobazès rencontre Sulla, à cette époque propréteur romain de Cilicie.

Après 91/90 : Avec l'installation du « contre-roi » Gotarse Ier en Babylonie commence une période de troubles intérieurs.

88-64 : Les Parthes gardent la neutralité durant tout le conflit entre Rome et Mithradate, roi du Pont.

69/66 : Grâce à deux traités avec Lucullus (69) et Pompée (66), **l'Euphrate est reconnu comme frontière entre les empires romain et parthe.**

53 : Crassus rompt les traités avec les Parthes, mais son invasion en territoire parthe est arrêtée à **Carrhes** par les archers à cheval du général Suréna. **L'armée romaine est totalement anéantie** et Crassus y perd la vie.

41-38 : Sous la direction du prince héritier parthe Pacorus, assisté par le transfuge Q. Labiénus, les Parthes s'emparent temporairement de la Syrie et d'une grande partie de l'Asie Mineure, mais C. Ventidius Bassus les refoule par la suite. Pacorus meurt à Gindarus (39).

36-34 : En dépit des difficultés dynastiques chez les Arsacides, les campagnes d'Antoine en Arménie et Médie Atropatène restent infructueuses.

20 : Un traité de paix entre Phraate IV et Rome constitue un succès diplomatique pour **Auguste** : les Parthes rendent les étendards saisis lors de la bataille de Carrhes, reconnaissent la souveraineté romaine en Arménie, et le roi des rois envoie quatre de ses fils à Rome pour y être élevés en Romains.

1 ap. J.-C. : Romains et Parthes s'affrontent de nouveau sur l'Euphrate : Rome reconnaît l'empire parthe comme un État indépendant.

12 : La noblesse parthe nomme Artaban II roi des rois après un soulèvement contre Vononès Ier, un des princes éduqués à Rome. L'insatisfaction de la noblesse parthe, provoquée par la politique de centralisation du nouveau roi des rois, et encore attisée par les Romains, croît toutefois rapidement.

37 : Un nouvel incident concernant l'Arménie finit par un arrangement entre le gouverneur romain de la Syrie, L. Vitellius, et Artaban.

38-45 : Après la mort d'Artaban, des luttes de pouvoir éclatent, et l'empire se désintègre partiellement en deux parts : une partie orientale est gouvernée par Gotarse II, et l'autre, occidentale, est sous le contrôle de Vardane.

51-63 : Nouvelles explications entre Romains et Parthes sous Vologèse Ier autour de l'Arménie.

63/66 : Suite au « **traité de Rhandeia** », le trône d'Arménie demeure entre les mains des Arsacides, mais sous souveraineté romaine : Tiridate, frère de Vologèse, reçoit la couronne de roi d'Arménie des mains de Néron à Rome (66).

Après 72 : Une invasion des Alains, la sécession de l'Hyrcanie et des querelles de trône après la mort de Vologèse Ier provoquent une nouvelle crise dans l'empire parthe.

114-117 : L'intervention illégale d'Osroès en Arménie incite **Trajan** à préparer une **campagne contre les Parthes** : l'Arménie, la Mésopotamie et l'Assyrie deviennent des provinces romaines, Babylone et la capitale Ctésiphon (116) sont prises, mais Trajan échoue devant Hatra et meurt en Cilicie, sur la route du retour.

123 : **Hadrien** renonce aux provinces nouvellement acquises et rétablit l'Euphrate comme frontière entre les deux empires après une rencontre avec Osroès. Les Kouchans se présentent comme une menace sérieuse à la frontière orientale.

162-166 : Avidius Cassius riposte (163-166) à une attaque parthe (162) manquée contre la Syrie et l'Arménie : il prend Séleucie et une nouvelle fois Ctésiphon (165). La partie septentrionale de la Mésopotamie (y compris Doura Europos) devient romaine. La peste force cependant les Romains à une retraite riche en pertes (166).

195 : De nouveau assaillis par les Romains, les Parthes perdent une partie de la Mésopotamie (Osrhoène, Nisibe) qui est incorporée comme province à l'empire romain.

Après 197 : Les campagnes de **Septime Sévère** (197) et de son fils **Caracalla** (216) contre les Parthes n'induisent plus de changements sur le plan de la politique extérieure, mais permettent aux « roitelets » de la Perside, et notamment aux Sassanides Pābag et Ardaxšīr, d'agrandir leur territoire au sud-ouest de l'Iran.

224 : Le futur roi des rois sassanide **Ardaxšīr Ier vainc le dernier roi des rois parthe Artaban IV** lors d'une bataille dans la plaine de Hormizdegān (la dernière monnaie frappée au nom d'Artaban est datée de 228).

Les Sassanides (224-651 ap. J.-C.)

Ardaxšīr I[er] : 224-239/40 ap. J.-C. (mort en 241/2) (Ardašīr, Artaxerxès) — Šābuhr I[er] (Šāpūr, Sapor[ès]) : co-régent 239/40, roi des rois 241/2 (?)-271/2 — Hormezd I[er] : 271/2-273 (Hormisdas) — Vahrām I[er] (Bahrām) : 273-276 — Vahrām II (Bahrām) : 276-293 — Vahrām III (Bahrām) : 293 — Narseh (Narse[u]s) : 293-302 — Hormezd II (Hormisdas) : 302-309 — Šābuhr II (Šāpūr, Sapor[ès]) : 309-379 — Ardaxšīr II (Ardašīr, Artaxerxès) : 379-

383 — Šābuhr III (Šāpūr, Sapor[ès]) : 383-388 — Vahrām IV (Bahrām) : 388-399 — Yazdgerd I[er] : 399-421 — Vahrām V Gōr (« l'Onagre ») (Bahrām) : 421-439 — Yazdgerd II : 439-457 — Hormezd III (Hormisdas) : 457-459 — Pērōz : 459-484 — Valaxš : 484-488 — Kavād Ier (Kabadès) : 488-496, 499-531 — Zamāsp : 496-498 — Husrav Ier Anōšīrvān (« à l'âme immortelle ») (Xusrō, Chosroès) : 531-579 — Hormezd IV (Hormisdas) : 579-590 — Husrav II Abarvēz (« victorieux ») (Xusrō Parvēz, Chosroès) : 590-628 — Vahrām VI Čōbīn (« ressemblant à un javelot ») (Bahrām) : 590-591 — Kavād II (Kabadès) : 628 — Ardaxšīr III (Ardašīr, Artaxerxès) : 628-630 — Šahrvarāz : 630 — Husrav III (Xusrō, Chosroès) : 630 — Bōrān : 630-631 — Āzarmīgduxt : 631 — Hormezd V (Hormisdas) : 631-632 — Husrav IV (Xusrō, Chosroès): 631-633 — Yazdgerd III : 633-651

Consolidation des frontières de l'empire « néo-perse »

205/6-224 : Dès le début de l'*ère* sassanide en 205/6, le petit souverain de Staxr (près de Persépolis) Pābag et ses deux fils, Ardaxšīr et Šābuhr, conquièrent la Perside et les territoires limitrophes (l'Élymaïde, la région d'Isfahān, le Kermān, l'Arabie).

224-239/40 : Pendant le règne d'**Ardaxšīr Ier** (proclamé roi des rois sur le champ de bataille à Hormizdegān en 224, mais couronné à Ctésiphon en 226, marquant ainsi le début officiel de la *dynastie* sassanide), toutes les anciennes terres parthes passent aux Sassanides, à l'exception de l'Arménie.

Après 233 : Suite à des incursions perses en territoire romain, Alexandre Sévère les repousse, non sans peine. Les Sassanides prennent Nisibe et Carrhes (238 ?) et attaquent Doura Europos (239).

240-271/2 : Sous le règne de **Šābuhr Ier**, fils d'Ardaxšīr Ier, les **campagnes contre Rome** se succèdent : prise de Hatra (240/1), victoire sur le jeune Gordien III et traité de paix humiliant conclu par Philippe l'Arabe (244). Conquête de l'Arménie (252). Campagnes victorieuses en Syrie, Cilicie et Cappadoce, avec les prises d'Antioche (253, 256) et de Doura (256). Capture de Valérien près d'Édesse (260). Contre-offensive du souverain palmyrénien Odénath (262). Conquête de la partie occidentale de l'empire kouchan, avec installation de **gouverneurs kouchano-sassanides** qui frappent leur propre monnaie jusqu'au milieu du IVe siècle.

276/277 : À l'instigation du grand prêtre mazdéen Kerdīr, **Mānī** est emprisonné à Veh-Antiok-Šābuhr (ar. J̌undišāpūr) où il décède peu après.

277-283 : La guerre fratricide (?) entre Vahrām II et Hormezd, gouverneur du Chorassan, permet à Carus de contre-attaquer et de prendre Ctésiphon (283). Suite au traité de paix entre Vahrām et Dioclétien (287), les Sassanides renoncent à l'Arménie et la Mésopotamie.

297/8 : « **Traité de Nisibe** » entre Narseh et Dioclétien après une attaque préventive contre l'Arménie (défaite de Galérius en 296) et une contre-attaque victorieuse des Romains : en plus de la Mésopotamie et de l'Arménie, Narseh est contraint de renoncer aux territoires transtigritains.

Avant 309 : Entreprise de Hormezd II contre Rome non couronnée de succès.

309-379 : **Šābuhr II**, fils de Hormezd, réussit à reconquérir une grande partie des territoires perdus en 298, notamment l'Arménie (338). Il refoule Julien devant les portes de Ctésiphon et conclut par la suite un traité de paix avantageux pour les Perses avec son successeur Jovien (363).

La frontière orientale menacée par les nomades

Après 350 : Incursions régulières des peuples hunniques (**Chionites et Kidarites**) qui s'allient aux Romains dès 360.

371/377 : Nouvelle campagne de Šābuhr II contre l'Arménie et division de fait de l'Arménie entre Rome et la Perse.

Après 379 : Dès le début du règne d'Ardaxšīr II, les hostilités à propos de l'Arménie reprennent. La partie orientale de l'Arménie passe de nouveau sous contrôle sassanide en 387.

427 : Les **Hephtalites** pénètrent en Iran et seront désormais un des ennemis les plus redoutés des Perses sassanides.

465/484 : Les Hephtalites battent par deux fois le roi des rois Pērōz (465-469 et 481/2). Le **nestorianisme** devient la forme dominante de l'Église chrétienne en Iran.

488-528/9 : Suite aux grandes pertes de guerre, à la dépendance tributaire des Hephtalites (jusqu'à la première partie du VIe siècle) et aux famines répétées, le peuple se soulève contre la noblesse, influencé par les revendications de **Mazdak** pour une répartition plus juste des biens. Soutenus dans un premier temps par le roi des rois Kavād Ier, les mouvements populaires conduisent temporairement à sa destitution (496), et il est remplacé par son frère Zamāsp. Revenu au pouvoir avec le soutien hephtalite (499), Kavād change alors de camp, et au bout du compte noie la révolte dans le sang avec son fils **Husrav Ier** (528/9).

503-528 : Guerre contre Byzance (503 avec paix en 505 ou 506) et incursions régulières des nomades à l'est (506-516). Nouvelle guerre avec Byzance (527 ou 528).

L'État réformé et l'apogée culturel

531-579 : Husrav Ier profite de la faiblesse de la noblesse pour mettre en place des **réformes** sociales, économiques et militaires profondes.

540 : Husrav Ier rompt la « **paix éternelle** » conclue avec Justinien en 532. Il détruit Antioche et déporte ses habitants.

Vers 560 : Destruction de l'empire hephtalite avec le soutien des Turcs occidentaux.

562 : Nouvelle « **paix de cinquante ans** » avec Byzance, impliquant une augmentation des paiements de tributs aux Sassanides convenus en 532.

571 : Conquête de l'Arabie du Sud et expulsion des Éthiopiens axoumites, alliés de Byzance.

Après 579 : Nouveaux affrontements entre roi et noblesse sous Hormezd IV, fils de Husrav. Lourds combats contre les Turcs (588).

590 : Aidé par Byzance, **Husrav II**, fils de Hormezd, mate la révolte du prétendant **Vahrām VI Čōbīn**. Celui-ci s'enfuit auprès des Turcs, mais est assassiné.

604-628 : Husrav II subjugue de larges régions en Asie Mineure et en Syrie dès 604, soumet l'**Égypte** en 619 et assiège Constantinople en 626 en même temps que les Avares. La sainte croix est emportée de Jérusalem à Ctésiphon en 614. La riposte d'Héraclius (626-628) force les Sassanides à abandonner les territoires conquis. Husrav est renversé et assassiné par son fils Šīrōy lors d'une révolte de la noblesse en 628.

628-651 : Après une période d'anarchie avec de nombreux changements de régence, la noblesse dirigée par Rostam fait accéder Yazdgerd III sur le trône en 633. Le roi des rois n'est plus en mesure de sécuriser son empire affaibli par les guerres successives et le délabrement intérieur contre les armées musulmanes. Après deux défaites à al-Qādisiyya en Arabie (636) et Nihāvand en Médie (642), il s'enfuit vers l'est, mais est assassiné à Merv (651). Son fils Pērōz trouve refuge à la cour chinoise où il meurt en 672, et l'empire sassanide devient une composante de **l'empire des Califes**.

TABLEAUX GÉNÉALOGIQUES

Arbre généalogique de Xerxès Ier

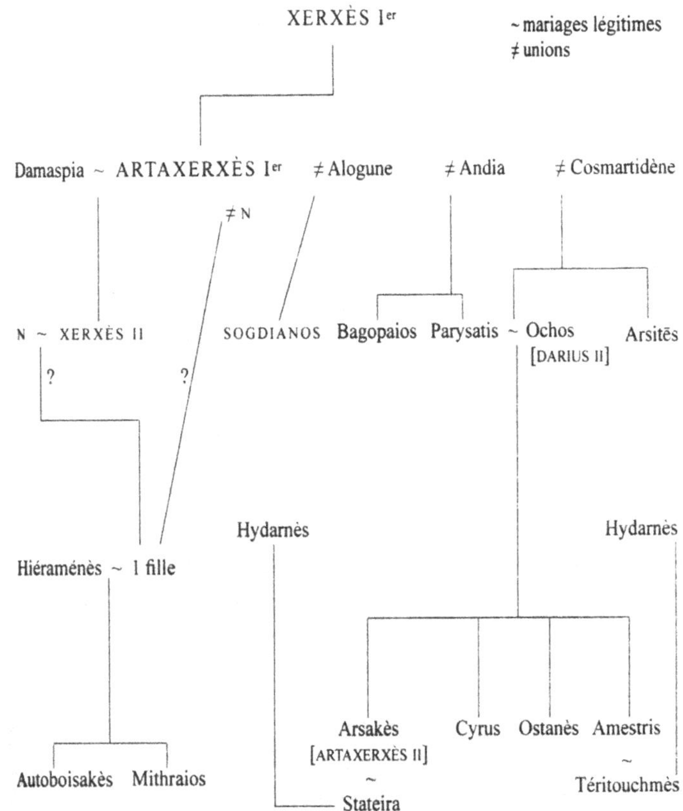

Les derniers Achéménides, de Darius II à Darius III

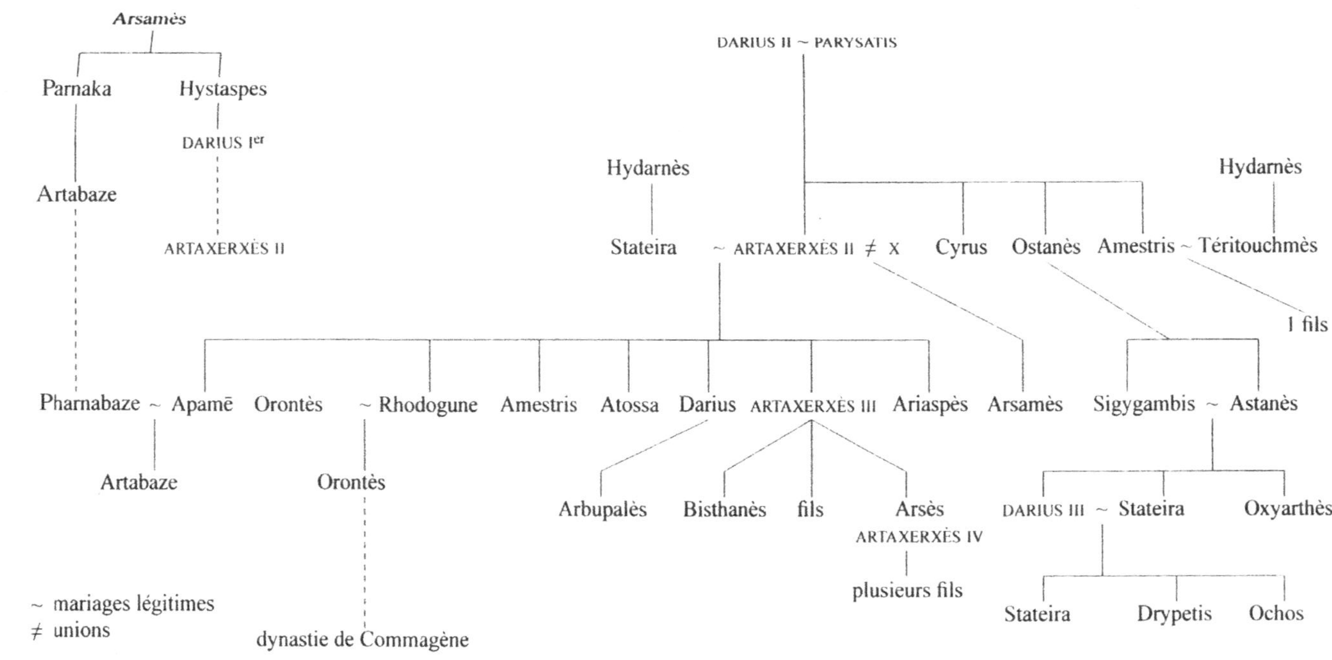

Les premières générations des Sassanides au IIIe siècle ap. J.-C.

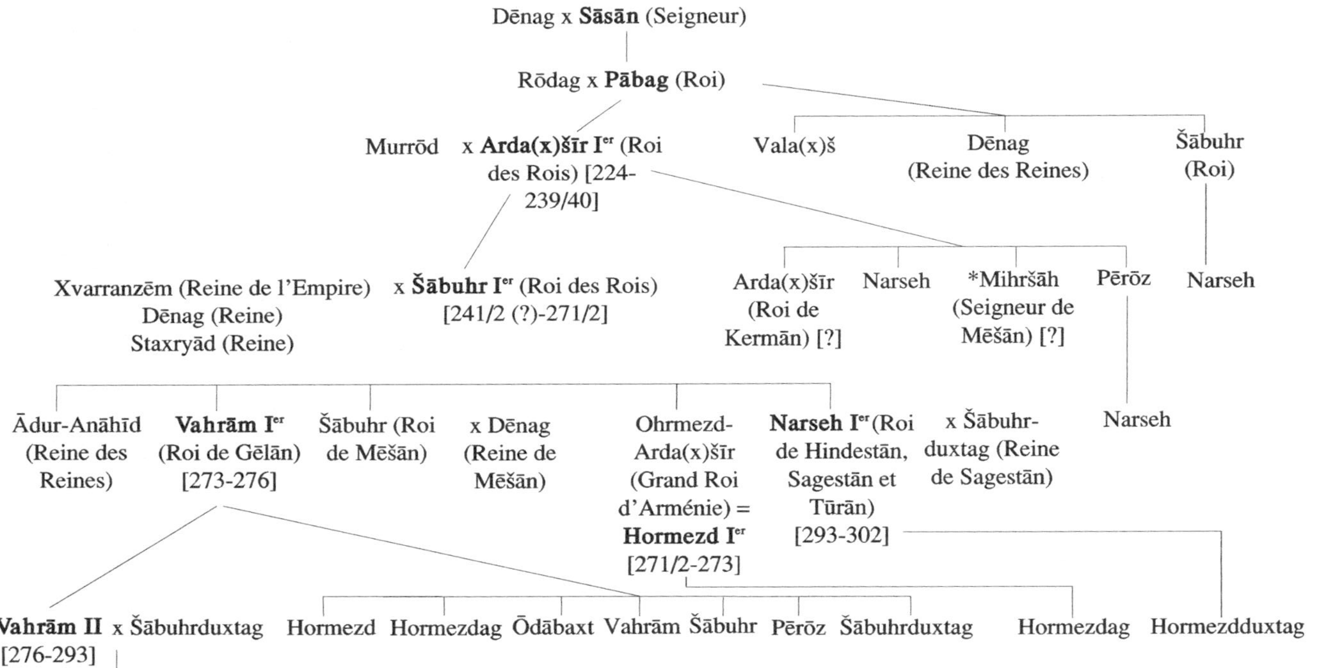

II

L'EMPIRE

L'étendue de la « Perse antique » au sens large (cf. Avant-propos) dépasse de très loin les frontières de l'actuel État national d'Iran. À l'époque de sa plus grande expansion, sous les Achéménides, **le territoire du premier grand empire perse couvrit une énorme superficie de dimensions jusqu'alors inconnues dans l'histoire mondiale** : à la mort de Darius Ier en 486 av. J.-C., les anciens Perses dominèrent un vaste espace géographique allant des Balkans jusqu'à l'Indus et de la région autour de la mer Aral jusqu'à Assouan sur la première cataracte du Nil au sud de l'Égypte. **À une période plus ancienne**, avant les grands mouvements des peuples turcs, **des tribus iranophones furent même réparties sur une zone plus étendue encore**, car les Sarmates, Alains, Jasses et autres tribus apparentées furent longtemps voisines des Slaves dans les plaines hongroises.

À plusieurs égards (géographique, climatique, ethnique, linguistique et culturel), **cet immense périmètre fut très hétérogène**. Aujourd'hui encore, des langues et parlers iraniens peuvent être entendus non seulement en Iran, en Afghanistan (qui englobe l'ancienne Bactriane des Kouchans et l'Arachosie des premiers partisans du zoroastrisme) et au Pakistan, mais se retrouvent aussi dans les coins les plus reculés de plusieurs républiques ex-soviétiques du Caucase (l'Ossétie, le Daghestan et l'Azerbaïdjan) et de l'Asie centrale (l'Ouzbékistan, le Tadjikistan, le Kirghizistan et le Turkménistan qui forma jadis le centre de l'empire parthe), ainsi que dans nombre d'autres pays du Moyen-Orient.

Un tel empire-monde de dimensions jamais connues auparavant, en plus d'une grande hétérogénéité culturelle et ethnique, n'était pas facile à maîtriser, d'autant moins que les conquérants achéménides avaient souvent éliminé des dynasties légitimement installées dans les pays soumis. **L'unité de l'empire ne pouvait dès lors être garantie que par une conception politique bien pensée et une bonne infra-**

structure à la fois pour faciliter la communication directe entre le pouvoir central et les différents peuples et pour permettre d'intervenir rapidement en cas de révoltes ou d'autres conflits. Durant deux siècles et demi, ce difficile exercice d'équilibre a parfaitement réussi aux Achéménides de par une grande tolérance en matière religieuse (cf. La religion des Achéménides, chap. VI), leur adaptation à des traditions régionales, la décentralisation du pouvoir avec la concession d'une grande autonomie locale (cf. Introduction, chap. III) et le recours aux élites régionales et locales pour des postes administratifs moins élevés, etc. : à l'exception de l'Égypte, la plupart des peuples conquis ont toujours fini par accepter la domination achéménide sans que celle-ci soit ressentie comme un pouvoir étranger. Afin d'augmenter la cohésion de l'empire, le roi se déplaçait en outre souvent avec sa cour à la rencontre de ses sujets (cf. Voyages, chap. IX). Il passait les mois les plus chauds de l'année en altitude, à Ecbatane en Médie, ou à Persépolis, et résidait à Suse et à Babylone à l'automne et pendant l'hiver. **La notion de « capitale » devient alors toute relative, puisque le pouvoir central est là où se trouve le roi.**

Faute de sources, **les dimensions exactes du territoire qui a donné son nom aux Parthes arsacides sont plus difficiles à déterminer** et, à l'exception de Nisā, même la localisation précise des villes les plus importantes n'est pas toujours connue. Après la disparition de l'empire parthe suite à une opposition croissante entre le roi et l'aristocratie, et suite aussi à l'épuisement en conséquence d'une guerre menée sur deux fronts contre les Romains à l'ouest et contre les nomades à l'est, **les Sassanides ont peu à peu étendu le territoire de leur empire « néo-perse »** en ajoutant de nouvelles provinces à l'ancien territoire arsacide (qu'ils possédaient déjà en grande partie dès 230 ap. J.-C.). Dans sa grande inscription trilingue (cf. Les inscriptions, chap. VII), probablement rédigée peu après 260, le roi des rois sassanide Šābuhr Ier fournit la description géographique de son empire allant des pays du Caucase (Géorgie, Sigān, Albanie et Balāsagān) jusqu'à Peshawar au nord-ouest du Pakistan actuel, à l'entrée de la passe de Khaybar. Šābuhr est par ailleurs le premier à s'appeler « roi des rois d'Iran et de non-Iran », le dernier terme étant utilisé pour désigner les territoires nouvellement conquis et dont la population n'était ni d'origine iranienne ni de croyance mazdéenne. **Vers la fin de l'époque sassanide, la dynastie était à deux doigts de rétablir les anciennes frontières de l'empire achéménide**, notamment grâce à l'occupation de l'Égypte de 619 à 629. Mais l'invasion des Arabes avec leur nouvelle religion a finalement fait périr cet empire perse, totalement épuisé pour les mêmes raisons (la guerre menée sur deux fronts et le pouvoir croissant des « rois vassaux ») que l'empire arsacide auparavant.

CAPITALES ET AUTRES VILLES

À l'époque achéménide, une grande partie de la population vivait à la campagne. Selon Diodore de Sicile, le peuplement de la Perside était très dense à cette époque. Les prospections archéologiques semblent en outre suggérer un développement plutôt soutenu de la population en Syrie, Babylonie, Susiane, Bactriane ou Hyrcanie. Rien que par les tablettes élamites, nous connaissons les noms (mais pas la localisation exacte) de près de 400 localités en Perside, villes et villages en dehors des grands centres Persépolis, Suse et Pasargades. À ce jour, peu de fouilles archéologiques ont eu lieu, et nous ignorons par conséquent à quoi ressemblaient toutes ces villes, à part les capitales (à l'exception d'Ecbatane, l'ancienne capitale mède, où les premières fouilles n'ont toutefois pas encore permis de dater l'urbanisme de la ville).

Peu après son avènement (vers 515 av. J.-C.), Darius Ier fit commencer les travaux de construction à **Persépolis**, sa nouvelle ville de résidence. Ils furent poursuivis activement par son fils Xerxès Ier et interrompus sous son successeur Artaxerxès Ier, alors que tous les bâtiments n'avaient pas encore été finis. Une dernière phase de construction eut lieu sous Artaxerxès III. Palais et résidence furent élevés à plus de 1 100 m d'altitude, sur une terrasse artificielle mesurant 450 x 300 m au pied du Kōh-e Raḥmāt, le « Mont de la Miséricorde », et surplombant des palais construits dès l'époque de Cambyse II. En arrivant de la plaine, le complexe était déjà visible de très loin. À l'origine accessible depuis le sud, Xerxès fit construire au nord-ouest de la terrasse un escalier monumental à double volée de cent onze marches. En haut de l'escalier se dressait la « Porte de tous les pays », gardée par deux énormes taureaux ailés, inspirés de modèles assyriens. En passant la porte et une cour, les courtisans, délégations et autres visiteurs avaient accès à la salle d'audience (vp. *apadāna*) quadrangulaire de 60 m de côté, haute de 25 m, dont la toiture était portée par trente-six colonnes surmontées de chapiteaux d'animaux réels ou imaginaires. Plafond et poutres étaient en

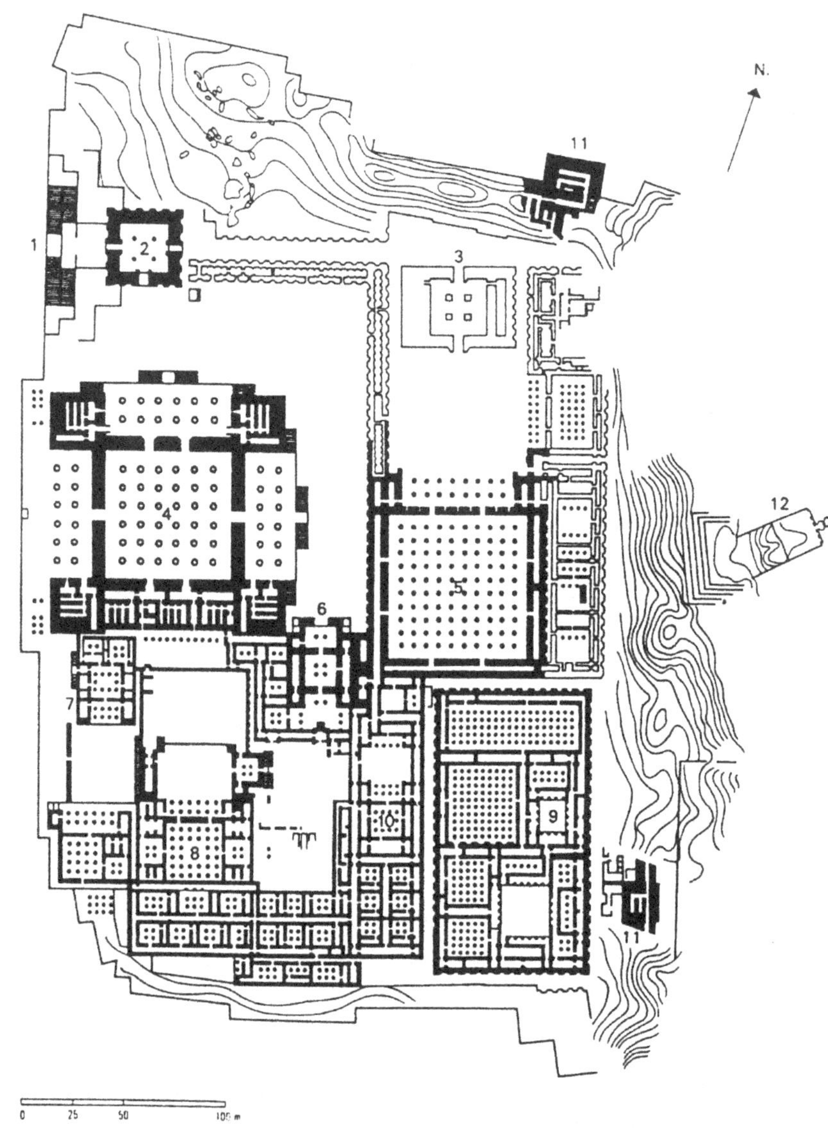

Plan de la terrasse de Persépolis

1. Escalier de la terrasse. 2. Porte de Xerxès (« Porte de tous les pays »). 3. Salle d'audience (apadāna) de Darius et Xerxès. 4. Salle des cent colonnes. 5. Palais (tačara) de Darius. 6. Palais d'Artaxerxès III. 7. Palais (hadiš) de Xerxès. 8. Tripylon. 9. Harem. 10. Trésor. 11. Mur des Fortifications. 12. Tombe d'Artaxerxès II (ou III ?).

bois de cèdre et de cyprès. La salle pouvait contenir plusieurs milliers de personnes. Sur trois côtés (sauf le côté sud), la salle s'ouvrait sur un portique. Sur l'escalier du portique nord (visible en premier en s'approchant de la « Porte de tous les pays ») est sculptée la fameuse « Frise des Tributaires » qui montre en bas-relief des représentants de tous les peuples de l'empire. Au sud-ouest de la terrasse sont situés les palais résidentiels de Darius (vp. *tačara*) et de Xerxès (vp. *hadiš*), ainsi que le harem à l'extrémité sud. La partie orientale de la

Vue à travers la « Porte de tous les pays » sur la salle d'audience

terrasse, reliée au centre à la partie occidentale par une porte appelée « Tripylon », comprend la « Salle à cent colonnes » d'Artaxerxès Ier et son palais, ainsi que la Trésorerie (et les quartiers militaires). Le mur des Fortifications se trouve à la marge septentrionale de la terrasse. La découverte des tablettes élamites au pied des Fortifications et dans le Trésor prouve par ailleurs fort bien que la ville n'a pas simplement été une « cité rituelle » où furent régulièrement organisées de grandes festivités, mais aussi un **centre administratif vivant**.

À **Suse**, l'ancienne métropole de l'Élam, Darius fit exécuter un remodelage total. La nouvelle ville fut organisée sur trois terrasses, reliées les unes aux autres avec le palais, les quartiers résidentiels et la forteresse. L'*apadāna* du palais, la salle principale à 72 colonnes, servit de modèle pour le palais de Persépolis. D'énormes murs de soutènement délimitèrent une terrasse de 12 hectares (c.-à-d. à peu près l'équivalent de la terrasse de Persépolis) ; plus d'un million de mètres cubes de matériaux furent nécessaires pour la construction de cette plate-forme. On avait accès aux résidences royales par une porte monumentale haute de 15 m.

Laissons maintenant parler le roi lui-même dans une des « chartes de fondation » (l'inscription *DSz*), dans laquelle il énumère les artisans et ouvriers qui ont coopéré au projet, et mentionne les matériaux utilisés :

Charte de fondation d'un palais de Darius Ier à Suse

Le palais que j'ai fait à Suse, de loin ses matériaux furent apportés. Vers le bas, la terre fut creusée jusqu'à ce que la roche soit atteinte ; lorsque [la terre] fut creusée complètement, sur le gravier des fondations furent faites, [à] 20 coudées [en profondeur]. Sur ce gravier, le palais fut bâti. Le fait que la terre fut enlevée en profondeur et que sur le gravier des fondations furent faites et que les briques furent moulées, les gens de Babylone le firent. Et le bois de cèdre, d'une montagne du nom de Liban, de là-bas fut apporté. Les gens d'Assyrie l'apportèrent jusqu'à Babylone, et de Babylone les Cariens et les Ioniens l'apportèrent jusqu'à Suse. Et le bois de yakā fut apporté du Gandhāra, et aussi de Carmanie. Et l'or fut apporté de Sardes et de Bactriane, lui qui fut travaillé ici. Et les pierres rares qui [étaient] du lapis-lazuli ainsi que de la cornaline, qui ici furent travaillées, furent apportées de Sogdiane. Et les pierres rares qui [étaient] des turquoises, qui furent travaillées ici, elles furent apportées de Chorasmie. Et l'argent et l'ébène furent apportés d'Égypte. Et la décoration avec laquelle les murs furent ornés fut apportée d'Ionie.

Et l'ivoire, qui ici fut travaillé, fut apporté d'Éthiopie et d'Inde et d'Arachosie. Et les colonnes de pierre, qui furent travaillées ici, d'un village du nom d'Apitaruš, en Élam, de là-bas, furent apportées. Les artisans qui travaillèrent la pierre, eux, étaient des Ioniens et des Sardiens. Et les ciseleurs d'or qui travaillèrent l'or, eux, étaient des Mèdes et des Égyptiens. Et les hommes qui travaillèrent le bois, eux, étaient des Sardiens et des Égyptiens. Et les hommes qui firent des briques cuites, eux, étaient des Babyloniens. Et les hommes qui ornèrent le mur, eux, étaient des Mèdes et des Égyptiens. Et le roi Darius dit : « Par la grâce d'Ahura Mazdā, à Suse, beaucoup [de travail] excellent fut ordonné, beaucoup [de travail] excellent fut fait. Moi, qu'Ahura Mazdā me protège, moi ainsi que mon peuple. »

Le choix des deux nouveaux sites, Suse et Persépolis, était motivé par une volonté politique de marquer la réorganisation dynastique et d'exalter le « nouveau » pouvoir achéménide (Darius étant issu d'une autre branche de la maison royale que Cyrus et Cambyse). Ces deux sites avaient ainsi une valeur hautement symbolique : localisés au centre d'un empire qui avait atteint précisément sous Darius sa plus grande expansion, ils ont été construits avec des matériaux et par des ouvriers venus de toutes les provinces de l'empire. En même temps, les travaux d'aménagement continuèrent également à **Pasargades**, l'ancienne capitale de Cyrus (de même à Babylone et peut-être aussi à Ecbatane), car, dans le contexte de légitimation royale, il était non moins indispensable pour Darius d'affirmer la continuité avec ces prédécesseurs et de ne pas couper le fil avec la branche teispide de la dynastie.

Sous Alexandre et les Séleucides, de nombreuses fondations du nom d'Alexandrie, de Séleucie ou d'Antioche virent le jour en Iran, en particulier dans les régions orientales de l'empire. Étant

Reconstitution du palais S de Cyrus le Grand à Pasargades

donné que beaucoup de ces villes restent non localisées, il est parfois impossible d'affirmer s'il s'agit de fondations *ex nihilo* ou de refondations de villes existantes. À **Suse** (rebaptisée **Séleucie de l'Eulaios**), on constate, à proximité du palais achéménide de Darius Ier, une expansion exceptionnelle et une activité de construction intensive ; d'un nœud commercial, Suse était aussi devenue un **important centre agricole**. Même si le gymnase ou le *bouleutērion* n'ont pas laissé de traces archéologiques, leur existence est connue par des inscriptions grecques. La langue grecque y est encore attestée en pleine époque parthe, comme en témoigne l'inscription avec une lettre du roi parthe Artaban II (Ardavān) aux habitants de la ville en 21 ap. J.-C. Même à l'époque sassanide, la ville n'avait rien perdu de son importance. Refondé par Šābuhr II sous le nom d'Ērān-xvarrah-Šābuhr « Gloire de l'Iran de Šābuhr », ce centre économique de premier plan disposa d'un propre atelier monétaire et fut le siège d'un diocèse chrétien dès le début du Ve siècle.

Il est difficile de dire si l'occupation en apparence réduite du Pārs à **l'époque parthe** correspond à une réalité (retour au pastoralisme ?) ou si cette image doit être attribuée au manque de fouilles. L'infrastructure urbaine de **Hécatompyle** (Šahr-i Qūmis) au Chorassan, une des anciennes capitales d'hiver des rois arsacides dès 217 av. J.-C., est inconnue, celle de **Nisā** (aujourd'hui la capitale turkmène Ašxabād), une autre capitale parthe, refondée par Mithradate Ier, l'est un peu mieux pour la partie royale de la ville au sud-est. La ville, ou plus précisément l'ancienne partie, naguère appelée Mihrdātkirt selon les informations sur l'un des plus de 2 000 ostraca trouvés dans la citadelle et contenant des reçus comptables pour des livraisons de vin, demeure à ce jour la seule résidence royale arsacide à avoir été fouillée. À l'intérieur de la citadelle (pillée et dévastée à la fin de l'époque arsacide), entourée d'un rempart pentagonal impressionnant de 20-25 m de hauteur et d'une épaisseur de 5 m, les bâtiments royaux forment deux groupes. Au sud, on trouve trois constructions de dimensions monumentales : un bâtiment avec une « Salle Carrée » (20 m de côté), peut-être une salle de trône ou d'audience ; un temple-tour et une salle ronde de briques crues (de 17 m de diamètre), de fonction non encore définitivement déterminée. Au nord de la citadelle est située la « Maison Carrée » avec ses annexes, le plus grand bâtiment de l'ensemble (60 m de côté), selon toute apparence érigé à l'origine pour des banquets selon l'usage des cours hellénistiques, mais transformé vers le début de l'ère chrétienne en une trésorerie du palais où

Plan de la citadelle à l'ancienne Nisā, IIe siècle av. J.-C.

étaient déposés des monnaies, vêtements, armes et objets précieux (dont des statues de marbre de style hellénistique et plus de 50 rhytons en ivoire, cf. Arts décoratifs, chap. VIII). De **Ctésiphon**, une autre capitale parthe, construite sur la rive droite du Tigre, de l'autre côté de la ville grecque de Séleucie du Tigre, nous connaissons désormais le plan général quadrangulaire avec des rues se coupant à angle droit. La grille régulière est interrompue par deux grandes places et quelques bâtiments importants, ainsi que par un canal sur l'axe central et une grande rue traversant la ville à l'extrémité sud. Plus tard, Ctésiphon (avec la nouvelle fondation Veh-Ardaxšīr « la meilleure (ville) d'Ardaxšīr ») devint le centre de l'empire sassanide où furent couronnés les rois des rois.

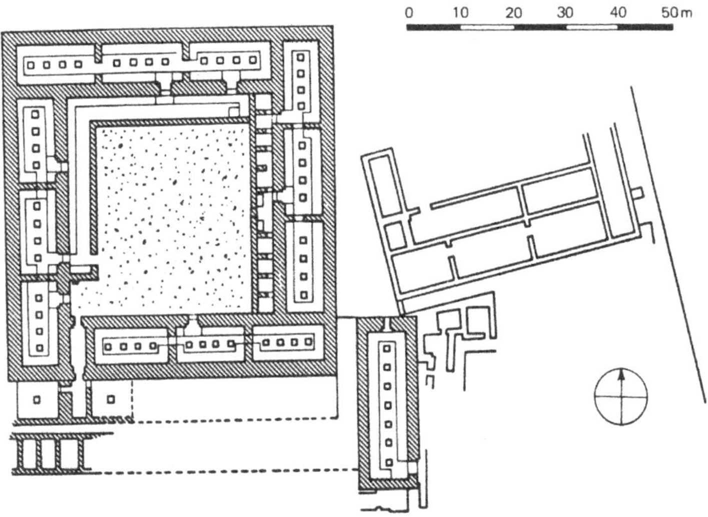

Plan de la « Maison Carrée » à Nisā à la fin de l'époque parthe

Les villes sassanides sont construites selon deux plans totalement différents : les villes rondes et celles sur plan quadrangulaire avec un quadrillage orthogonal. L'exemple type de la première catégorie constitue la ville de **Fīrūzābād** en Perside (le nom moderne pour la plus ancienne ville sassanide Ardaxšīr-Xvarrah, litt. « Gloire d'Ardaxšīr », fondée par Ardaxšīr Ier avant sa prise du pouvoir). Au centre d'un cercle de près de 2 km de diamètre, délimité par un double rempart de terre, se trouve une construction carrée énigmatique qui mesure aujourd'hui environ 30 m de haut. Deux axes principaux et des axes secondaires rayonnants divisent le cercle en quatre secteurs, composés à leur tour de cinq fractions, ce qui donne un total de vingt quartiers, liés entre eux par des rues aménagées en cercles concentriques. À quelques kilomètres de distance du site se trouvent deux palais, dont un sur un plateau rocheux, connu sous le nom de Qalʿa-ye Doxtar (cf. Architecture et

Reconstitutions de l'intérieur de la « Salle Carrée » au milieu de l'époque parthe

monuments, chap. VIII). Le deuxième type (sur plan « hippodaméen », appliqué également à Doura-Europos, etc. — ainsi nommé d'après l'architecte Hippodamos de Milet ayant vécu au ve siècle av. J.-C.) a été mis en œuvre par son fils Šābuhr Ier dans une autre ville en Perside, à **Veh-Šābuhr**, litt. « la meilleure (ville) de Šābuhr » (pers. **Bīšāpūr**). La ville est protégée par la montagne d'un côté, par une rivière de l'autre, et entourée de terres fertiles. Un rectangle de 1 800 m sur 900 m avec un quadrillage régulier est coupé dans l'angle nord-ouest par une rivière. Deux grandes rues traversent la ville et se croisent au centre, où le satrape avait fait ériger un monument à l'honneur de Šābuhr Ier. Aux extrémités de la ville, l'entrée était protégée par quatre portes. Dans la partie orientale de la ville se trouvaient les grands bâtiments représentatifs et un site souterrain qui a été interprété comme un lieu de culte.

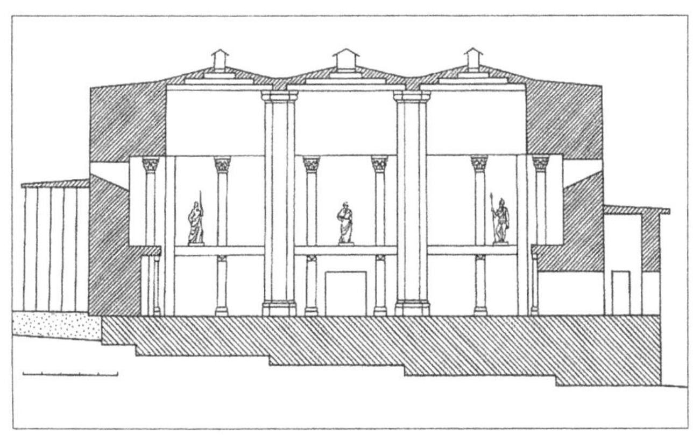

De nombreuses autres villes et fondations, de Samarcande à l'est à Bagdad à l'ouest, sont connues grâce à un ouvrage post-sassanide rédigé en moyen-perse, intitulé ***Šahrestānīhā ī Ērān* « Villes du pays de l'Iran »**. Ce bref traité contient un catalogue des principales villes de l'Iran sassanide avec des informations sur leurs (re)fondateurs (réels ou mythiques) et parfois précisant les circonstances des fondations. D'autres noms encore sont connus par les sceaux de l'époque sassanide tardive, mais dans les deux cas les villes ne sont souvent pas encore localisées, et en général il convient d'admettre que notre connaissance de l'urbanisme sassanide est encore très limitée.

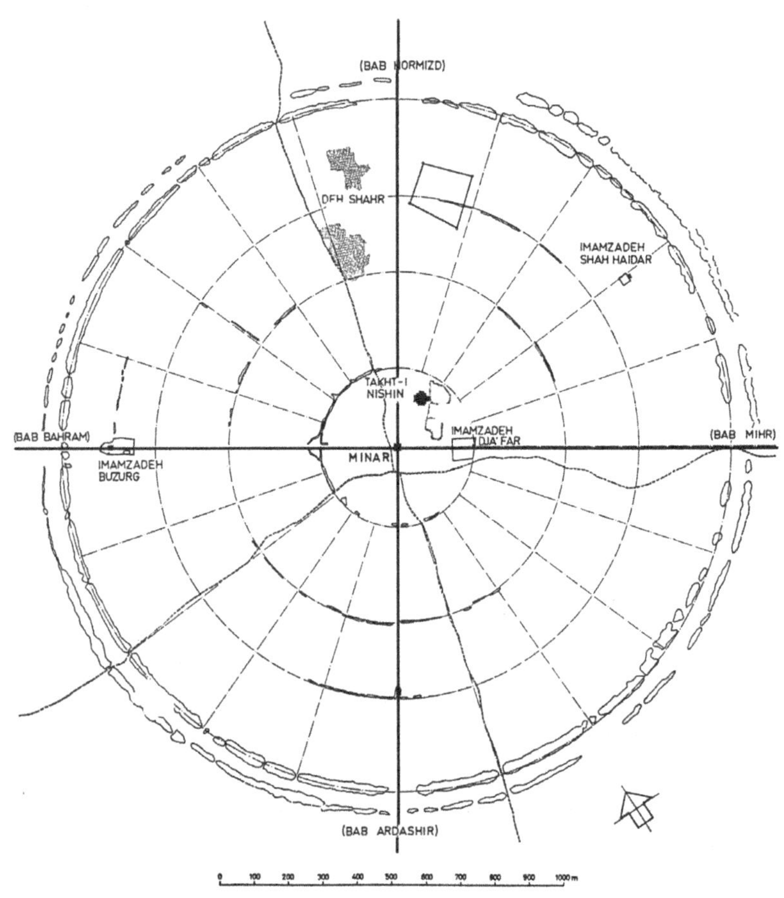

Plan quandrangulairede la ville de Fīrūzābād

Reconstitution du Qalʿa-ye Doxtar

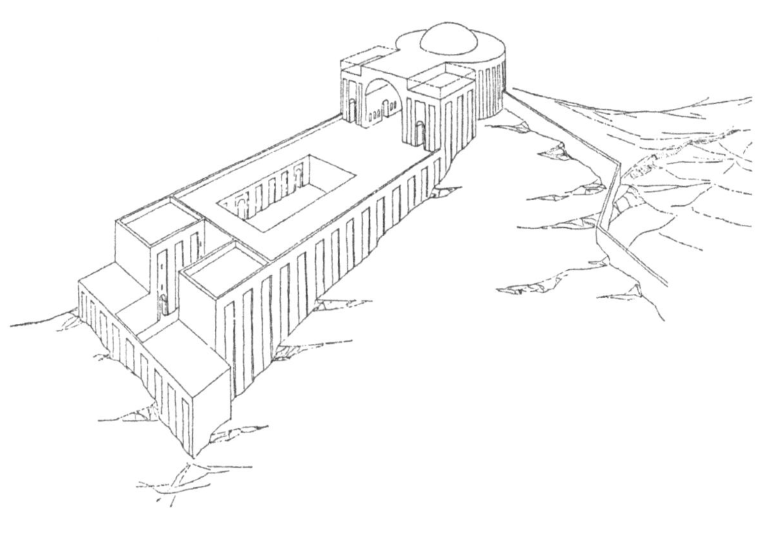

INFRASTRUCTURE ROUTIÈRE ET FLUVIALE

Le réseau routier qui couvrait le territoire de l'empire achéménide a exercé une grande fascination sur les auteurs grecs. Les rois achéménides avaient en partie aménagé les itinéraires de caravanes préexistants et construit de nouvelles routes officielles. La « **route royale** » (*hodos basilikē*) **qui reliait Sardes** (voire Éphèse) **à Suse** sur une distance de plus de 2 400 km à travers l'Asie Mineure et la Mésopotamie est certes l'une des plus connues. Le tronçon de 600 km entre Persépolis et Suse, qui traversait des « pays peuplés et sûrs » (selon Hérodote) apparaît également souvent dans les

Les principales routes de l'empire achéménide

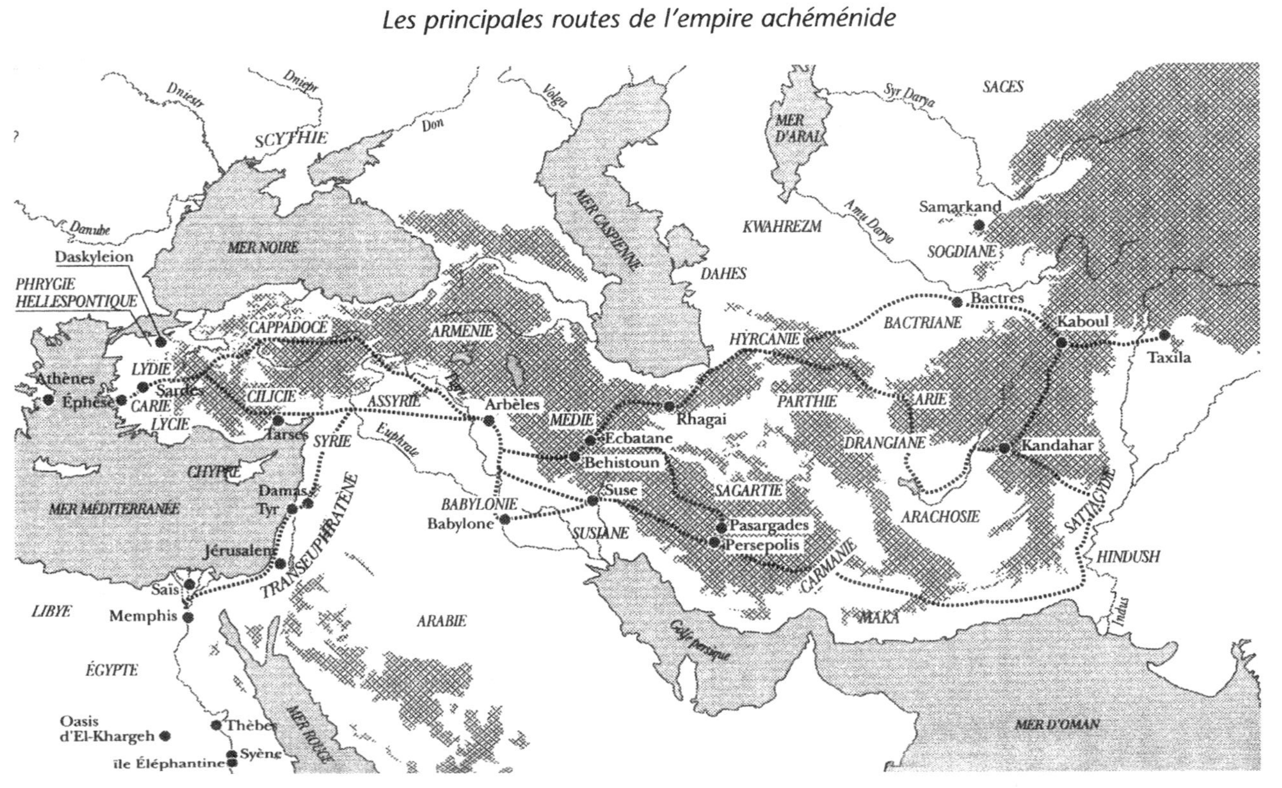

tablettes administratives élamites : à partir des données topographiques, des vestiges archéologiques et des noms cités, les historiens supposent qu'il y avait 22 stations (aujourd'hui, à quelques exceptions près, difficilement identifiables et non localisées) distancées d'environ 24 km chacune. Un autre itinéraire menait de Persépolis à Ecbatane en Médie (20 jours de marche à pied), où la correspondance vers la Bactriane et l'Inde était assurée.

Selon Mégasthène, il y avait des bornes tous les 10 stades (c.-à-d. presque tous les deux kilomètres) sur les routes en Inde, indiquant la distance en parasanges (cf. Poids et mesures, chap. IV) ainsi que les directions aux embranchements. Les trajets de l'époque achéménide ont continué à être employés aux époques suivantes des Arsacides et des Sassanides (comme le prouvent la *Tabula Peutingeriana* et autres cartes), et beaucoup le sont d'ailleurs encore aujourd'hui. Sauf dans les régions inhospitalières comme les déserts où les routes n'étaient sans doute que des pistes, les grandes routes royales étaient le plus souvent des voies larges que les auteurs anciens définissent comme « carrossables » (ce qui n'est pas forcément synonyme de « pavées »...).

Ces routes impériales eurent avant tout une fonction stratégique et politique : elles servirent au transport des troupes en cas de mobilisation et permirent de transmettre rapidement des messages par des courriers royaux. Ceux-ci avaient à leur disposition des chevaux frais dans les relais et pouvaient ainsi couvrir par exemple la distance entre Sardes et Suse en quelques jours à peine, alors qu'il fallait trois mois pour une armée en marche. Outre l'institution de **la poste royale** sous forme d'un service d'estafettes à cheval (gr. *angareion*), les Achéménides disposèrent aussi d'un système de communication « express » pour des messages simples à base de signaux de feu allumés de montagne en montagne, ou à base d'installations avec des boucliers reflétant au soleil comme des miroirs. Régulièrement entretenues par des ouvriers spécialisés et constamment surveillées par des garnisons, les routes étaient aussi parcourues par des **escadrons de police** qu'Hérodote appelle les *hodophylakai* (vp. **dātihmārā* « contrôleurs de rues »). Pour emprunter ces routes, les voyageurs devaient obtenir un sauf-conduit scellé (élam. *halmi*) qui portait également mention des rations de vivres qu'ils pouvaient se procurer dans les magasins royaux répartis le long des grands itinéraires.

Les auteurs classiques sont en revanche beaucoup plus silencieux sur les canaux et autres voies fluviales, dont ils sous-estiment un peu l'importance pour le transport rapide de charges très lourdes (céréales, bois, pierres, etc.). Une exception notable constitue le « **Canal royal** » (appelé *Naarmalcha* par Ammien Marcellien), déjà en usage à l'époque séleucide et élargi à l'époque parthe, un lien majeur pour le commerce entre les provinces occidentales et les régions sur le plateau iranien. De façon plus générale, les Babyloniens en particulier firent un usage extensif de tout un système de voies navigables (fleuves et canaux) situé entre Tigre et Euphrate, à la fois pour l'irrigation des terres (cf. ci-dessous, Travaux d'irrigation), l'alimentation en eau potable et le transport de produits pondéreux. Le **canal** le plus célèbre reste toutefois celui de Suez inauguré par Darius Ier **entre le Nil et la mer Rouge**. Le canal facilita grandement l'échange commercial (notamment de produits céramiques) entre les cités grecques de l'Égée, la vallée du Nil et la mer Rouge. Contrairement à ce que semble suggérer non sans exagération l'inscription sur une des stèles dressées près du canal (cf. *DZc* 11 sq. : « et les navires allaient de l'Égypte, par ce canal, vers la Perse »), nous savons désormais qu'il n'y a jamais eu de communication directe entre la mer Rouge et le golfe Persique.

TRAVAUX D'IRRIGATION

Les **paradis** des rois achéménides (cf. Chasse et paradis, chap. IX) étaient souvent situés **à proximité de fleuves**, comme ce fut par exemple le cas du paradis de Cyrus le Jeune à Kelainai en Asie Mineure, traversé par le Méandre. Les textes babyloniens laissent en outre entendre qu'il exista une administration spéciale chargée de l'eau et des travaux hydrauliques. Mais, afin d'augmenter le rendement des terres plus éloignées des fleuves, les Perses ont développé des techniques d'irrigation en utilisant l'eau de la nappe phréatique conduite dans de longs canaux souterrains (appelés *qanāt* par leur dénomination arabe) ou en construisant des barrages. Une description (imparfaite) de **la technique des *qanāts*** en Hyrcanie à l'époque séleucido-parthe, mais sans nul doute applicable aussi à l'époque achéménide, se trouve chez l'historien Polybe (X 28, 2-4) et Hérodote (III 1, 17) renvoie à un système d'écluses pour accumuler les eaux. En mettant à profit la déclivité naturelle sous les pentes des montagnes bien arrosées, l'eau de la nappe phréatique était conduite aux champs et villages dans de longues galeries drainantes souterraines à une profondeur de 100 m ou plus sur une distance de 10 à 15 km, parfois allant jusqu'à 40 km. Les déblais furent déversés tels des taupinières autour des ouvertures des puits verticaux.

Déjà pour l'époque achéménide, l'existence de **barrages** est attestée, même si les principaux programmes de construction de digues et barrages (dont le *Band-e Kaisar* « Digue de l'Empereur » à Šūštar, longue de 1 500 pieds) ont été exécutés à l'époque sassanide grâce à la main-d'œuvre déportée de l'empire romain (cf. Artisanat, chap. IV). En Élam achéménide, les barrages servaient surtout à l'irrigation, mais il y avait déjà des aqueducs pour alimenter la citadelle de Suse en eau potable : il s'agissait de deux galeries de 3 à 4,5 m franchissant une différence de hauteur de 15 m avec trois dispositifs pour réguler le débit de l'eau. En revanche, les barrages dans les régions de Persépolis et Pasargades ont apparemment été construits comme protection contre les crues.

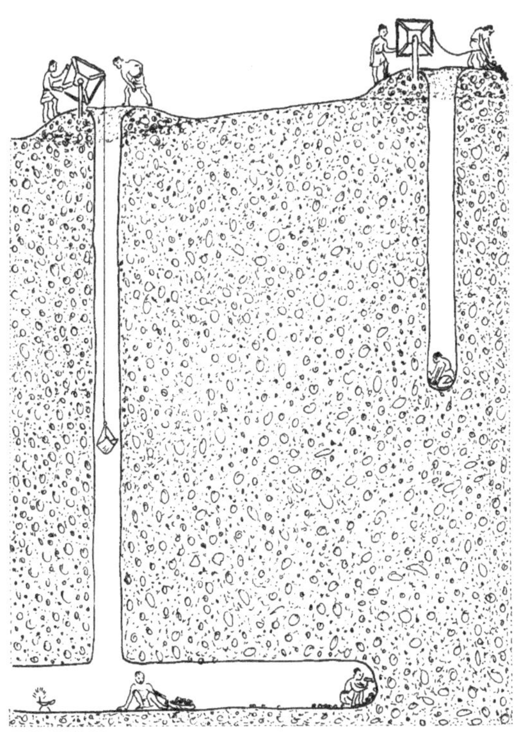

Coupe d'un qanāt

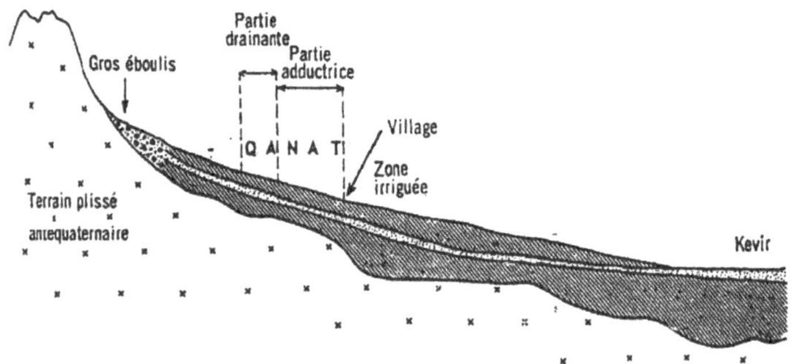

Profil détaillé d'un qanāt

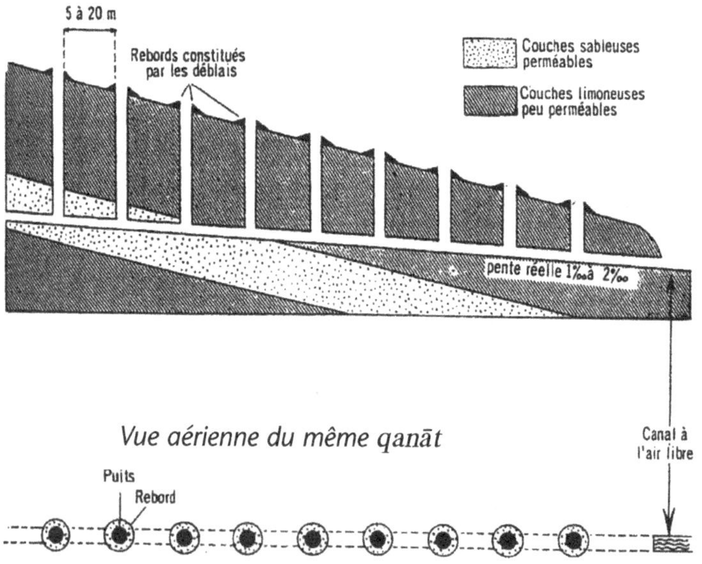

Vue aérienne du même qanāt

III
L'ORGANISATION POLITIQUE ET SOCIALE

Dans une de ses inscriptions tombales à Naqš-e Rostam (*DNa*), Darius Ier se présente comme suit :

La royauté achéménide

« Un grand dieu est Auramazdā qui a créé cette terre-ci, qui a créé ce ciel-là, qui a créé l'homme, qui a créé le bonheur pour l'homme, qui a fait Darius roi, unique roi de nombreux, unique souverain de nombreux. Je suis Darius, le grand roi, le roi des rois, le roi des pays de toutes origines, le roi sur cette terre grande au loin, le fils de Vīštāspa, l'Achéménide, Perse, fils de Perse, Aryen, de souche aryenne. »

(*DNa* 1-15)

Ces phrases, que l'on retrouve avec des variantes dans d'autres inscriptions du roi, illustrent bien **la place centrale du roi et de sa famille, ainsi que le statut privilégié des Perses parmi les peuples de l'empire perse à l'époque achéménide**. Darius est roi **par la grâce d'Auramazdā**, à qui il doit son pouvoir, sans être pour autant un dieu lui-même ou de descendance divine. Tout le pouvoir est entre ses mains (il désigne aussi lui-même son successeur, qui fut souvent le fils aîné), et très peu de personnes d'origine non perse, fussent-ils des aristocrates, ont eu accès aux postes les plus élevés dans la hiérarchie politique ou militaire. En revanche, les nobles et autres ressortissants des autres peuples de son empire occupaient des positions importantes dans leurs pays respectifs (ils pouvaient notamment accéder au statut de « bienfaiteurs du roi »), et le roi s'assurait de leur loyauté par sa générosité en distribuant cadeaux, récompenses et honneurs à tous ceux qui le servaient bien. Tout le système politique achéménide était en réalité fondé sur les principes complémentaires **du pouvoir centralisé du roi et de l'autonomie locale des élites indigènes.**

Nobles mèdes (avec bonnet) et perses (avec tiare) sur un relief de l'apadāna à Persépolis

Ce modèle de la royauté achéménide a aussi servi d'orientation aux dynasties suivantes de l'époque préislamique : chez les **Arsacides parthes**, l'adoption du titre royal « roi des rois » et d'un nom de règne à l'accès au trône (cf. Noms iraniens, chap. X), la vénération du fondateur de la maison dynastique, l'idée de la *Farnah* royale (cf. La religion des Achéménides, chap. VI), les cérémonies d'investiture royale, etc., tout cela continue sans doute une **tradition iranienne remontant aux Achéménides** (à l'exception de l'emploi de noms de règne, toutes ces caractéristiques seront également reprises plus tard par les Sassanides). Mais, à l'encontre, les rapports parfois tendus entre la dynastie et les chefs de clans ou d'ethnies sont sans aucun doute un **héritage du passé semi-nomade des Parnes.** Enfin la **couche séleucido-hellénistique** de la royauté parthe (à partir de la première moitié du IIe siècle av. J.-C., suite à une expansion territoriale sensible) ne devrait pas être négligée : elle est la plus visible dans l'emploi d'épithètes royales grecques comme *epiphanēs* (« illustre »), *dikaios* (« juste ») ou *philhellēn* (« ami des Grecs »). Les **privilèges des familles aristocratiques parthes** (gr. *megistanes*), en particulier des Sūrēn qui avaient la prérogative du couronnement du roi, et des « parents du roi » (gr. *syngeneis*) ont parfois été contre-productifs pour l'avancement de l'état parthe. Avec les « sages » (gr. *sophoi*) et « mages » (gr. *magoi*), les aristocrates constituaient un élément important du « conseil royal » (gr. *synhedrion*) qui semble avoir joué un rôle prépondérant dans la désignation du successeur du roi et dans son élection (même si la royauté demeure essentiellement héréditaire). Son rôle diminue toutefois avec l'avènement de Mithradate Ier (171-139/8 av. J.-C.) que son père Phraate Ier (176-171 av. J.-C.) avait imposé au détriment de ses frères aînés et contre la volonté du conseil royal ; à partir du Ier siècle av. J.-C., nous avons connaissance par ailleurs de **conflits ouverts répétés** entre des monarques de plus en plus puissants et leur conseil aristocratique.

Contrairement aux Parthes, les **Sassanides** sont quant à eux revenus à **une conception plus iranienne de la royauté** : en tant que roi des rois, le souverain sassanide était au-dessus des autres rois de l'empire (cf. ci-dessous, Les institutions politiques et administratives). À la différence des rois achéménides, les rois sassanides s'attribuaient des qualités et une descendance divines (cf. Le mazdéisme et le zurvanisme des Sassanides, chap. VI). Comme déjà les Parthes, les Sassanides semblent avoir connu une sorte de **conseil électoral** pour désigner le successeur du roi (ou au moins pour approuver le choix fait par le prédécesseur), mais bien de détails à propos de la composition et de la procédure restent dans l'ombre. **Dignitaires religieux et aristocrates** (en particulier les chefs des sept familles les plus importantes, ainsi que — vers la fin de l'époque sassanide — les généraux qui étaient commandants en chef des quatre régions administratives de l'empire sassanide, cf. Division géographique de la terre, chap. V) avaient pourtant également **un pouvoir politique considérable**. Le pouvoir des instances religieuses, et en particulier celui du *movbedān movbed* « grand prêtre des grands prêtres » (dès le VIe siècle ap. J.-C.), avait déjà commencé à s'accroître considérablement à partir du ve siècle (cf. Le mazdéisme et le zurvanisme des Sassanides, chap. VI). Les conflits entre le roi des rois et l'aristocratie sassanide ont du reste profondément modifié la structure de la société sassanide dès les premières décennies du VIe siècle, qui jusque-là n'avait guère différé de celle de l'empire parthe : **la suppression du mouvement mazdakite** (cf. Mazdakisme, chap. VI et l'entrée « Mazdak » dans les repères biographiques) **a provoqué une mise sur la touche de l'aristocratie traditionnelle** — dont elle ne s'est plus remise — au profit d'une nouvelle classe de nobles, constituée par de petits propriétaires terriens (mp. *dahigān*, pers. *dehkān*).

LES CLASSES SOCIALES

Le concept des quatre strates

Contrairement aux parties les plus anciennes de **l'Avesta**, silencieuses à ce propos, **les textes plus récents suggèrent une division en trois, voire quatre strates de la société iranienne**, que l'on peut identifier comme suit : les **prêtres** (avest. *āθrauuan-*), les **guerriers** (avest. *raθaēštar-*, litt. « ceux qui sont debout dans un chariot ») et les **éleveurs de bétail** (avest. *vāstriia- fšuiiant-*). On disait de Zoroastre qu'il avait réuni ces trois qualités en lui, et ce schéma fut aussi appliqué au roi achéménide. Enfin, un passage du *Farvardīn Yašt* mentionne une quatrième catégorie, qui est celle des **artisans** (avest. *huitiš*).

Ce schéma quadripartite avestique persista encore à l'époque sassanide sous les appellations de *āsrōnīh* « classe des prêtres », *artēštārīh* « classe des guerriers », *vāstaryōšīh* « classe des agriculteurs », et *hutuxšīh* « classe des artisans » (litt. « ceux qui s'efforcent bien, qui se donnent de la peine »). Les trois premières classes furent chacune sous la protection d'un des trois grands feux de l'empire (cf. Le mazdéisme et le zurvanisme des Sassanides, chap. VI) : *Ādur Farnbāg* pour les prêtres, *Ādur Gušnasp* pour le roi des rois et les guerriers, *Ādur Burzēn-Mihr* pour les agriculteurs. **L'appartenance à une catégorie fut héréditaire et les barrières vers un échelon supérieur furent en principe infranchissables** (y compris pour le mariage, sous peine de perdre non seulement son rang, mais aussi toutes ses possessions et d'être envoyé en exil), sauf dans le cas de quelques rares personnalités d'une qualité morale exceptionnelle aux yeux des mazdéens.

Critères de classification

La stratification sociétale quadripartite se retrouve donc à travers toute l'époque préislamique, avec des variantes selon les périodes, mais elle n'a jamais été le seul modèle de classification. **D'autres critères d'ordre ethnique, généalogique, social, etc. ont également joué un rôle** : à l'époque achéménide par exemple, les gens se sont aussi identifiés par rapport à leur « famille » (avest. *nmāna-*),

« clan » (avest. *vīs-*, vp. *viθ-*), « tribu » (avest. *zantu-*) et « pays » (avest. *dańhu-*, vp. *dahyu-*). Quant à **la classification sociale des nobles** (vp. āmāta-) **et puissants** (vp. *tunuvant-*), **opposés aux faibles et pauvres** (vp. *škauθi-*, mp. *škōh*), elle gagnera de plus en plus d'importance avec les nombreuses conquêtes royales et l'expansion de l'empire qui s'ensuivit. En effet, l'empire fut administré par les membres des grandes familles nobles, dont le pouvoir et l'influence se sont encore accrus sous les Arsacides et Sassanides (jusqu'au milieu du ve siècle ap. J.-C.). Cette distinction entre les vaillants et les faibles se retrouve aussi chez les auteurs grecs, qui les appellent respectivement *prōtoi* (litt., « premiers ») et *autourgoi* (litt., « petits exploitants »). À l'échelle des tribus nomades parthes, cette différenciation se traduit par une distinction entre les *kadag-xvadāyān* « chefs de tribu » d'une part, et les autres membres de tribu d'autre part.

Ajoutons encore que les Perses achéménides n'ont pas seulement connu la noblesse par naissance, mais aussi **une nouvelle « noblesse royale »** acquise par des liens de loyauté personnelle avec le roi. À l'époque sassanide, la noblesse fut elle-même divisée en quatre parties, un arrangement probablement hérité des Parthes. Ainsi les Perses sassanides distinguèrent — par ordre décroissante d'importance hiérarchique — les *šahryārān* « gouverneurs » comprenant les rois vassaux et autres dynastes, les *vispuhrān* « princes (de la famille royale et des sept grandes familles) », les *vuzurgān* « Grands », et enfin les *āzādān* « nobles (par naissance) ».

Dès l'époque achéménide, **les Perses firent en outre une distinction entre ceux qui appartenaient à l'empire perse et ceux qui y étaient étrangers** : dans les tablettes élamites de Persépolis, ces derniers y apparaissent sous le nom de *kurtaš* (cf. Artisanat, chap. IV), un terme qui désigne en réalité des ouvriers et travailleurs au service payé de l'État, mais qui furent en majorité des étrangers. Cette démarcation entre les ressortissants de l'empire perse et les autres trouve son expression la plus nette sous les Sassanides, où la différenciation entre *Ērān* (« Iraniens ») et *Anērān* (« non-Iraniens ») acquiert aussi une **connotation religieuse** (adeptes de la bonne religion, c.-à.-d. les mazdéens, vis-à-vis des non-croyants et adeptes d'autres religions).

Esclaves

À l'époque achéménide, tout sujet de l'empire perse était le « **serviteur** » (vp. *bandaka-*, litt. « celui qui est *lié* », cf. angl. *bondsman* « serf ») du roi, quel que soit son rang social. Ce terme fut repris à l'époque sassanide, où **mp. *šāhān šāh bandag*** (litt. « esclave du roi des rois ») prit le sens de « **citoyen** ». De nos jours, la relation particulière entre le roi perse et ses sujets a souvent été qualifiée de « féodale » à partir de l'époque parthe, mais la comparaison reste un peu malencontreuse dans la mesure où elle se fixe trop sur le rapport entre le « seigneur » et ses « vassaux », mais ne prend pas en compte d'autres circonstances très différentes.

En revanche, l'institution de l'esclavage fut connue quoique peu developpée dès l'époque achéménide, mais prit son essor à l'époque sassanide. Les textes juridiques moyen-perses distinguent par ailleurs quatre catégories d'esclaves : le *bandag* (litt. « lié ») qui était embauché pour des tâches ménagères ou pour le service du temple ; l'*anšahrīg* (litt. « étranger ») et le *vardag* (litt. « prisonnier de guerre ») qui labouraient les champs, étaient en charge de travaux publics de construction ou s'occupaient d'autres tâches impliquant une forme d'exercice physique ; enfin *tan* (litt. « corps ») fut le terme technique pour un esclave prêté pour un certain temps par son maître comme gage à un créancier.

Le statut d'esclave fut en principe héréditaire, mais celui-ci pouvait être affranchi (mp. *āzād-hišt*) partiellement ou totalement et recevoir un salaire. Dans le droit sassanide, l'esclave y apparaît essentiellement comme une « chose » (mp. *xwāstag*), mais non dépourvu de certains droits : non seulement tout traitement cruel était sanctionné, mais l'esclave avait aussi le droit de se défendre en son nom et même de porter plainte contre un tiers. En outre, la vente d'un esclave à un non-mazdéen fut strictement prohibée, sous peine d'un marquage au fer du vendeur aussi bien que de l'acheteur.

LES INSTITUTIONS POLITIQUES ET ADMINISTRATIVES

Plusieurs inscriptions royales de Darius Ier (522-486 av. J.-C.) et de son fils Xerxès Ier (486-465 av. J.-C.) donnent de longues **listes de pays et de peuples appartenant à l'empire achéménide** ; de même, les reliefs à Persépolis et ailleurs évoquent les nombreuses délégations des peuples sujets. Les textes et sources iconographiques divergent cependant en partie considérablement les uns des autres quant aux noms et au nombre des pays énumérés. Depuis longtemps les chercheurs ont toutefois reconnu qu'il ne s'agit là ni de catalogues administratifs exhaustifs, ni de statistiques complètes des ressources de l'empire. Leur objectif est au contraire d'**illustrer l'immensité et la grande variété ethnique et linguistique de l'empire** que gouverne le grand roi.

De nombreux détails concernant l'administration achéménide demeurent incertains, à commencer par une désignation uniforme et claire pour les fonctionnaires. La personne à la tête des circonscriptions provinciales s'appelait « **satrape** » (vp. *xšaçapāvan-* « celui qui protège le pouvoir/l'empire »). Il était **le représentant personnel du grand roi à l'échelon régional**, chargé de maintenir l'ordre et de prélever les impôts. Sa cour était organisée de la même façon que la cour royale ; le satrape avait en outre à sa disposition sa propre chancellerie et sa trésorerie, et commandait ses propres garnisons. Des fonctionnaires secondaires lui étaient subordonnés à chaque niveau (hyparques au niveau intermédiaire ; chiliarques, komarques et autres organes administratifs en bas de l'échelle hiérarchique). Depuis la réforme administrative de Darius Ier, il y avait au total vingt satrapies.

Le satrape n'était cependant pas le plus haut fonctionnaire du roi : d'autres agents de l'État, avec des pouvoirs spéciaux, apparaissent de temps à autre sur le plan interrégional (tel que le *karanos* en tant que commandant militaire avec pleine autorité civile en Asie Mineure). En **Perside**, il n'y avait apparemment **pas de satrape** à l'époque des premiers rois achéménides : l'administration y était mise directement sous l'autorité du grand roi. En revanche, nous y trouvons un **haut responsable de l'administration économique** : à l'époque de Darius Ier, il s'appelait Farnaka et était un oncle du grand roi (cf. Salaires, chap. IV). Il était responsable de la délivrance des laissez-passer (nécessaires pour tout déplacement d'un fonctionnaire dans l'empire), de la gestion des provisions royales, du contrôle des impôts et tributs, etc.

Par manque de sources occidentales, **l'organisation administrative de l'empire parthe est fort mal connue** (nous connaissons tout de même l'existence de rois vassaux, de satrapes/stratèges et de margraves [pa. *marzbān*], à qui était confiée la protection des frontières de l'empire). Celle des **Sassanides** est mieux connue : parmi les sources d'information sur l'organisation politique et administrative des **premières décennies de l'empire sassanide**, la grande inscription trilingue de Šābuhr Ier sur la tour de Zoroastre à Naqš-e Rostam (cf. Les inscriptions, chap. VII) constitue un document inestimable à cet égard. Le **roi des rois** (mp. *šāhān šāh*, un titre emprunté aux prédécesseurs parthes) y énumère les membres de la famille royale et des clans aristocratiques, ainsi que les hauts dignitaires pour qui il ordonne des sacrifices commémoratifs quotidiens (cf. Le mazdéisme et le zurvanisme des Sassanides, chap. VI).

La liste est d'autant plus intéressante que les noms sont classés dans l'ordre hiérarchique qui diverge légèrement de l'ordre dans une liste similaire contenue dans une inscription du roi Narseh, rédigée moins d'un demi-siècle plus tard (cf. Les inscriptions, chap. VII). Parmi les **hauts fonctionnaires** apparaissent ainsi les personnes suivantes pour la période du règne de Šābuhr Ier : le *bidaxš* (quasiment un « vice-roi »), le *hazārbed* (« chiliarque »), le général de la cavalerie, plusieurs membres masculins issus des grandes familles sassanides, des satrapes et autres commandants militaires, ainsi que le maître des cérémonies (cf. Étiquette de cour et audience royale, chap. X), le conseiller des reines, le porte-glaive royal, le majordome, le curopalate, le chef de l'intendance, le chef de la chancellerie, le commandant de la prison, le gardien des portes, le trésorier, le chef des eunuques, l'agoranome, etc.

Comme nous le savons grâce à cette inscription et à d'autres, l'empire sassanide du IIIe siècle ap. J.-C. était divisé en plusieurs « **provinces** » (mp. *šahr*). Certaines d'entre elles, limitrophes par ailleurs, étaient sous l'autorité d'un **roi** (mp. *šāh*), souvent des princes, un des fils du roi des rois au pouvoir. Les autres étaient sous le contrôle d'un **satrape** (mp. *šahrab*), mais les détails nous échappent. Les bulles et sceaux sassanides dits « administratifs » de l'époque tardive (VIe/VIIe siècles ap. J.-C.) nous permettent d'avoir une idée plus précise de la situation vers la fin de l'empire sassanide. Le nouveau découpage n'est plus du tout comparable. Les circonscriptions administratives se situent désormais à trois niveaux : les « **provinces** » (mp. *šahr*), **au niveau intermédiaire**, relèvent du réseau du satrape (mp. *šahrab*). La majorité des fonctions administratives connues, politiques aussi bien que religieuses, semblent se situer à ce niveau. Il s'agit des fonctions religieuses du « prêtre (mazdéen) » (mp. *movbed*) ainsi que de l'« avocat des pauvres et juge » (mp. *driyōšān jādaggōv ud dādvar*), et peut-être aussi de celles du « conseiller » (mp. *handarzbed*), du « juge » (mp. *dādvar*), du « maître des coutumes/dons coutumiers ? » (mp. *ēwēnbed*), du « gouverneur (civil et/ou militaire ?) » (mp. *naxwār*) et du *vāspuhragān framādār*, au sens incertain. Une seule fonction, celle des membres de la « corporation des mages » (mp. *movūh*) est attestée pour le **niveau de base**, qui est celui des « **cantons** ». Au niveau **régional**, c.-à-d. interprovincial, se situaient les fonctions du « commandant » (mp. *framādār*), un administrateur civil, et du « comptable » (mp. *āmārgar*), qui n'était probablement pas simplement responsable de la collecte des impôts fonciers, mais s'occupait aussi des propriétés royales — tout comme l'*ōstāndār*, dont le niveau administratif (et le sens) est difficile à déterminer. Ces deux dernières fonctions se retrouvent toutefois aussi au niveau provincial.

Pour la fin de l'époque sassanide, les **textes mazdéens** introduisent d'autres fonctions encore : parmi les plus hauts dignitaires de l'empire, l'on retrouve entre autres — après les membres de la famille royale, dont le « prince héritier » (mp. *pus ī vāspuhr*) — le « premier ministre » (mp. *vuzurg framādār*), les quatre commandants en chef des quatre régions de l'empire (mp. *spāhbed*), le juge suprême (mp. *šahr dādvarān dādvar*, cf. ci-dessous, Droit et justice) et le « conseiller des mages » (mp. *movān handarzbed*).

DROIT ET JUSTICE

Dans l'autre (cf. l'introduction de ce chapitre) de ses inscriptions tombales (*DNb*), Darius Ier donne sa vision sur ce qui est droit et juste à ses yeux :

Les qualités d'un roi achéménide

« Le Roi Darius déclare : "Par la grâce d'Auramazdā, je suis tel que je suis ami du droit, je ne suis pas ami de l'injustice ; mon désir n'est pas que le faible subisse l'injustice à cause du puissant ; mon désir n'est pas que le puissant subisse l'injustice à cause du faible. Le droit : voilà mon désir ; je ne suis pas ami de l'homme menteur ; je ne suis pas colérique ; ce qui m'arrive dans une contestation, je le garde fermement par la pensée, je me gouverne fermement. L'homme qui coopère, lui je le protège selon sa collaboration ; celui qui nuit, je le punis ainsi selon sa nuisance ; mon désir n'est pas qu'un homme nuise ; ce n'est pas non plus mon désir qu'il ne soit pas puni s'il nuit". » (*DNb* 5-21)

De ce passage, il est clair que Darius considère comme « Mensonge » (vp. *drauga-*, cf. La religion des Achéménides, chap. VI) tout ce qui va à l'encontre de son pouvoir royal légitime et qui est en désaccord avec la volonté divine, comme il l'avait déjà fait entendre dans sa grande inscription à Béhistoun/Bīsotūn (cf. Les inscriptions, chap. VII). Dès lors, il n'est pas surprenant de constater que le mot vp. *dāta-* « **loi** » possède une connotation à la fois de « loi royale » et de « loi divine » dans les inscriptions royales achéménides. Cependant il n'existait **pas de code**, mais tout le système légal et juridique était basé sur des **décrets royaux**. Toute infraction de la volonté du grand roi était sévèrement punie : rebelles et usurpateurs furent empalés, on leur coupa le nez, les oreilles et la langue, et ils furent aveuglés.

Le mot vp. *dāta-* (cf. ci-dessus) a survécu en mp. *dād* avec le sens général de « loi, justice, règle, principe, décret, etc. », mais de leur côté les **Sassanides** ont bien fait la distinction entre la « **loi civile** » (mp. *dādestan*, aussi « jugement, décision juridique » ou encore « cas juridique ») et la traditionnelle « **loi religieuse (mazdéenne)** » (mp. *kardag*). L'Avesta contenait déjà une série de livres légaux de droit religieux (mp. *dād nask*), dont le *Vīdēvdād* « Loi sur l'abjuration des démons » fut l'un des principaux (cf. L'Avesta, chap. VII). Vers la fin de l'époque sassanide (première moitié du VIIe siècle ap. J.-C.), un certain Farroxmard, fils de Vahrām, avait compilé un **recueil de cas juridiques** dans le domaine du droit de mariage, d'héritage, de propriété, de commerce, etc. intitulé *Mādayān ī Hazār Dādestān* « Livre des mille jugements » (cf. La littérature moyen-perse mazdéenne, chap. VII). Il y en avait certainement d'autres dans ce genre, mais ils n'ont pas survécu au temps.

À cette époque-là, le **droit sassanide était un système bien élaboré** qui reposa sur les préceptes de l'Avesta (ce qui explique l'emploi de termes religieux comme « péché », « expiation », etc.), sur le droit commun et civil traditionnel, ainsi que sur l'expérience des juristes sassanides, sans oublier l'influence des normes légales chez les voisins occidentaux. Indéniablement, **la justice avait obtenu un visage plus humain et plus modéré par rapport aux époques précédentes** : mutilation et châtiments corporels (coups de fouet, etc.) avaient largement été remplacés par des amendes. Cela ne veut pas dire pour autant qu'il n'y ait plus eu de **supplices** : l'aveuglement restait une peine très commune pour les rebelles, la trahison était punie par la crucifixion, et la lapidation, l'écorchement ou le supplice des « neuf morts » n'étaient que quelques-uns des moyens de torture appliqués aux martyrs chrétiens. L'emprisonnement n'était pas connu comme une forme de punition, mais la **détention** pouvait être étendue à un temps illimité (le prophète Mānī par exemple est décédé en prison, cf. les repères biographiques) : une fameuse prison sassanide très redoutée s'appelait non sans raison le « Château de l'Oubli » !

Les **juges** (mp. *dādvar*) sassanides, divisés en deux catégories de juges juniors (mp. *dādvar ī keh*) et séniors (mp. *dādvar ī meh*), chacune avec ses propres compétences bien définies, étaient par conséquent bien ferrés en législation civile séculaire comme en droit ecclésiastique (cf. ci-dessus, Les institutions politiques et administratives, pour l'existence d'un mp. *driyōšān jādaggōv ud dādvar* « avocat des pauvres et juge » qui possédait son propre sceau administratif). Certains cas juridiques furent par ailleurs confiés à deux juges ou à un **collège de juges**, et il était possible de faire **appel** contre une décision d'un juge junior. En cas de mauvais comportement ou de partialité de leur part, les juges eux-mêmes pouvaient subir des sanctions. Au IIIe siècle ap. J.-C., la position du mp. *hāmšahr movbed ud dādvar* « prêtre et juge de tout l'empire » constituait selon toute apparence le rang le plus élevé dans la juridiction religieuse ; dans le *Mādayān* (cf. ci-dessus), le titre du **juge suprême** est mp. *šahr dādvarān dādvar* « juge des juges de l'empire » (même si, en réalité, le suprême pouvoir judiciaire appartenait au roi).

FINANCES, IMPÔTS ET TRIBUTS

Les premiers rois **achéménides** Cyrus et Cambyse n'ont évidemment nullement négligé l'administration financière de l'empire, mais les « impôts » n'étaient pas prélevés régulièrement, et leur montant n'était pas établi avec précision. Ceci est la situation avant la **réforme de Darius Ier** à laquelle l'historien grec Hérodote fait allusion dans le passage suivant :

La réforme de la taxation sous Darius Ier

« Voici comment il (*sc.* Darius) distribua les satrapies, et fixa les tributs (gr. *phoroi*) que chacune lui devait rendre tous les ans. Il fut ordonné que ceux qui devaient payer leur contribution en argent la payeraient au poids du talent babylonien, et que ceux qui la devaient en or la payeraient au poids du talent euboïque : or le talent babylonien vaut soixante et dix mines euboïques. Car, sous le règne de Cyrus, et même sous celui de Cambyse, il n'y avait rien de réglé concernant les tributs ; on faisait seulement des dons (gr. *dōra*) au roi. Ces impôts, et autres pareils établissements, font dire aux Perses que Darius était un marchand, Cambyse un despote, et Cyrus un père : le premier, parce qu'il faisait argent de tout ; le deuxième, parce qu'il était dur et sans ménagement ; et le troisième enfin, parce qu'il était doux, et qu'il avait procuré à ses sujets le plus de bien qu'il avait pu. »

(Hérodote, III 89)

Darius n'était donc bien entendu pas le premier à lever des **tributs**, mais il en fixa leur montant, soit **en argent pesé** (sous forme d'argent brut, de vaisselle, de monnaies, etc.), soit — pour l'Inde, la vingtième satrapie — **en poussière d'or**. Au total, cela représentait annuellement 250 tonnes d'argent et 360 talents de poussière d'or, le tout soigneusement contrôlé à l'aide de poids étalons et noté dans les archives officielles (cf. Monnayage, chap. IV). La plus grande partie des tributs partait ensuite vers les trésoreries des capitales de l'empire sous forme d'argent métal fondu, tandis que le reste demeurait à la disposition des satrapes pour acheter des approvisionnements, pour payer les garnisons, etc. Le nouveau système offrait l'avantage que les tributs affluaient régulièrement et que les rapports avec les chefs locaux étaient stabilisés grâce aux contacts avec les satrapes et sous-gouverneurs.

Certains peuples, comme les Arabes, Éthiopiens et Colchiens étaient **exemptés de tributs** (gr. *phoroi*), mais apportaient néanmoins des cadeaux et **dons** gratuits (gr. *dōra*) en reconnaissance de la suzeraineté du grand roi. La Perside bénéficiait également du privilège de l'exemption de tributs (gr. *ateleia*), en tant que province centrale de l'empire. Outre les tributs et dons, il existait encore d'**autres versements** tels que l'impôt (gr. *tagē*) pour la table du satrape ou pour le ravitaillement de l'armée du roi en déplacement, les taxes douanières, les droits sur les marchés, etc. Les tablettes élamites de Persépolis font mention d'un impôt en nature (petit bétail, produits agricoles) appelé *baziš*. Les cadeaux que faisaient les populations au grand roi lors de ses voyages (cf. Voyages, chap. IX), étaient redistribués parmi ses « amis » et « bienfaiteurs » afin de s'assurer de leur loyauté. Une particularité en Babylonie mérite l'attention : en échange de leur engagement dans l'armée du roi, les soldats y recevaient des terres héréditaires. Leurs propriétaires ne pouvant céder ces parcelles, ils les affermaient au fil du temps. Les

Les délégations des Parthes, Babyloniens, Syriens, Scythes tigraxaudā et Lydiens sur la « Frise des Tributaires » à Persépolis (de haut en bas)

formidables richesses accumulées dans les palais royaux et centres administratifs avaient atteint des dimensions phénoménales à la fin de l'époque achéménide : Alexandre le Grand aurait ainsi conquis 180 000 talents d'or et d'argent, soit 4 800 tonnes.

Jusqu'à la **réforme de Husrav Ier chez les Sassanides**, les principaux revenus de l'État avaient été **l'impôt foncier** (mp. *harg*, ar. *harāǰ* ; montant variable d'un sixième à un tiers, selon la récolte) **et la taxe personnelle**. Suite aux mauvaises récoltes du Ve siècle et aux malversations de nombreux fonctionnaires, des impôts extraordinaires étaient devenus nécessaires, pour financer les opérations de guerre, mais ceux-ci étaient très mal perçus par les populations (même si, par temps difficile, certains rois ont accordé des dispenses d'impôts). À l'occasion de certaines fêtes zoroastriennes, comme le nouvel an (mp. *Nō(g) Rōz*) ou le *Mihragān* (cf. Jours de fête iraniens, chap. V), les sujets offraient aussi des présents au roi (mp. *ēwēn* « **dons coutumiers** »). Il existait en outre des droits douaniers, et le roi avait encore d'importants revenus de ses domaines royaux (mp. *dastgerd*).

L'irrégularité des tributs perçus et leur faible quantité avaient donc nécessité une **réforme du système de taxation**, dans l'intérêt du peuple (avec l'objectif d'éviter des impositions extraordinaires) et de l'État (à tout moment, il fallait avoir de l'argent pour pouvoir mobiliser une armée contre les ennemis extérieurs et intérieurs) ; elle fut accomplie par Husrav Ier. Les terres cultivées furent mesurées de nouveau, et sur ces bases, des taux fixes d'une **taxe foncière** pas trop lourde pour les propriétaires terriens furent établis comme suit : 1 drachme par an par *ǰarīb* (2 400 m^2) de froment ou d'orge, 8 drachmes par *ǰarīb* de vigne, 7 drachmes par *ǰarīb* de luzerne, 5/6 drachmes par *ǰarīb* de riz, 1 drachme par 4 dattiers iraniens ou 6 dattiers araméens ou 6 oliviers. Les autres produits agricoles étaient exempts d'impôts et les gens n'avaient plus à attendre tous les ans, avant de toucher à la récolte, le passage du percepteur d'impôts qui devait effectuer une estimation de l'impôt à prélever. De même, la **taxe personnelle** fut réformée et imposée à tous les hommes entre 20 et 50 ans, excepté aux nobles et aux « grands », aux soldats, aux prêtres, aux secrétaires et aux autres individus au service du roi. Les contribuables furent divisés en plusieurs classes selon leur fortune, avec des taux d'imposition allant de 4 drachmes pour la grande masse des gens jusqu'à 12 drachmes, payables par tranches trimestrielles. Un **système de contrôle** fut également mis en place. La réforme fiscale fut aussi accompagnée d'une réforme militaire (cf. ci-dessous, L'armée).

L'ARMÉE

Déjà les **textes avestiques** font régulièrement allusion à une armée (avest. *spāδa-*), dont le cœur était constitué par les **conducteurs de char** (avest. *raθaēštar-*), à côté des cavaliers et de l'infanterie ; parmi les désignations d'armement offensif des guerriers, on note la lance, la massue, l'épée à double tranchant en cuivre, l'arc avec un carquois contenant trente flèches munies d'une pointe en cuivre, le poignard, etc. Pour se défendre, les combattants utilisaient une cuirasse écailleuse, un casque (en cuir ou en métal), et — plus rarement — un bouclier. Au cours du **Ier millénaire**, le fer et surtout le **bronze** furent introduits dans la fabrication des armes. Une des raisons pour lesquelles les tribus iraniennes ont su vaincre les Assyriens au IXe siècle av. J.-C. est qu'elles se font fiées à la **cavalerie**, bien plus mobile que les chariots assyriens quand il fallait se retirer dans les montagnes.

Au début de l'**époque achéménide**, l'armée de **Cyrus** n'était **pas une armée professionnelle**, mais plutôt une milice où chaque

Fantassins sogdien, choresmien et bactrien de l'époque achéménide

soldat devait apporter sa propre armure à ses frais. Il n'est pas étonnant dès lors que le mot vp. *kāra-* « armée » ait aussi le sens plus large de « peuple ». Initialement, l'armée perse ne comprenait que des guerriers d'origine perse, même après les premières expansions de l'empire. Sous **Darius Ier**, peu à peu **une armée permanente** (vp. *spāda-*), fut mise en place, comprenant des soldats d'autres provinces iraniennes (en particulier des Saces, Bactriens, Hyrcaniens, et autres peuples de l'Iran oriental, éventuellement renforcés par des recrues d'autres provinces encore en cas de besoin). Les Perses et, dans une moindre mesure, les Mèdes continuaient toujours à former le noyau de l'armée. Les Achéménides ont aussi fait appel aux **mercenaires** grecs, dès les premiers contacts avec le monde grec ; à l'époque de Xénophon et de son *anabase*, ils recevaient une solde d'une darique par mois. Les auteurs grecs ont parfois donné des chiffres hallucinants concernant la **force** de l'armée perse, qui devraient être corrigés considérablement à la baisse : loin des 3 000 000 de soldats que mentionne Hérodote pour l'armée achéménide ayant envahi la Grèce, le chiffre de 70 000 soldats d'infanterie et 9 000 cavaliers paraît bien plus réaliste.

Archer perse de la garde royale sur la frise de briques émaillées ornant les murs du palais royal à Suse (Louvre, Paris)

L'armée achéménide était organisée autour d'un système décimal : dix hommes formaient une compagnie sous le commandement d'un *daθapati-* (litt., « chef de dix [hommes] ») ; dix compagnies formaient un battalion sous le commandement d'un **θatapati-* (litt., « chef de cent [hommes] ») ; dix battalions formaient une division sous le commandement d'un **hazārapati-* (litt., « chef de mille [hommes] », gr. *chiliarchos*) ; dix divisions formaient un corps sous le commandement d'un **baivarapati-* (litt., « chef de dix mille [hommes] ») ; l'armée dans son ensemble était dirigée par un général en chef (vp. **spādapati-*), ou exceptionnellement par un *karanos* (vp. **kārana-*) avec des pouvoirs civils (cf. ci-dessus, Les institutions politiques et administratives). Les plus hauts postes de l'armée étaient occupés par des « parents » et « amis » du grand roi, qui participaient par ailleurs activement au combat.

Cette armée de métier était **composée** de conducteurs de char, de cavaliers (à cheval et à chameau) et de fantassins ; la présence d'éléphants est attestée à Gaugamèles, mais pas leur engagement dans la bataille. Lanciers et archers pouvaient se déplacer à pied ou à cheval ; les lanciers à cheval (protégés par une cuirasse de fer) étaient équipés d'une javeline d'attaque et d'une lance de défense, à part leur bouclier de bronze, l'arc avec 120 flèches et une massue de fer. Il y avait des contingents de combat, mais aussi des unités frontalières stationnées dans les garnisons près des frontières de l'empire ; enfin il existait des divisions de la garde royale (leurs lances se terminant vers le bas en grenades d'or, les Grecs avaient surnommé ces soldats *mēlophoroi* « porteurs de pomme ») et d'autres unités d'élite, parmi lesquelles celle des dix mille « **immortels** » est sans aucun doute la plus connue. Sur le **plan stratégique et tactique**, les campagnes militaires débutaient habituellement au printemps. L'armée n'attaquait pas la nuit ; elle progressait lentement, ralentie par la lourde arrière-garde avec les équipages. Généralement les archers à pied (avec une portée de 100 m environ) devançaient le reste de l'infanterie légère et lourde, flanquée par la cavalerie ; le

Serviteur portant les armes (carquois, glaive, hache de guerre) de Darius Ier

commandant en chef se trouvait au centre. Cette tactique marchait bien contre des troupes asiatiques, mais la force offensive de l'infanterie perse était bien inférieure à celle des hoplites grecs.

Ayant su tirer leçon de leurs faiblesses du passé, et ayant bientôt eu l'occasion de s'affronter à l'armement, à la tactique et à la stratégie de l'armée romaine, les **Parthes** arsacides ont peu à peu transformé leur armée en une redoutable machine de guerre, capable de défier leurs voisins occidentaux à plusieurs reprises. Le concept d'une armée permanente fut de nouveau abandonné au profit d'une **armée de milice**, sans doute dû aux racines semi-nomades des Parnes. En revanche, les Parthes, accoutumés dès leur plus jeune âge à l'équitation et au tir de l'arc, formaient le noyau de l'armée arsacide. Désormais l'infanterie ne joua plus qu'un rôle secondaire, et toute la force de l'armée fut entre les mains de la cavalerie (environ 50 000 hommes au total), issue de la noblesse parthe ; quant aux chars, ils passaient définitivement aux oubliettes. La cavalerie était composée de deux parties, chacune avec sa tâche bien préci-

La cavalerie lourde et légère parthe : un kataphraktos *et le « tir parthe » (page suivante)*

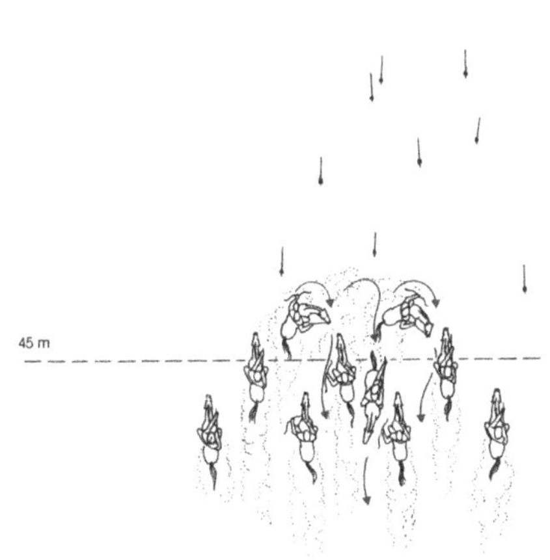

se. L'arme principale de la **cavalerie légère** était le grand arc composite : son objectif était de semer la panique dans les rangs de l'ennemi par une pluie ininterrompue de flèches, et de les épuiser nerveusement ; le « **tir parthe** », exécuté à reculons en feignant une retraite, était aussi fameux que redouté. Les soldats de la **cavalerie lourde** (gr. *kataphraktoi*) étaient équipés pour le combat rapproché et prenaient le relais de la cavalerie légère : portant des casques d'airain et protégés comme leurs chevaux par des armures écailleuses ou lamellées jusqu'aux genoux, ils avaient à leur disposition des lances très lourdes et puissantes, épaisses et longues, ainsi qu'un arc. Ce fut cette cavalerie qui porta le coup fatal aux troupes romaines de Crassus à Carrhes en 53 av. J.-C. (cf. Les Arsacides, chap. I). Enfin l'armée parthe comportait parfois des troupes de cavaliers montés à dos de chameau.

Comme chez leurs prédecesseurs, la **cavalerie lourde** (lat. *clibanarii*, un terme estropiant le mot parthe originel au sens de « protégés jusqu'au cou »), composée de nobles perses, formait la colonne vertébrale de l'**armée sassanide** : elle était toutefois plus mobile qu'à l'époque parthe, grâce à une amélioration des cottes de maille moins lourdes que les cuirasses écailleuses. Quant à l'équipement du soldat de la cavalerie lourde à l'époque tardive, l'historien arabo-persan Ṭabarī (cf. l'entrée correspondante dans les repères biographiques) le décrivit de la manière suivante : « casque, armure de cheval, cotte de maille, corselet, ceinture, jambières et protections des bras et des mains, épée, lance, bouclier, massue, hache de guerre, carquois, deux arcs avec trente flèches et deux cordes d'arc roulées de réserve » (l'emploi de l'étrier, connu chez des peuples voisins dès le ve siècle ap. J.-C., n'a bizarrement pas été repris par les Sassanides). **L'armée per-**

manente fut réintroduite (les chiffres plus ou moins crédibles varient entre 50 000 et 100 000 hommes, avec les troupes auxiliaires) et, contrairement aux Parthes, les Sassanides firent usage de toutes sortes de machines à assiéger, des copies de ce qu'ils avaient vu chez les Romains ; les chars n'étaient plus utilisés depuis les Parthes, mais des éléphants entraient parfois en action. La **cavalerie légère** était essentiellement recrutée auprès des alliés (Saces, Hephtalites, Khazars, etc.) ; l'**infanterie** (mp. *paygān*) était constituée d'archers, équipés en outre de boucliers oblongs courbés, faits d'osier et de peaux d'animaux tannées, ainsi que de fantassins ordinaires, non payés et recrutés parmi les paysans. Au centre de l'armée, les porte-bannières des meilleures unités défendaient l'étendard de l'empire (mp. *drafš-i Kāvīān*, litt. « **étendard des Kayanides** »).

Afin de renforcer les frontières vulnérables, de nombreux remparts avaient été érigés au fil du temps, tels que la « Porte des Portes » à Derbend sous Husrav Ier (cf. Architecture et monuments, chap. VIII). Mais toutes ces mesures ne suffisaient plus à la longue, et une **réforme fondamentale** était devenue nécessaire. Elle fut entamée sous Kavād Ier (488-496, 499-531 ap. J.-C.), et **accomplie par** son fils **Husrav Ier** (531-579 ap. J.-C.). Jusque-là l'armée avait été placée sous le commandement d'un général de l'empire (mp. *Ērān-spāhbed*), assisté par un général de la cavalerie. Après la réforme de Husrav, le commandement de l'armée fut entre les mains de **quatre généraux**, chacun responsable d'un quart de l'empire (Nord, Sud, Est, Ouest) ; de même le roi nomma des commandants en charge des provinces (mp. *pāygōspān* ?) et des garnisons stationnées près des frontières (mp. *marzbān*). Les soldats de la **cavalerie légère** furent dorénavant recrutés dans la **petite noblesse** (mp. *dahigān*, pers. *dehkān*), et nourris et équipés **aux frais de l'État**. Ils étaient directement sous les ordres du roi des rois, qui leur accordait également une solde et un fief.

Les Perses sassanides ont apparemment connu une **riche littérature stratégique**, aujourd'hui perdue ; aux VIe-VIIe siècles, la tactique et l'armement des armées perses ne se distinguait guère de ceux de l'armée byzantine. Si la cavalerie lourde s'était montré efficace contre les armées romaines et byzantines, elle n'était cependant pas suffisamment mobile et rapide contre les armées musulmanes très agiles, et ce fut là une des causes de la fin de la dynastie.

IV
LA VIE ÉCONOMIQUE

À tout moment de l'histoire préislamique iranienne, **l'agriculture a constitué un facteur économique de premier plan**, remplissant les caisses de l'empire. Dès leur arrivée sur le plateau, les nomades iraniens ont progressivement abandonné leur vie pastorale et se sont de plus en plus tournés vers l'agriculture. **À partir de l'époque sassanide**, on constate en outre **une urbanisation croissante** avec une augmentation de fondations de villes **allant de pair avec un développement « industriel » et une spécialisation des métiers**, encore favorisés par les déportations d'ouvriers particulièrement qualifiés. L'importation et l'exportation de produits agricoles, d'articles artisanaux ou de matières brutes ont fait fleurir **le commerce (inter)national tout au long de l'époque préislamique**, à l'exception de quelques interruptions comme à la fin de l'époque parthe ou au IVe siècle sous les Sassanides.

AGRICULTURE

Sans aucun doute, l'agriculture a joué **un rôle primordial dans l'économie de l'Iran préislamique**, comme le suggèrent par exemple plusieurs noms de mois du calendrier vieux-perse ou les noms des *gāhānbārs* zoroastriens (cf. Jours de fête iraniens, chap. V). Dès l'époque achéménide, les taxes et tributs levés sur les produits agricoles furent en effet une source de revenus très importante pour l'État perse (cf. Finances, impôts et tributs, chap. III).

Les références aux activités agricoles (le labourage, les semailles, l'irrigation — cf. Travaux d'irrigation, chap. II —, la récolte, etc.) abondent dans les textes plus récents de l'**Avesta**, mais sont presque totalement absentes des textes vieil-avestiques. Ceux-ci semblent par contre référer à une phase plus ancienne durant laquelle le **pastoralisme** et l'élevage du bétail (vaches, moutons, chèvres, chevaux, chameaux) prédominaient encore chez les Iraniens nomades. Ceci expliquerait aussi l'omniprésence des bovins dans la pensée zoroastrienne. De même, le bélier symbolisa plus tard le *Farnah/X^varənah* « Éclat de Gloire » royal, et les noms composés hippophores étaient fréquents dans l'onomastique (avest. *Aurva. aspa-* « possédant des chevaux rapides », *Pourušāspa-* « ayant des chevaux gris », *Vīštāspa-* « ayant des chevaux attelés », etc.). Plusieurs passages du *Vīdēvdād* « Loi sur l'abjuration des démons » confirment par ailleurs que le chameau avait une valeur encore supérieure à celle du cheval et le nom apotropaïque du prophète lui-même l'indique aussi (avest. *Zaraθuštra-* « ayant de vieux chameaux »). N'oublions pas non plus l'affection pour le chien dans l'Avesta et le rôle sacré du coq (importé de l'Iran en Europe) qui accompagne la divinité Sraoša « Obéissance ».

Les **paradis achéménides** (cf. Chasse et paradis, chap. IX) ne furent pas seulement des lieux de détente et des réserves de chasse, mais **comprirent également des surfaces cultivables avec des vergers et vignobles**. Grâce aux tablettes élamites de Persépolis, on obtient une première impression des arbres fruitiers et des plantes cultivés dans ces domaines royaux, irrigués par l'eau des canaux (*qanāts*) et des barrages (cf. Travaux d'irrigation, chap. II). L'orge semble avoir été l'une des denrées alimentaires de base pour le peuple commun ; le blé était plus rare et essentiellement cultivé dans la région fertile autour de Suse. Encore à l'époque sassanide, **le Xūzestān** (la Susiane) **était l'une des régions agricoles principales**, avec une production importante de céréales, de riz, de canne à sucre et de dattes. Les quelques rares données archéologiques provenant de cette région semblent suggérer une amélioration des techniques agricoles, notamment dans la riziculture, à partir de la période arsacide. Pour la période mède, les fouilles de Nuš-e J̌ān ont relevé des traces végétales d'orge, de blé, de petits pois, de lentilles et de raisins.

Si la table royale était particulièrement riche en viande (cf. Table royale et banquets, chap. IX), les gens simples devaient se contenter d'un morceau de viande de chèvre de temps à autre, plus rarement de mouton, ou encore de volaille. Le vin de dattes ou de raisins se buvait non coupé, mais la bière blanche et la bière à base d'orge étaient plus répandues en Élam. Les fruits frais ou séchés se consommaient en grande quantité : mûres, prunes, dattes, figues, pommes, coings, poires, noix, amandes et pistaches sont mentionnés de manière non exhaustive dans les tablettes. Les grenades étaient à coup sûr également déjà connues à cette époque, puisqu'elles sont représentées à maintes reprises dans l'art achéménide. À l'époque parthe, elles furent exportées (tout comme la luzerne de Médie) en Chine, d'où sont arrivés en revanche pêches et abricots avant de trouver leur chemin vers l'Europe (ce qui explique l'appellation *melae persicae* « pommes perses » pour les pêches par les Romains).

ARTISANAT

Pour la période achéménide, ce sont une fois de plus les tablettes économiques élamites du Trésor (et dans une moindre mesure, des Fortifications) qui permettent de se faire une idée de la diversité des métiers des centaines d'**artisans** (élam. *marrip*) **au service de la cour achéménide. Il s'agit principalement d'ouvriers** (élam. *kurtaš*) **spécialisés dans les métiers du bâtiment et de la décoration ornementale** travaillant sur les chantiers de Persépolis et ailleurs (sachant que de nombreuses dénominations de métiers n'ont pas encore été déchiffrées) : orfèvres (spécialisés dans l'or ou l'argent selon les cas), fondeurs, forgerons, tailleurs de pierre, carriers, maçons, charpentiers et travailleurs du bois, menuisiers, fabricants de textile, etc. Ils étaient originaires des quatre coins de l'empire : outre des Perses, on y trouve des Babyloniens, des Assyriens, des Élamites, des Arabes, des Syriens, des Égyptiens, des Lyciens, des Cariens, des Ioniens, des Cappadociens, des Thraces, des Bactriens et des Sogdiens. Certains étaient venus dans le Fārs de leur plein gré, ce qui était notamment le cas des techniciens les plus qualifiés tels les contremaîtres et maîtres artisans convoqués et (théoriquement) engagés pour une durée limitée par les responsables perses, d'autres par contre y avaient été déportés selon une pratique courante.

La même pratique de déportations (de Syriens le cas échéant), en particulier sous Šābuhr Ier et II, **a contribué de manière notoire à la floraison de l'industrie du textile** (tissage, broderie) et notamment de la soie au Xūzestān **à l'époque sassanide**. De même, des prisonniers de guerre romains ont participé à la construction de ponts et barrages. D'après la tradition arabe, même l'empereur romain Valérien en personne, capturé par Šābuhr Ier en 260, aurait été forcé de participer à la construction du *Band-e Kaisar* « digue de l'empereur » près de Šūštar (cf. Travaux d'irrigation, chap. II). D'après Hsüan-Tsang, le fameux voyageur chinois au VIIe siècle, l'économie iranienne à l'époque sassanide tardive se résume ainsi : « Le pays produit de l'or, de l'argent, du cuivre, du cristal de roche, des perles rares et différentes substances précieuses. Leurs artisans savent tisser du brocart fin de soie, des étoffes de laine, et des tapis ». **Les artisans** (mp. *kirrōgān*) **étaient apparemment déjà organisés en corporations**. À en juger d'après l'ordre dans lequel apparaissent les signataires du synode nestorien de 544, le maître en chef des ouvriers (syr. *rēš ummānē* = *qārōgbēḏ*) qui était chargé de l'inspection des manufactures royales de l'empire, occupait de toute évidence une place éminente dans la hiérarchie des laïcs.

COMMERCE

Les Achéménides disposaient d'un **système routier bien établi** (cf. Infrastructure routière et fluviale, chap. II), mais les tablettes élamites ne font aucune allusion à son usage par des caravanes de marchands. Il ne fait cependant guère de doute que le commerce terrestre à longue distance ait existé dès cette époque. En outre, **les ports au long du golfe Persique** ou encore le canal de Suez reliant la mer Rouge avec le Nil, que Darius avait fait creuser (cf. *ibid.*), **occupaient une place importante dans le commerce maritime**, longtemps dominé par les Phéniciens. À titre d'exemple, rappelons que le port de Charax Spasinou fut le point de départ pour le commerce avec l'Inde à l'époque parthe.

Les fameuses **maisons d'affaires babyloniennes d'Egibi** (et autres) ont joué un rôle de premier plan dans le commerce avec l'Élam ou la Médie. Leurs agents achetaient des esclaves sur les marchés élamites, importaient des produits agricoles et vendaient des céréales ou des vêtements de laine. De façon plus générale, **la Babylonie constitua une plaque tournante pour le commerce intérieur** avec les provinces occidentales de l'Asie Mineure, la Phénicie, la Palestine et l'Égypte et celles situées au sud et à l'est de l'empire perse. En Asie Mineure, les marchands babyloniens achetaient des colorants, du fer, du cuivre, de l'étain et du vin. De l'Égypte et de la Syrie, ils importaient de l'alun pour colorer la laine et fabriquer du verre. L'Égypte fut aussi un fournisseur important de produits de luxe, d'or, d'ivoire et d'ébène ; la Syrie et la Phénicie exportaient du bois de cèdre et des objets de verre. La Sogdiane et la Bactriane fournissaient le lapis-lazuli, et de la Choresmie provenait la turquoise.

Le commerce avec des pays extérieurs à l'empire perse ne fut pas moins florissant : de l'Inde arrivaient or, ivoire et huiles aromatiques, tandis que la Grèce exportait de l'huile d'olive, du vin et des céramiques. À l'époque parthe, probablement dès le règne de Mithradate II, se développa également le commerce avec la Chine à plus grande échelle sur les différents axes de la route de la Soie (même si ce terme est ici en réalité un anachronisme datant de l'époque byzantino-sassanide). Grâce aux *Stathmoi Parthikoi* « stations parthes » du géographe Isidore de Charax (Ier siècle av. – Ier siècle ap. J.-C.), nous connaissons les arrêts commerciaux pour les caravanes sur la route menant de Zeugma sur l'Euphrate (où se tint, du temps d'Ammien Marcellin, une foire annuelle avec une vente de produits indiens et chinois par des marchands locaux) vers Alexandrie en Arachosie (Qandahār), en passant par Doura-Europos, Palmyre, Séleucie et Ctésiphon/Vologésias, Kermānšāh, Hamadān (Ecbatane), Ray (Rhagai), les Portes caspiennes, Nisā et Merv (Antioche en Margiane), où la route se divisait en une branche septentrionale vers Bouchara et Ferghāna en Sogdiane, jusqu'à la Mongolie, et une autre branche plus au sud vers Bactres et la plaine indienne.

Les **Parthes** n'agirent que rarement comme des marchands eux-mêmes, mais obtinrent en revanche des revenus considérables grâce aux prélèvements de **taxes douanières sur les marchandises en transit**. Même si nous ne connaissons pas les détails sur les tarifs exacts en vigueur, il ne fait pas de doute que ces affaires furent suffisamment lucratives pour que les intermédiaires parthes continuassent à affronter les dangers sur la route et la mer (naufrages, incendies, tempêtes de sable, brigands et pirates, etc.). Les articles transbordés de cette façon entre l'Inde, l'Arabie ou la Chine d'un côté et l'empire romain de l'autre comprenaient en particulier des esclaves (eunuques), des parfums, des pierres précieuses, des épices (dont le poivre), du sel de provenance chinoise, de l'opium, du « fer sérique » (l'airain) et bien évidemment de la soie. Dans le sens inverse partirent de l'huile d'olive, de la pourpre et du lin, du verre syrien, des chevaux élevés dans la plaine niséenne et appelés « chevaux célestes » en Chine, des statues de bronze ainsi que des récipients dorés et argentés, et du vin.

LA VIE ÉCONOMIQUE

Le commerce de transit rapporta également des profits considérables aux **Sassanides** qui avaient le **monopole sur la vente de la soie grège**. Ils augmentèrent régulièrement les prix, forçant ainsi les Byzantins à une dépendance économique pour l'importation de cette matière par voie terrestre. Ce monopole prit fin au VIe siècle, quand ces derniers réussirent à transplanter le mûrier dans leur pays. Dans le sens inverse, les tapis babyloniens, les pierres précieuses et les étoffes tissées syriennes, les coraux et perles de la mer Rouge, les narcotiques de l'Asie Mineure et le fard à sourcils iranien étaient quelques-unes des marchandises très recherchées par les Chinois. À l'époque sassanide, les villes de Nisibe, d'Artaxata (en Arménie) ou de Ctésiphon étaient devenues des nœuds de communication de premier plan et prirent alors la relève de Palmyre qui avait été le principal centre d'échanges commerciaux au IIe siècle ap. J.-C. Les marchands y avaient négocié leurs articles à mi-chemin entre la côte syrienne et la Mésène qui donnait accès aux ports du golfe Persique. Dès le début du Ve siècle, les Perses sassanides contrôlaient aussi les côtes de la Caspienne et du golfe Persique (où ils avaient fondé plusieurs ports) jusqu'à l'Indus, maîtrisant de cette façon le commerce maritime avec l'Inde et Ceylan au VIe siècle.

POIDS ET MESURES

Certains indices suggèrent que les anciens Perses avaient d'abord employé leur propre système métrologique (autrement inconnu) fondé sur le principe décimal. **Afin d'introduire un système unitaire pour tout l'empire, Darius Ier a toutefois repris le système sexagésimal des Babyloniens avec quelques adaptations** (dont l'introduction d'une nouvelle unité dénommée vp. *karša-*, équivalant à dix sicles). Ce système réformé est resté en vigueur tout au long de l'époque achéménide (des informations précises manquent pour les périodes arsacide et sassanide) et a exercé une grande influence sur la métrologie utilisée à Athènes et dans les villes-États grecques d'Asie Mineure.

Étalons de poids (après la réforme de Darius Ier)

talent = 60 mines 30 kg	240 g
mine = 6 *karša*	504 g
vp. *karša* = 10 sicles	84 g
sicle = 2 *zūzu* (drachmes) = 8 *dānaka*	8,40 g
babyl. *zūzu* = 4 *dānaka*	4,20 g
vp. *dānaka* = 5 *ḫalluru*	1,05 g
babyl. *ḫalluru*	0,21 g

Le système présenté dans le tableau ci-dessus est forcément une tentative de reconstruction, étant donné que les informations des sources écrites ne coïncident pas toujours avec celles des données archéologiques. En tant que la plus grande unité de poids, le *talent* correspond à l'origine au poids que peut aisément porter un homme. L'unité vp. *dānaka*, litt. « grain de blé », a été empruntée par les Grecs sous la forme de *danakē* et est devenue aux temps hellénistiques, la dénomination de l'obole attique (0,71 g).

Unités de distance achéménides

coudée	0,495 m
perche = 6 coudées	2,97 m
parasange = 1/2 *bēru* = 1 800 perches	5 346 m
babyl. *bēru* = 3 600 perches	10 692 m
étape = 4 parasanges	21 384 m

Le système en vigueur pour les unités de distance paraît encore plus difficile à reconstruire, notamment en ce qui concerne leur valeur absolue exacte. La comparaison avec les unités athéniennes, dérivées du système perse, peut certes donner une bonne indication, mais reste nécessairement approximative, même si la déviation entre les deux systèmes a forcément été minime (pour faciliter les échanges commerciaux !).

Traditionnellement, le *parasange* achéménide semble correspondre à la distance qu'un soldat d'infanterie pouvait parcourir en une heure (soit 30 stades grecs ou une demi-*schoinē* « corde », c.-à-d. 5 328 m). L'auteur d'un texte moyen-perse daté du IXe siècle semble par ailleurs faire une distinction entre le *frasang* court, dont la longueur équivaut à 20 000 pieds (mp. *vīst hazār pāy*), et le *frasang* long d'une longueur non spécifiée. D'autre part, les commentateurs moyen-perses de l'Avesta assimilent la valeur de l'unité de mesure appelée *hāθra* en avestique et *hās(a)r* en moyen-perse tantôt à un parasange « de longueur moyenne » (mp. *frasang ī paymānīg*), tantôt à un quart (mp. *čahār-ēvag*) de parasange. Familiers avec les unités de mesure romaines, d'autres commentateurs encore, ainsi que le dictionnaire avestique–moyen-perse *Frahang ī Oīm* (cf. L'Avesta, chap. VII), identifient le *hāθra* géographique à « 1 000 pas des deux pieds » (mp. *1 000 gām ī dō pāy*), ce qui semblerait approximativement correspondre aux *milia passuum* des Romains (= 1 472 m), c.-à-d. également à un quart de parasange. Deux *hāθra* équivalent du reste à un *čarətu* ou un tačar, c.-à-d. à la longueur d'un « champ de courses pour les chevaux » (avest. *čarətā*, mp. *asprēs*).

Unités de longueur avestiques/(post-)sassanides

Nom avestique	Nom moyen-perse	Traduction ou explication	Nom grec	Valeur
ərəzu-	*angust*	doigt	*daktylos*	1 doigt
baši-, biši-	**bizag (?)*	articulation du doigt	*kondylos*	2 doigts
ašti-	---	palme	*palaistē*	4 doigts
uzašti-	---	« super »-palme	*dikhas*	8 doigts
dišti-	---	empan (court = intervalle entre pouce et index)	*likhas*	10 doigts
vitasti-	*videst*	empan (long = intervalle entre pouce et petit doigt)	*spithamē*	12 doigts
paδa-	*pāy*	pied	*pous*	16 doigts
frārāθni-	*frārāst*	coudée	*pēkhus*	24 doigts
gāiia-, gāman-	*gām*	pas (c.-à-d. 2 coudées ou 3 pieds)	*bēma*	48 doigts
---	*gām ī dō pāy*	pas des deux pieds (= entrejambe, c.-à-d. 5 pieds)	---	80 doigts
vibāzu-	*ǰud-nāy*	brasse	*orguia*	96 doigts
---	*nāy*	perche (= acène, c.-à-d. 10 pieds ou 2 entrejambes)	*kalamos*	160 doigts

Ces mêmes textes avestiques récents, ainsi que commentaires et glossaires moyen-perses de l'époque (post-)sassanide, suggèrent en outre que les Perses connaissaient des unités de longueur si proches au système grec qu'il paraît difficile de penser qu'il n'y ait pas eu un lien quelconque entre les deux systèmes. S'il est tout à fait possible d'établir la valeur relative de ces unités, nous n'avons en revanche aucun moyen d'en déterminer leurs valeurs absolues.

Mesures achéménides de volumes solides et liquides

Solides	Valeur	Liquides
gr. *akhanē* = 45 *artabai*	2 505 l	
gr. *artabē* = 6 *grīva* ou 3 *grīva* = 10 *bawiš*	55,67 l ou 27,90 l	
vp. *grīva* = 10 *ḥōfan* (= babyl., élam. BAR)	9,28 l	élam. *marriš* = 10 *kapithai*
élam. *bawiš*	5,56 l	
aram. *ḥōfan* (= babyl., élam. QA)	0,93 l	gr. *kapithē*

L'unité du *ḥōfan* « poignée », attestée dans plusieurs textes araméens de l'époque achéménide et dans l'inscription trilingue du roi des rois sassanide Šābuhr Ier (tout comme le *grīv*, équivalant au *modius* « boisseau » romain, où les deux sont abrégés respectivement par *ḥ* et *g*), correspond à la ration journalière d'un soldat. Le *maris* est également attesté pour l'époque parthe dans les ostraca de Nisā sous la forme de pa. *mry* ; la même chose vaut pour la *kapithē*, abrégée *k* dans les mêmes ostraca pour pa. **kapīč*. Dans l'inscription de Šābuhr Ier déjà mentionnée est aussi attestée une autre unité (de valeur incertaine) pour une mesure de vin, dénommée *pās* et abrégée *p*.

MONNAYAGE

À l'époque achéménide, **les dariques en or** — introduites par Darius Ier après 515 av. J.-C. — **et les sicles en argent** (tous deux appelés *toxotai* « archers » par les Grecs à cause de l'image sur l'avers représentant le roi qui porte son arc) **n'avaient pas tellement un rôle économique à remplir qu'une forte fonction idéologique**, car, en faisant circuler l'image du roi guerrier, ses qualités militaires étaient mises en avant. En même temps, **Darius chercha aussi à imposer un étalon pondéral valable pour la pesée équitable des tributs dans tout l'empire** (cf. Finances, impôts et tributs, chap. III). L'argent massif (sous quelque forme que ce soit, lingots, barres, anneaux, boucles d'oreilles, torques, etc.), plutôt que les pièces de monnaie, constitua du reste le principal moyen de « paiement » en circulation. Ceci explique également pourquoi les désignations pour les différentes pièces de monnaie sont à l'origine des noms de poids (talent, sicle, drachme, etc.). **Les deux monnaies sont le produit de deux systèmes différents hérités par les Perses achéménides de leurs prédécesseurs.** Le standard fondé sur l'argent avait été utilisé auparavant en Babylonie et en Assyrie, où l'on n'avait également pas compté des pièces frappées, mais pesé l'argent massif. À l'époque achéménide, cette norme était répandue dans les régions à l'est du Taurus. Par contraste, les pays de l'Anatolie occidentale avaient développé une monnaie d'or (pur, ou mixte : l'électrum, autrement appelé l'« or blanc » et alliage d'argent et d'or), comme les créséides en Lydie.

Les premières monnaies parthes ont été frappées peu après le milieu du IIIe siècle av. J.-C. à Ecbatane/Hamadān et à Séleucie du Tigre, et **étaient des pièces en argent**. En revanche, les pièces de monnaie en cuivre (assez abondantes) étaient plutôt destinées à un usage local, tandis que l'or n'était pas utilisé. **La principale valeur nominale fut la drachme d'environ 4 g**, utilisée à côté de tétradrachmes (datées d'après l'ère séleucide et ayant quatre fois la valeur des drachmes comme leur nom l'indique). **Les images sur les monnaies ont été inspirées de modèles hellénistiques, mais sont toutefois d'un style clairement iranien**. Sur l'avers apparaît

Dariques achéménides

la tête du roi, tournée vers la gauche et dans un premier temps ornée du *bachlik*, le bonnet typique des guerriers nomades, plus tard ceinte du diadème hellénistique (un simple ruban de tissu hérité des rois séleucides) ou portant la haute tiare royale iranienne. Sur le revers des drachmes apparaît de manière stéréotypé l'image d'Arsace Ier sur son trône posé sur l'*omphalos* « nombril (du monde) » apollinien d'abord, sous forme d'un Zeus trônant ensuite. Les revers des tétradrachmes montrent le roi assis sur son trône, tenant à la main un arc à double cambrure, ou le roi *nikēphoros*, d'autres encore présentent le roi à cheval ou une scène avec la Tychè. Les images sur les monnaies en cuivre sont plus variables selon les ateliers. Les légendes écrites en carré se trouvent également sur le revers. Rédigées en grec à l'origine, elles deviennent progressivement plus complexes, et jusqu'à cinq épithètes s'ajoutent les unes aux autres. À partir d'Orode II, le titre de « roi des rois » se substitue à celui de « grand roi ». **Les légendes grecques de plus en plus corrompues sont finalement remplacées par des légendes parthes vers la fin de l'époque arsacide**. L'identification des rois est souvent loin d'être évidente, car ceux-ci apparaissent en général (sauf dans le cas des contre-rois) sous leur simple nom dynastique « Arsace » et non pas sous leurs noms individuels. Les « états vassaux » en Perside, Élymaïde et Characène possédèrent leur propre monnaie, basée sur le prototype parthe ; ces frappes indépendantes prirent fin avec le début de l'époque sassanide.

Les Sassanides ont largement repris les dénominations et normes monétaires de leurs prédécesseurs arsacides (le *dēnār* d'or était toutefois inspiré du *denarius aureus* romain). Comme déjà chez les Parthes, les monnaies sassanides montrent l'effigie du roi sur l'avers (mais en contraste, de profil à droite) et gardent le revers pour les insignes impériaux. Le buste du roi des rois est

Avers et revers d'une monnaie sassanide d'Ardaxšīr Ier

cependant facilement identifiable, grâce à sa couronne personnelle et à une légende. Le revers présente un autel de feu avec des flammes, éventuellement — pour les monnaies plus tardives — flanqué de deux figures et un buste additionnel qui sortent des flammes. Depuis les réformes de Kavād Ier au ve siècle, les revers indiquent en plus l'année d'émission à gauche et le nom (abrégé) de l'atelier monétaire à droite. L'élément idéologique et propagandiste, si présent dans les monnaies achéménides et dans une moindre mesure dans les monnaies arsacides, l'est beaucoup moins sur les monnaies sassanides : **à l'opposé de la monnaie achéménide, la monnaie sassanide est avant tout un outil économique**. Les légendes d'inspiration politico-religieuse sont inscrites près du bord. Comme déjà précédemment, la plupart des pièces furent frappées en argent (à flan mince) et la principale valeur nominale fut également la drachme ; les monnaies en cuivre étaient utilisées à des fins cérémoniales (les monnaies parthes continuaient à circuler), et les rares monnaies d'or frappées pour des raisons de prestige. Le nombre d'ateliers de frappe, administrés de manière centralisée, était probablement très limité au début. Les pièces de monnaie des premiers Sassanides sont de bonne qualité technique et artistique, et il ne semble pas exclu que cela soit dû à la présence et au savoir-faire d'artistes romains captifs. **Au ive siècle commença la frappe de masse sous Šābuhr II**, sans doute suite à la décision innovante de payer les troupes sur une base monétaire qui nécessita une augmentation considérable de la production (la plupart des ateliers tardifs fondés à proximité des lieux de combat ont du reste connu une existence éphémère). De même le changement de typologie sous Kavād Ier et Husrav Ier s'explique vraisemblablement comme une conséquence de la réforme fiscale (cf. Finances, impôts et tributs, chap. III) et du mode de calcul des taxes en drachmes.

SALAIRES

Comme dans bien d'autres cas, ce sont de nouveau — en dépit des difficultés de déchiffrement persistantes — **les tablettes administratives élamites** qui nous offrent des informations sur le système de paiement en nature, pour les employés de la cour achéménide, en vigueur à l'époque de Darius Ier. D'après une estimation rapide, plusieurs milliers de tablettes (cf. Langues et systèmes d'écriture, chap. VII) donnent des renseignements précis sur plus de 15 000 personnes, de surcroît de 100 localités différentes. Elles montrent que **la grille des « salaires » de tous ces fonctionnaires d'État était finement élaborée. Le système surprend même par sa modernité** : non seulement il comprenait de nombreux échelons de salaire conformes au statut, à la fonction et à la nature du travail, au degré de formation, ainsi qu'à l'âge de chacun, mais il prévoyait, selon toute apparence également une série de mesures sociales. Pour les employés ne disposant que du « revenu » minimum, de multiples distributions de rations supplémentaires étaient prévues. De toute évidence, il existait aussi un système de « primes » (toujours en nature) au mérite ou pour l'exécution de tâches plus difficiles. Rien ne laisse supposer que les femmes aient été moins bien loties que les hommes, bien au contraire. À première vue, elles semblent aussi avoir eu les mêmes chances de « promotion » que leurs collègues masculins (certaines occupaient même des postes élevés à la tête des manufactures royales) et bénéficiaient de rations supplémentaires quand elles avaient donné naissance à un enfant (les suppléments de farine ou de bière étaient toutefois deux fois plus importants à la naissance d'un garçon que d'une fille). Les employés de la couronne sembleraient en outre avoir eu la possibilité d'élever de la volaille (voire du petit bétail) et de cultiver des légumes dans leur propre potager pour subvenir aux besoins de leur famille.

Les rétributions en nature se faisaient en orge, la denrée alimentaire de base. Le **salaire minimum** pour un homme adulte était de 3 BAR d'orge par mois (2 BAR pour un adolescent), soit à peu près 28 l ou environ 17 kg. Il s'agissait souvent de travailleurs venus des provinces lointaines de l'empire comme la Lycie, la Thrace ou la Bactriane. Parmi les personnes en bas de l'échelle salariale, nous retrouvons des menuisiers, des éleveurs de bétail, des moissonneurs, ainsi que d'autres ouvriers agricoles et spécialistes des métiers du bâtiment. Comme cette ration mensuelle minimale était très peu variée et permettait à peine de vivre convenablement, il y avait aussi régulièrement des « allocations » supplémentaires de farine de blé, de bière ou de vin (aigre), parfois de fruits (figues, dattes) ou de noix. Parmi les ouvriers et artisans, les salaires les plus élevés revenaient aux personnes à la tête des manufactures royales. Les quantités attestées sont de l'ordre de 5 BAR d'orge, 3 BAR de vin et un tiers d'un animal de petit bétail (notamment chèvres et moutons).

Les « **gros salaires** » formaient pour ainsi dire une catégorie à part, et les quantités de denrées attribuées dépassaient très largement leurs besoins, de sorte qu'elles furent peu à peu partiellement remplacées par des paiements en argent. En tête de ce classement figure Farnaka (élam. Parnaka, gr. Pharnakès), un oncle de Darius qui était en charge de toute l'administration perse de 506 à 497 (cf. Les institutions politiques et administratives, chap. III). Parfaitement en relation avec l'importance de sa fonction, il recevait un salaire de 18 BAR d'orge, 9 BAR de vin et deux moutons *par jour*. Seul Gaubaruva (élam. Kambarma, gr. Gobryas), le porte-lance et beau-père de Darius, obtenait une ration de vin quotidienne encore plus importante de 10 BAR (ses autres revenus n'étant pas connus). Čiçāvahuš (élam. Ziššawiš), le bras droit de Farnaka, recevait de son côté tous les mois un tiers de la ration d'orge (180 BAR) et de vin (90 BAR) de son supérieur, mais 45 moutons (contre 60). Pour ces bénéficiaires d'un salaire important, l'orge fut parfois remplacée par du blé (même sous forme de farine, un privilège normalement réservé pour des raisons pratiques aux personnes voyageant au service du roi, tels les inspecteurs ou messagers).

Quant aux époques plus tardives, nous en sommes très peu informés, à l'exception peut-être de la Babylonie à **l'époque parthe**, grâce aux journaux astronomiques, même si les renseignements restent très vagues. Prix et salaires se chiffrent désormais en argent, et non plus en nature. Nous y apprenons par exemple, dans un document de la fin du Ier siècle av. J.-C., que trois gardes des portes d'un temple recevaient un salaire mensuel d'un sicle, soit deux drachmes chacun. Deux autres personnes du service de nettoiement du temple recevaient quant à eux un sicle et demi pour la même période, et un scribe du temple quatre sicles sur deux mois. Quelques décennies auparavant, des astronomes avaient été payés une mine par an, ce qui correspond donc à un salaire mensuel de cinq sicles ou dix drachmes. Il reste cependant particulièrement difficile de comparer ces chiffres aux salaires payés à la cour achéménide quatre siècles plus tôt, étant donné que le pouvoir d'achat d'un sicle d'argent variait considérablement selon les époques. Alors qu'un sicle d'argent permettait de s'acheter environ 7,5 l d'orge au printemps 309 av. J.-C., l'on pourrait s'offrir 390 l d'orge à l'automne 188 av. J.-C. avec la même somme ! À titre de comparaison relative, signalons encore qu'un parchemin parthe provenant d'Avrōmān au Kurdistan, et daté de 53 ap. J.-C. (?) contient un acte de vente d'une demi-part d'un vignoble, vendu par « Pātaspak, fils de Tīrēn, à Awīl, fils de Bašnīn, pour 65 drachmes ».

Les indications pour **la période sassanide** se font encore plus rares. Plusieurs passages dans les textes moyen-perses permettent toutefois de conclure qu'un père de famille (mp. *sālār ī gumārdag*, litt. « chef à qui l'on a confié [l'autorité sur la famille] ») recevait tous les jours trois cinquièmes d'une drachme pour la nourriture ainsi qu'« une somme à l'avenant pour les besoins vestimentaires ». Cela correspond plus ou moins aux informations d'un autre texte qui parle d'un salaire mensuel de 4 statères (mp. *stēr*), c.-à-d. de 16 drachmes (si la correspondance entre les deux textes était parfaite, on attendrait en réalité 18 drachmes).

LES PERSES

V

L'ESPACE ET LE TEMPS

La vision des Iraniens sur le monde et la place de l'homme est héritée de la période commune indo-iranienne et semble avoir subi peu de changements au cours des siècles. Une certaine prudence est toutefois de mise, car nous ne connaissons la cosmogonie et la cosmologie zoroastriennes qu'à travers les livres mazdéens des IXe-Xe siècles ap. J.-C. Les parties de l'Avesta ayant survécu au temps ne contiennent pas d'informations sur ce point et une influence réciproque des doctrines manichéenne et mazdéenne ne peut pas totalement être exclue. L'idée qui prime pendant toute l'époque préislamique, où elle revient dans de nombreux mythes et légendes, et qui a même survécu dans les travaux des géographes arabes et des poètes persans, est celle d'**une division du monde en sept *kišvar*s** « régions, contrées ». À l'époque islamique, elle est notamment élaborée dans le célèbre *Haft-peykar* « sept images » de Neẓāmī (XIIe siècle) qui raconte l'histoire du roi des rois sassanide Vahrām V Gōr s'étant marié avec sept princesses de sept pays différents pour lesquelles il construisit sept palais peints dans les couleurs des sept planètes (qui sont aussi les maîtres des sept jours de la semaine).

Comme toute **société orale**, les Iraniens ne s'intéressèrent à leur passé que dans la mesure ou celui-ci avait un intérêt direct pour leur situation contemporaine. La curiosité du passé en elle-même, sans lien immédiat avec le présent, est considérée comme vaine, et les distorsions sont donc fréquentes. Un bel exemple illustrant cette **amnésie structurelle** des Perses se trouve dans le *Xvadāy-Nāmag* « Livre des seigneurs » (également reflété dans le *Šāhnāma*), l'histoire officielle des rois de la Perse, peut-être réalisé au VIe siècle sur ordre des rois sassanides : les détails sur les trois ou quatre générations précédant celle du roi des rois sassanide Husrav Ier (531-579 ap. J.-C.) sont relativement précis et abondants, les dynasties intermédiaires des Arsacides, Séleucides et Achéménides disparaissent quasiment dans l'anonymat, et les renseignements sur les dynasties mythiques et légendaires des Pišdadiens et Kayanides deviennent de nouveau très circonstanciés, mais ne sont plus fondés sur un savoir réel (encore moins sur un souvenir) de l'époque. L'attitude changeante des Perses par rapport au passé se voit aussi dans leur manière de mesurer le temps : alors que les Achéménides comptent d'après les années de règne de leurs grands rois, les Parthes et Sassanides ont introduit leurs « ères » respectives suivant ainsi l'exemple des Séleucides avant eux.

DIVISION GÉOGRAPHIQUE DE LA TERRE

D'après un des mythes hérités des Indo-Iraniens et transmis par le *Dēnkard* « Livre de la religion » (IXe siècle ap. J.-C.), **le héros et roi pišdadien Frēdōn** (avest. *Θraētaona*), un descendant de J̌amšēd (avest. Yima.xšaēta), **aurait divisé son empire entre ses trois fils** : l'aîné Sarm obtint ainsi les pays occidentaux (dans les mythes plus tardifs identifiés à Rūm, c.-à-d. à Rome et Byzance), le deuxième fils Tūč les pays au nord et à l'est, c.-à-d. Tūrān (plus tard identifié aux pays turcs) et la Chine, et enfin son fils cadet et favori Ērēč la région centrale (mp. *Xvanirah*) qui comprend l'Ērānšahr.

Mais, selon le mythe cosmogonique « orthodoxe » des zoroastriens, les ancêtres des peuples « avestiques » considéraient **le monde matériel (*gētīg*) comme une entité composée de sept créations du dieu suprême Ohrmezd** « Seigneur Sagesse » (avest. *Ahura Mazdā*), chacune sous la protection d'un des Amahraspands « immortels bienfaisants » (avest. *Aməša Spənta*, une espèce d'archanges). Ohrmezd les créa dans cet ordre : d'abord un ciel de pierre (avest. *asman*), conçu comme une coquille d'œuf entourant tout le reste ; puis de l'eau remplissant le fond de la coquille ; ensuite la terre flottant sur les eaux primitives comme un disque plat ; au centre de la terre, une seule plante, un taureau unique et le premier homme Gayōmard (avest. *Gaiiō.marətan* « vie mortelle ») protégé par Ohrmezd lui-même ; enfin le feu, visible dans le soleil et d'autres corps célestes, mais aussi sous forme d'une force vitale invisible qui pénètre le cosmos entier. Au début, ce monde était statique, avec un soleil restant immobile dans le haut du ciel comme à midi.

Mais Ahreman, le « Mauvais Esprit » (avest. *Angra Mainiiu*), résident des ténèbres, attaqua alors les créations d'Ohrmezd en pénétrant le ciel, en polluant les eaux, en creusant un trou dans la terre, en laissant la plante se dessécher, en tuant le taureau et l'homme, et en contaminant le feu avec la fumée. Le monde devint alors sombre. C'est à ce moment que le mouvement entra en jeu : le soleil et les autres corps célestes se mirent à tourner, jour et nuit alternèrent, les eaux commencèrent à couler et se purifièrent. Le lac mythique Frāxvkard (avest. *Vourukaṣ̌a*, litt. « ayant de larges baies ») se forma, et la terre fut solidement ancrée par les racines des montagnes poussant sur elle. La première chaîne de montagnes qui encercle le monde fut Harā Bərəzaitī (la « sentinelle élancée », facilement identifiable avec l'Elburz). De la première plante poussèrent d'autres, de la semence du taureau sortit la vie animalière, et du sperme du premier homme naquit le premier couple. La pluie commença à tomber et **divisa la terre en sept *kišvar*s « continents »** (avest. *karšuuar*, litt. « parcelle démarquée par une ligne labourée à la charrue »). Le continent central est celui de « la région splendide de Xvanirah » (avest. *X*[v]*aniraθa*), habité par les hommes. Il est aussi large que les six autres ensemble, les surpasse en fortune et prospérité, et est séparé d'eux par des forêts, rivières et montagnes. Dans son milieu s'érige le pic de Harā (avest. *Hukairiia*, litt. « de bonne activité »), un lieu de conditions parfaites, né des « racines » de la chaîne encerclant la terre. Le soleil, la lune et les étoiles tournent autour de lui, et il a 180 fenêtres à l'est et autant à l'ouest, correspondant aux 360 jours de l'année iranienne. Le *Činvad puhl*, le « pont du Jugement » (avest. *činuuatō pərətu-*, litt. « pont du Collecteur »), par lequel les âmes des hommes justes atteignent le ciel, est supposé partir de là. Tout comme le ciel est localisé au-dessus du pic de Harā, l'enfer se situe en dessous. De ce point de vue, le pic fonctionne comme une sorte d'axe du monde. Dans la même optique, l'« arbre de toutes les semences » pousse au milieu du lac Frāxvkard.

Cette division mythique en sept parties continua apparemment à influencer l'idéologie perse aux époques historiques, en dépit de la coexistence réelle d'une organisation administrative en provinces et satrapies (cf. Les institutions politiques et administratives, chap. III) : Darius Ier (522-486 av. J.-C.) aurait divisé son empire en sept parties afin de les répartir parmi les conjurés qui l'avaient aidé à conquérir le trône perse (la légende des sept conjurés est aussi attestée pour le début de l'époque parthe et aux époques arsacide et

LES PERSES

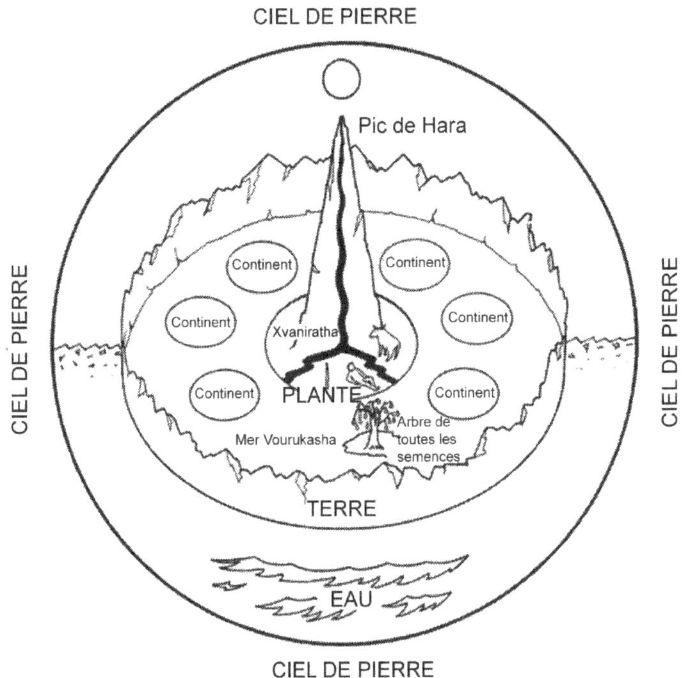

Le monde vu par l'Avesta

sassanide, et les fonctions importantes auraient été entre les mains de sept grandes familles). La division en sept parties semble en effet trouver un reflet indirect dans la grande inscription de Darius à Béhistoun/Bīsotūn (et dans elle seule), et il ne paraît pas exclu que Platon en ait été au courant. À l'époque de Darius II (423-404 av. J.-C.), un document araméen provenant d'Égypte désigne le gouverneur comme le « protecteur d'un septième » (aram. *hpthʿptʾ* < iran. anc. **haftaxšapātā*). **Vers la fin de l'époque sassanide, Husrav I**[er] (531-579 ap. J.-C.) **réorganisa le territoire d'Ērānšahr dans le cadre de ses réformes militaires et administratives en quatre sections** (mp. *pāygōs*) **géographiques selon les points cardinaux du compas** : le Nord (mp. *abāxtar*), l'Est (mp. *xvarāsān*), le Sud (mp. *nēmrōz*), et l'Ouest (mp. *xvarvarān*). Cette réforme de courte durée a cependant persisté suffisamment longtemps pour avoir servi de modèle aux réformes militaires à Byzance sous Héraclius (610-641 ap. J.-C.). La mise en place de la quadripartition sassanide, longtemps connue seulement à travers des sources arabo-persanes et moyen-perses tardives de l'époque post-sassanide, a récemment été confirmée par l'apparition sur le marché de plusieurs sceaux administratifs sassanides de cette époque.

MESURE DU TEMPS ET CALENDRIERS

Les Iraniens ont essentiellement utilisé deux systèmes calendaires différents au cours de la période préislamique. **La mesure du temps chez les Achéménides jusqu'aux Parthes était basée sur le compte de jours, lunaisons et années, tandis que les Sassanides et zoroastriens employaient un calendrier fondé sur les jours et les années**. Par commodité, la lunaison de 29 jours 12 heures 44 minutes en moyenne fut arrondie à 30 jours. Puisque l'année solaire est d'environ 11 jours plus longue que l'année lunaire de douze lunaisons, les utilisateurs d'un calendrier du premier type ont dû intercaler de temps à autre un mois supplémentaire, alors que les derniers ont opté pour une année fixe de 365 jours, c.-à-d. de 12 mois de 30 jours, plus 5 jours épagoménaux. De ce fait, ce type de calendrier avait une avance d'un jour sur le cours du soleil tous les quatre ans.

L'inscription de Darius Ier à Béhistoun/Bīsotūn (cf. Les inscriptions, chap. VII) donne une fois de plus le premier indice de l'existence d'**un calendrier lunisolaire vieux-perse avec douze mois de trente jours** (les Perses comptaient les jours, mais n'avaient pas — à l'exception du dernier jour du mois, vp. *ǰiyamna-* « le décroissant (?) » — de noms pour eux). Le système est fondé sur le calendrier lunaire babylonien, dans lequel les noms sont simplement remplacés par des noms vieux-perses (qui existaient peut-être déjà). Les **noms des mois**, dont l'explication reste souvent incertaine dans le détail, ont à l'évidence **un rapport avec les saisons naturelles, les travaux agricoles, ou trouvent leur inspiration dans le domaine cultuel-religieux**. L'intercalation d'un mois supplémentaire est attestée dans les tablettes élamites de Persépolis, mais il est difficile de dire si les Perses ont suivi les systèmes élamite et babylonien ou s'ils avaient leur propre solution. Quelque part au cours du Ve siècle av. J.-C., le calendrier vieux-perse fut remplacé par le calendrier zoroastrien, mais son emploi est encore attesté au moins jusqu'au début du règne d'Artaxerxès Ier (465-424 av. J.-C.). Le système achéménide ne disparut pas avec eux pour autant : Alexandre le Grand utilisa vraisemblablement le calendrier macédonien en Iran, mais les Séleucides ont de nouveau adopté le calendrier babylonien, en remplaçant les noms originaux par des noms grecs. Le même système fut également pratiqué par les Arsacides (qui l'ont utilisé à côté du calendrier zoroastrien, au moins depuis le début du Ier siècle av. J.-C.), en accord avec l'emploi du grec dans leurs légendes monétaires.

Les mois du calendrier vieux-perse

	vieux-perse	élamite[1]	babylonien
mars-avril	Ādukan(a)iša-	Ha-du-kán-na-iš	Nīsannu
avril-mai	Θūravāhara-	Tu-ir-ma-ir	Ayyāru
mai-juin	Θāigr(a)ci-	Sa-a-kur-ri-zí-iš	Sīmannu
juin-juillet	Garmapada-	Kar-ma-bat-taš	Duʾūzu
juillet-août	---	[Tur-na-ba-zí-iš]	Abu
août-septembre	---	[Qa-ir-ba-ši-ya-iš]	Ulūlu
septembre-octobre	Bāgayādi-	Ba-gi-ya-ti-iš	Tašrītu
octobre-novembre	*Vṛkāzana- (?)	Mar-qa-za-na-iš	Araḫsamna
novembre-décembre	Āçiyādiya-	Ha-iš-ši-ya-ti-ya-iš	Kislīmu
décembre-janvier	Ānāmaka-	Ha-na-ma-ak-kaš	Ṭebētu
janvier-février	---	[Sa-mi-ya-maš]	Šabāṭu
février-mars	Viyax(a)na-	Mi-ya-kán-na-iš	Addāru

1. Les noms élamites sont cités d'après leurs formes dans la version élamite de l'inscription de Darius Ier à Bīsotūn, à l'exception des trois formes entre crochets (attestées dans les tablettes de Persépolis)

Le calendrier solaire zoroastrien (appliqué aussi par les Sassanides à leur année « civile »), avec toutes ses variantes en Cappadoce, Arménie, Sogdiane, Chorasmie, Bactriane et Sīstān (Sacastène), **compte 365 jours soit douze mois de trente jours** (ayant reçu leurs noms d'après des entités zoroastriennes) **avec une épacte annuelle de cinq jours** (nommés d'après les cinq *gāθā*). Certains pensent que ce calendrier solaire fut peut-être précédé d'un calendrier lunaire de treize mois de vingt-sept jours. En plus des cinq jours épagoménaux annuels, un mois intercalaire fut théoriquement inséré tous les 116 ou 120 ans (la question est disputée), afin de corriger l'excédent d'un quart de jour (6 heures) accumulé tous les ans.

À l'origine, **l'année pré-zoroastrienne se divisait en deux saisons** (avest. *ratu-*, mp. *gāh*), un hiver de dix mois et un été de deux mois (rappelons que ceci reflète sans doute la situation à une période où les peuples pré-avestiques avaient encore leurs habitats dans les steppes septentrionales entre l'Oxus et le Yaxarte). À une période plus tardive, après la migration de ces peuples vers le sud, le *Vīdēvdād* « Loi sur l'abjuration des démons » accorde une durée de cinq (hiver) et sept (été) mois à chacune de ces deux saisons primaires. Marquée par des fêtes au milieu et à la fin (cf. ci-dessous, Jours de fête iraniens), **l'année sera par la suite progressivement divisée en six saisons** de deux mois chacune.

Cependant, les textes moyen-perses (zoroastriens et) manichéens font aussi mention des noms des **quatre saisons** que nous connaissons et regroupent les douze signes zodiacaux (cf. Sciences, chap. VII) en quatre groupes de trois : printemps (mp. *vahār*), été (mp. *hāmīn*), automne (mp. *pādēz*) et hiver (mp. *zamestān*).

Les mois du calendrier zoroastrien

	avestique	moyen-perse
1	Frauuaṣ̌inąm	Fravardīn
2	Aṣ̌ahe Vahištahe	Ardvahišt
3	Hauruuatātō	Hordād
4	Tištriiehe	Tīr
5	Amərətātō	Amurdād
6	Xšaθrahe Vairiiehe	Šahrevar
7	Miθrahe	Mihr
8	Apąm	Ābān
9	Āθrō	Ādur
10	Daθušō	Day
11	Vaŋhāuš Manaŋhō	Vahman
12	Spəntaiiå Ārmatōiš	Spandarad

LES PERSES

Les mois sont partagés en quatre périodes de sept ou huit jours, commençant ou se terminant par la journée du « créateur Ahura Mazdā » (avest. *daθušō Ahurahe Mazdå*). Un texte manichéen divise le mois en **trois périodes selon les principales phases de la lune** : lune croissante (mp. *nōmāh*, litt. « nouvelle lune »), pleine lune (mp. *nēmmāh*, litt. « mi-lune ») et nouvelle lune (mp. *abaydag māh*, litt. « lune invisible »).

Les jours du calendrier zoroastrien

	avestique	**moyen-perse**
1	Daθušō Ahurahe Mazdå	Ohrmezd
2	Vaŋhəuš Manaŋhō	Vahman
3	Aṣ̌ahe Vahištahe	Ardvahišt
4	Xšaθrahe Vairiiehe	Šahrevar
5	Spəntaiiå Ārmatōiš	Spandarmad
6	Hauruuatātō	Hordād
7	Amərətātō	Amurdād
8	Daθušō Ahurahe Mazdå	Day pad Ādur
9	Āθrō	Ādur
10	Apąm	Ābān
11	Hvarəxšaētahe	Xvar
12	Måŋhahe	Māh
13	Tištriiehe	Tīr
14	Gəuš	Gōš
15	Daθušō Ahurahe Mazdå	Day pad Mihr
16	Miθrahe	Mihr
17	Sraošahe	Srōš
18	Rašnaoš	Rašn
19	Frauuaṣ̌inąm	Fravardīn
20	Vərəθraγnahe	Vahrām
21	Rāmanō	Rām
22	Vātahe	Vād
23	Daθušō Ahurahe Mazdå	Day pad Dēn
24	Daēnaiiå	Dēn
25	Aṣ̌ōiš	Ard (Ahrišwang)
26	Arštātō	Aštād
27	Asmō	Asmān
28	Zəmō hudåŋhō	Zamyād
29	Mąθrahe spəntahe	Māraspand
30	Anaγranąm	Anagrān

La journée zoroastrienne compte cinq gāh (« veilles », avest. *asniia- ratu-*) : *Hāvan* « matin », *Rapihvin* « après-midi », *Uzērin* « soir », *Ēbsrūsrim* « du coucher du soleil jusqu'à minuit », *Ušahin* « de minuit jusqu'au lever du soleil ». Un bref catéchisme moyen-perse non daté (mp. *Čīdag andarz ī pōryōtkēšān* « Recueil de conseils des anciens maîtres ») recommande la division de la journée en trois parties égales pour un croyant : un tiers pour apprendre les sagesses des gens justes à l'école religieuse, un tiers pour cultiver la terre, et le dernier tiers pour manger, se distraire et se reposer. De même, un passage en fin d'un autre ouvrage recommande l'exécution de certaines activités et tâches particulières pour chaque jour du mois (mp. *Handarz ī anōšagruvān Ādurbād ī Māraspandān* « Conseils de l'immortel Ādurbād, fils de Māraspand »). Un dernier texte bref, intitulé *Māh ī Fravardīn Rōz ī Hordād*, fournit même les éphémérides pour le « Jour Hordād du mois Fravardīn », un jour particulièrement important pour les mazdéens dans le passé et l'avenir.

Le même mot avestique *hāθra*, utilisé comme une unité de distance et signifiant « [quart de] parasange » (cf. Poids et mesures, chap. IV), s'emploie également pour mesurer le temps. En effet, vu que le parasange est la distance qu'un soldat d'infanterie peut couvrir en une heure, le mot a fini par prendre aussi le sens de « **heure** » à une période plus tardive. En réalité, cette unité était variable selon le jour de l'année et le parallèle de latitude, car elle correspondait à la douzième partie de la journée entre le lever et le coucher du soleil. Les Iraniens semblent dès lors avoir connu trois heures différentes correspondant à l'heure de la journée la plus longue de l'année (1 h 20 min) et la plus courte (40 min), ainsi que de la journée médiane, c.-à-d. équinoxiale (1 h). Un texte manichéen divise en outre l'heure (mp. *zamān* « heure, temps ») en 360 unités de 10 secondes (mp. *visānag*).

Il est impossible de dire si le calendrier présenté ici fut « zoroastrien » dès son origine, ou si les zoroastriens ont simplement adopté un système pragmatique en lui donnant une nomenclature religieuse. Le calendrier « zoroastrien » (autrement appelé aussi mp. *vihēzagīg* « mobile, intercalaire ») a en tout cas survécu aux Sassanides, et les mazdéens ont continué à dater les années d'après le dernier roi des rois sassanide Yazdgerd III qui avait commencé son règne en l'année 632 où le nouvel an perse tomba un 16 juin. Cette « **ère de Yazdgerd** » est encore employée de nos jours par la communauté parse en Inde.

SYSTÈMES DE DATATION

Ceci nous amène à la datation : en effet, quel que soit le calendrier employé, la société éprouve toujours un certain besoin de situer dans le temps des faits importants par rapport au présent. **Depuis Cyrus, et des siècles durant, les Perses ont ainsi daté les événements d'après les années de règne du grand roi au pouvoir**. Le lien avec le présent était dès lors immédiatement clair, et une telle datation avait en outre l'avantage d'être compréhensible partout dans l'empire. Mais un tel système avait aussi des inconvénients, notamment quand plusieurs rois avaient régné au cours d'une seule année. Il perdait alors toute son efficacité, par exemple pour la collecte des tributs et taxes. Pour cette raison, les scribes ont commencé à subordonner les années de règne aux années civiles.

Les Séleucides ont compté les années d'après le règne de Séleukos Ier et de son fils Antiochos Ier. Ce dernier fut dans un premier temps co-régent de son père et continua par la suite de compter les années d'après le règne de celui-ci, même à partir du moment où il fut seul sur le trône séleucide. Tel fut le début de l'« **ère séleucide** » : en Iran et dans les autres pays qui avaient adopté le calendrier babylonien, cette ère débuta au nouvel an babylonien, c.-à-d. le 3 avril **311 av. J.-C.** (ère séleucide babylonienne). En Syrie et dans les régions occidentales de l'empire, le début de l'ère fut par contre fixé en 312 av. J.-C. (ère séleucide macédonienne). Les Arsacides ont poursuivi le comptage séleucide en assimilant leur an 1 à l'an 65 séleucide. La cour et l'administration parthes ont daté les événements selon cette « **ère arsacide** » dont le début fut fixé en **247/6 av. J.-C.**, tandis que les cités grecques ont gardé l'ère séleucide (macédonienne). Enfin une inscription bilingue (en moyen-perse et parthe) à Bīšāpūr (Veh-Šābuhr) nous donne une indication sur le début d'une « **ère sassanide** » en **205/6 ap. J.-C.** Curieusement, celle-ci ne marquait donc pas le début des règnes d'Ardaxšīr Ier (224-239/40) ou de son fils Šābuhr Ier (239/40 [co-régence] respectivement 241/2-271/2), mais débutait probablement avec l'accès au trône de Pābag à Staxr. En dépit de l'existence de cette ère, les Sassanides utilisèrent en outre le système de datation d'après les années de règne. À la fin de l'époque sassanide, l'ère sassanide fut remplacée par l'« **ère de Yazdgerd** » (début 632) mentionnée ci-dessus, et par la datation islamique (Hégire [litt. « fuite »], début 622) commençant par l'émigration du prophète Mohammed à Médine.

JOURS DE FÊTE IRANIENS

Le zoroastrisme étant la religion prédominante à la période préislamique, **les six fêtes saisonnières zoroastriennes (mp. *gāhānbār*)** — s'étendant sur au moins cinq jours chacune à l'époque sassanide tardive — **et le *Nō(g) Rōz* (pers. *Nowrōz*), le nouvel an zoroastrien, étaient parmi les festivités les plus observées.** Seule la dernière est encore célébrée en Iran moderne. Comme le suggère la nomenclature, ces fêtes étaient d'origine païenne et marquaient des moments importants de la vie pastorale. Ces jours-là on sacrifiait des animaux d'après des rites prescrits, la graisse servant d'oblation pour le feu, alors que la viande, le pain et les fruits bénits étaient mangés par les croyants. La fête du nouvel an à l'équinoxe du printemps était la plus joyeuse, par laquelle la création du feu était célébrée sous la protection de l'Amahraspand Ardvahišt. Depuis les temps achéménides, ce fut aussi un des moments où les sujets offraient des cadeaux au grand roi (cf. Finances, impôts et tributs, chap. III). Parmi les nombreuses autres festivités religieuses honorant des divinités individuelles, seul le ***Mihragān***, la fête en l'honneur de Miθra à l'équinoxe de l'automne, atteignit un degré de popularité similaire à celui du *Nō Rōz*. À l'époque parthe, les deux fêtes ont même changé de place dans le calendrier, sans raison apparente.

Les *gāhānbār*s zoroastriens

maiδiiōi.zarəmaiia-	« Mi-printemps » (litt. « mi-verdoiement ») : fête célébrée sous la protection de l'Amahraspand Šahrevar, quarante-cinq jours après le début de l'année, soit au quinzième jour du second mois, pour commémorer la création du ciel
maiδiiōi.šəma-	« Solstice d'été » (litt. « mi-été ») : fête célébrée sous la protection de l'Amahraspand Hordād, soixante jours après *maiδiiōi.zarəmaiia-*, soit au quinzième jour du quatrième mois, pour commémorer la création de l'eau
paitiš.hahiia-	« Récolte » (litt. « rentrée du blé ») : fête célébrée sous la protection de l'Amahraspand Spandarmad, soixante-quinze jours après *maiδiiōi.šəma-*, soit au trentième

LES PERSES

	jour du sixième mois, pour commémorer la création de la terre
aiiāθrima-	« Hivernage du bétail » (litt. « retour à la maison ») : fête marquant la fin de l'été, célébrée sous la protection de l'Amahraspand Amurdād, trente jours après *paitiš.hahiia-*, soit au trentième jour du septième mois, pour commémorer la création des plantes
maiδiiāiriia-	« Solstice d'hiver » (litt. « mi-an ») : fête célébrée sous la protection de l'Amahraspand Vahman, quatre-vingts jours après *aiiāθrima-*, soit au vingtième jour du dixième mois, pour commémorer la création du bétail
hamaspaθmaēdaiia-	« Fin de l'année » (litt. « période entre deux ans suivie par l'été ? »). Fête pour les âmes des morts (*frauuaṣ̌is*), célébrée à la fin de l'année, soixante-quinze jours après *maiδiiāiriia-*, soit au dernier jour de l'épacte et de l'année, sous la protection d'Ohrmezd lui-même (à l'époque sassanide, la fête durait dix jours et était connue sous le nom de *Fravardigān* [*Frourdigan* chez les auteurs grecs])

Les fêtes des autres communautés religieuses furent célébrées plus localement. Parmi les **fêtes manichéennes** marquant les grands moments de la vie du fondateur, une solennité mérite une mention particulière : la fête du ***Bèma***, c.-à-d. du trône de Mānī (du mot grec *bēma* « estrade, siège, trône »), à l'équinoxe du printemps, une sorte de fête de « Pâques » manichéenne (précédée également par des périodes de vigiles et de jeûnes) pour commémorer la passion de Mānī et sa montée au ciel et à l'éternité bienheureuse.

RITES DE PASSAGE ET ÉTAPES DE LA VIE

Les sources iraniennes sont relativement peu disertes sur les grands moments de la vie (naissance, majorité, mariage, et décès), mais il est tout de même possible d'en tirer quelques observations plus ou moins cohérentes.

Naissance et jeunesse

À l'époque sassanide, il était précisé que la tâche de se préoccuper d'une femme enceinte incombe au père (ou, à défaut, à la communauté des croyants). La naissance elle-même étant considérée comme une pollution grave par les zoroastriens, la femme était séquestrée dans la chambre d'accouchement pendant quarante jours après avoir mis au monde son enfant, où elle devait observer certains préceptes avant de subir une cérémonie de **purification rituelle** (mp. *baršnūm*). Cette période d'isolement était encore plus longue pour les femmes ayant mis au monde un enfant mort-né. La naissance était placée **sous la protection de la déesse Ardvīsūr Anāhīd** (avest. *Arəduuī Sūrā Anāhitā*), et une formule assurant un accouchement sans complications était prononcée trois fois. La naissance était très probablement célébrée par une fête, mais les textes sacrés ne se prononcent pas à ce sujet. En revanche, Hérodote raconte que « toute l'Asie célèbre par des sacrifices et des réjouissances l'anniversaire de la naissance du roi » et — toujours selon Hérodote — les riches Perses « se font servir un bœuf, un cheval, un chameau, rôtis tout entiers dans des fours » le jour de leur anniversaire.

Les enfants étaient sans doute allaités par leurs propres mères, car l'Avesta ne fait pas mention de nourrices. À en croire Platon, les soins des nouveau-nés princiers achéménides incombaient par contre à des eunuques. Le *Dēnkard* « Livre de la religion » (cf. La littérature moyen-perse mazdéenne, chap. VII) donne des préceptes pour que l'enfant soit emmailloté et allaité rituellement. Hérodote rajoute même que les jeunes garçons n'étaient pas admis en présence de leur père jusqu'à l'âge de cinq ans. Les textes laissent transparaître une nette préférence pour les garçons qui étaient aussi les seuls à avoir accès à la fonction de prêtre. Les dons pieux faits par le père à la naissance d'une fille étaient du reste moins importants que pour un garçon. Pour les garçons, la formation des jeunes prêtres commençait dans leur septième année. Chez les Achéménides, les jeunes nobles recevaient apparemment leur premier entraînement les préparant à une carrière de guerrier dès l'âge de cinq ans. Les textes moyen-perses précisent que les jeunes nobles sassanides commençaient leur éducation « à l'âge propre », c.-à-d. entre cinq et sept ans.

Majorité et passage à l'âge adulte

Aux yeux des zoroastriens, les enfants atteignaient la maturité à l'âge de **quinze ans** : à cet âge, les garçons recevaient la ceinture sacrée (mp. ***kustīg***, une coutume encore vivante aujourd'hui chez les Parses) et les filles étaient dorénavant nubiles. Le *Vīdēvdād* « Loi sur l'abjuration des démons » précise qu'elles devraient être « sans faute... intouchées par les hommes, portant des boucles d'oreilles... ». La cérémonie solennelle de remise du *kustīg* avait lieu dans le cercle des parents et était considérée comme une seconde naissance. En quelque sorte, cette investiture était en effet une « naissance civique » qui donnait au jeune son entière responsabilité légale (mp. *tuvānīg*). Si par exemple le père décédait sans laisser de testament, le fils aîné était obligé de prendre en charge la famille à sa majorité.

Mariage

À la différence des coutumes zoroastriennes, le droit civil sassanide accordait aux jeunes filles mineures le droit de se marier dès l'âge de neuf ans, même si le mariage n'était en principe pas consommé avant que la fille ait atteint ses douze ans. Quoi qu'il en soit, il était attendu qu'une fille se marie avant ses quinze ans. Si elle refusait de le faire ou si son père avait négligé de la fiancer avant cet âge, cela était considéré comme un péché capital. Cependant le consentement préalable de la fille était dans tous les cas nécessaire.

Les Perses sassanides connurent divers types de mariages légaux, dont le mariage ***pādixšāyīh*** (mp. « autorité ») constitua le type de base (*cum manu mariti*). La femme quittait alors sa propre famille pour entrer dans celle de son mari où elle était désormais soumise à l'autorité de celui-ci (et à celle de son beau-père), avec obligation d'obéissance. Ses revenus, sa dot et ses autres possessions privées restaient toutefois sa propriété légale. Les enfants issus d'un tel mariage étaient considérés comme légitimes et en possession de leurs pleins droits. À l'époque sassanide, les contrats de mariage n'avaient rien d'exceptionnel. La dissolution du mariage était possible à l'initiative de chacune des deux parties, mais l'accord de l'autre était normalement requis. Si un homme décédait sans laisser d'enfants, sa veuve avait l'obligation d'épouser le parent le plus proche (si elle était capable d'avoir des enfants) tout en gardant ses pleins droits. Ce type de mariage était appelé **čakarīh** (mp. « lévirat »). Si un homme décédait sans laisser d'enfants et si sa veuve n'était pas capable d'avoir des enfants, une de ses filles ou de ses sœurs prenait sa place comme chef de famille ; celle-ci ne pouvait alors se marier que *sine manu mariti.* Ce genre de situation était un des cas possibles d'un mariage **stūrīh** (mp. « curatelle »).

Le mariage le plus méritoire d'un point de vue religieux était toutefois le **xvēdōdah**, le mariage entre proches parents (avest. *x^{v}aētuuadaθa-*), entre père et fille, mère et fils, ou frère et sœur, car celui-ci préservait la pureté du sang d'une famille aux yeux des anciens Perses et n'était pas considéré comme un inceste. Pratiqué par les rois perses des Achéménides aux Sassanides, ce genre d'union est glorifié par plusieurs livres avestiques et par les commentateurs moyen-perses post-sassanides.

Décès et funérailles

Les Perses ont cru à une vie dans l'au-delà, mais leurs rites funéraires ont divergé selon les époques et les croyances. La pratique funéraire des Indo-Iraniens avait été l'**enterrement**, associé au concept d'une continuation de la vie des âmes des morts (avest. *uruuān-*, mp. *ruvān* ; et avest. *frauuaṣ̌i-*, mp. *fravard* ou *fravahr*) sous la terre. Cette ancienne pratique de l'enterrement resta en vogue à l'époque préislamique chez les nomades de la Bactriane et de la Sogdiane, et elle est aussi sporadiquement attestée dans les régions occidentales de l'Iran à l'époque sassanide. L'incinération n'est guère pratiquée chez les Iraniens car prohibée par les zoroastriens. Peu après la conquête grecque de l'Iran, un type de mausolée fut apparemment en vogue en Bactriane et en Margiane. D'après les informations d'Isidore de Charax, les rois parthes ont été inhumés dans des tombes royales (et l'on dit de l'empereur romain Caracalla qu'il en détruisit certaines à Arbèles).

Les corps des grands rois achéménides ont été « embaumés » et ensuite déposés dans une chambre tombale monumentale (Cyrus) ou dans des **tombes** cruciformes creusées dans le rocher de Naqš-e Rostam (de Darius Ier à Darius II ; les derniers Achéménides ayant fait creuser leur tombe dans les environs immédiats de Persépolis). Selon Arrien, un sacrifice de chevaux eut lieu tous les mois devant la tombe de Cyrus. La mort d'un grand roi était marquée par l'extinction des feux sacrés qui n'étaient rallumés qu'à l'investiture de son successeur, après une période de deuil officiel dans tout l'empire. Les dépouilles préparées étaient transportées vers le lieu d'inhumation sur un char funèbre somptueusement ouvragé, et il revenait au prince héritier d'organiser solennellement les cérémonies funèbres. À la mort d'Amestris, épouse de Xerxès Ier, quatorze enfants de Perses distingués furent ensevelis vivants avec elle, selon les dires d'Hérodote.

D'après les indications du *Vīdēvdād* « Loi sur l'abjuration des démons », **les zoroastriens exposaient les corps** (avest. *nasu-*, mp. *nasā*) de leurs morts au soleil, aux rapaces et aux chiens durant trois jours, afin de détruire rapidement la chair et de ne pas polluer la terre, l'eau ou le feu. À partir de l'époque islamique, les corps furent déposés dans les fameuses « tours du silence » (avest. *daxma-*, mp.

Tombeau de Cyrus le Grand à Pasargades

Façade de la tombe rupestre de Darius Ier à Naqš-e Rostam

daxmag), des constructions ouvertes ressemblant à des amphithéâtres. Pendant ce temps (où l'âme errait encore sur la terre selon leur croyance), la famille observait une période de jeûne. Les os, blanchis par le soleil, étaient souvent (surtout dans la partie orientale de l'Iran) déposés dans des **ossuaires** (avest. *uzdāna-*, mp. *astōdān*) inaccessibles aux animaux sauvages ou à la pluie. La troisième nuit, des prières étaient récitées, et des vivres et des vêtements consacrés aux besoins de l'âme pour son départ dans l'au-delà. Au petit matin du troisième jour, un animal (en général un mouton ou une chèvre) était sacrifié, et d'autres sacrifices étaient réalisés un mois durant. Un deuxième sacrifice sanglant avait lieu à la fin du premier mois, suivi par des sacrifices tous les trente jours jusqu'au terme de la première année qui se terminait par le sacrifice d'un troisième animal et les offrandes renouvelées de vivres et de vêtements. Les trente ans suivants, une cérémonie annuelle avait lieu le jour du décès. Tous les ans en fin d'année, une grande fête avait lieu en l'honneur des *frauuašis* (cf. ci-dessus, Jours de fête iraniens).

VI

LES RELIGIONS

Les religions iraniennes proprement dites, le **zoroastrisme/mazdéisme**, avec toutes ses variantes, et le **manichéisme** sont au fond **dualistes** et traitent du combat entre le bien et le mal. Dans les deux cas, l'eschatologie (individuelle aussi bien qu'universelle), fondée sur une cosmogonie détaillée, y est plus ou moins bien élaborée, car toutes les deux sont des **religions de rédemption**. L'apocalypse zoroastrienne a très probablement influé sur la doctrine eschatologique du manichéisme et sans doute aussi sur celle du judaïsme (et par conséquent indirectement sur celles du christianisme et de l'islam). De façon plus générale, le mazdéisme et le manichéisme ont eu une influence durable sur la vie religieuse en Orient (même après l'arrivée de l'islam), mais pas de la même manière, puisque le premier n'a pas connu d'**activité missionnaire** particulière (mis à part les tout premiers débuts) et — contrairement à une idée reçue — ne s'est pas développé en une « **religion d'État** » avant le Ve siècle ap. J.-C., alors que les missions constituent un élément substantiel du manichéisme. Mānī et ses disciples, Mār Ammō, Addai et d'autres, ont parcouru l'Asie, et c'est bien là que Mānī voyait la supériorité de sa religion par rapport au christianisme qui — du moins à son époque — n'avait pas encore atteint l'Iran oriental et les pays limitrophes, et par rapport au bouddhisme qui ne s'était pas propagé jusqu'en Occident. L'influence du zoroastrisme, qui a lui-même connu divers courants et « hérésies » (dont le zurvanisme et le mazdakisme ne furent que deux des plus connues parmi d'autres), s'est avant tout fait jour par des contacts intensifs avec d'autres religions à l'intérieur (et à l'extérieur) de l'empire perse. En général les rois perses, des Achéménides aux Sassanides, ont adopté une attitude de grande **tolérance pragmatique** face à d'autres croyances, tant que celles-ci n'avaient pas de conséquences sur le plan politique et ne donnaient pas lieu à des troubles et révoltes. C'est dans cette lumière qu'il faut voir par exemple les persécutions des manichéens et des chrétiens lors du IVe siècle, ou encore des juifs aux Ve et VIe siècles.

LA DOCTRINE ZOROASTRIENNE DE L'AVESTA

Au stade le plus ancien de leur religion, les partisans de **Zoroastre** (Zaraθuštra, cf. l'entrée correspondante dans les repères biographiques) n'ont pas connu d'autodésignation. Plus tard, ils ont déclaré être des « adeptes de la religion mazdéenne », et leurs adversaires religieux les ont souvent diffamés en les appelant des « adorateurs du feu ». La doctrine zoroastrienne est expliquée dans l'Avesta, dont la partie la plus ancienne — les *Gāθā* et quelques autres textes — contiendrait les *ipsissima verba* du prophète (en supposant bien sûr que Zoroastre ait réellement existé). Dans les textes plus récents, Zoroastre devient lui-même un objet de vénération cultuelle. Le *Farvardīn Yašt* illustre de façon exemplaire son rôle de protagoniste du bien (celui qui a été le premier à penser, à dire et à faire le bien), de « fondateur de religion » et de destructeur des démons en tant que sympathisant des ahuras (bonnes divinités).

Mage perse

De par l'existence de l'**Avesta** (cf. L'Avesta, chap. VII), la religion zoroastrienne pourrait théoriquement être comptée parmi les « religions du livre », mais cette collection de textes n'a pas été conçue en une seule fois et a longtemps été transmise oralement dans les cercles cléricaux, jusqu'à sa mise par écrit à l'époque sassanide tardive (au VIe siècle ap. J.-C. ?). Dans le zoroastrisme, l'Avesta n'a du reste jamais eu la même valeur que la Bible pour le christianisme ou le Coran pour l'islam, encore moins que les écritures du canon manichéen pour le manichéisme.

Les textes vieil-avestiques

Depuis toujours, **l'interprétation** exacte des textes obscurs et difficiles que sont les *Gāθā* **pose problème**. Il s'agit moins d'une question de grammaire, aujourd'hui fort bien connue, que de vocabulaire, car le sens précis des mots nous échappe souvent, et le recours à l'étymologie ou à la comparaison avec les équivalents antérieurs védiques ou postérieurs (moyen-)perses ne résout que très partiellement la difficulté. Il s'ensuit que les textes vieil-avestiques ont été traduits et interprétés de façon parfois extrêmement divergente. **Deux théories principales s'opposent de nos jours : selon les uns, il s'agit là de textes théologiques à l'intention de la communauté, selon les autres de chants rituels pour les dieux**. Les textes **dualistes** des *Gāθā* rejettent les démons (avest. *daēuua-*) qui représentent la « Mauvaise Pensée » (avest. *aka- manah-*), le « Mauvais Esprit » (avest. *angra- mainiiu-*) et le « Mensonge » (avest. *druj-*), et sympathisent par contre avec Ahura Mazdā « Seigneur Sagesse » et son fils Aṣ̌a « Vérité, Ordre, Justice, Harmonie ». Deux autres principes abstraits sont également personnifiés : il s'agit d'Ārmaiti « Droiture » (c.-à-d., la bonne disposition d'esprit) et de Vohu Manah « Bonne Pensée » qui sont aussi présentés comme étant respectivement une fille et un autre fils d'Ahura Mazdā. D'autres divinités encore apparaissent dans les *Gāθā* (telles que Θβōrəštar « Créateur », Gəuš Tašan « Producteur de la Vache », etc.), mais Ahura Mazdā demeure le dieu éminent, et, dans ce sens, il ne semble pas entièrement inapproprié de parler du zoroastrisme de ce stade comme d'une religion **hénothéiste**.

Le deuxième chapitre du deuxième des *Gāθā* expose la **cosmogonie** vieil-avestique en la comparant métaphoriquement au dressement d'une tente/hutte (avest. *dam-*). La création de l'univers commence avec l'engendrement d'Aṣ̌a par son père Ahura Mazdā. Suit alors la création de Vohu Manah avec le soleil, les étoiles, la lune, la terre, l'eau, les plantes, le vent et les nuages. Ensuite ont été créées lumière et ténèbres (jours et nuits) et l'alternance entre sommeil et éveil. Après la création de la Vache est enfin créée Ārmaiti. Les textes vieil-avestiques parlent également déjà de l'accueil des

âmes (avest. *uruuan-*) dans la tente d'Ahura Mazdā, ou dans la demeure du Mensonge (avest. *drūjō dəmānē*), situées toutes les deux dans l'au-delà.

Les textes avestiques récents

Dans les textes avestiques récents, **d'autres divinités**, totalement absentes des *Gāθā*, telles que Anāhitā, Miθra ou Tištriia, **entrent au premier plan**. De même, les sept Aməṣ̌a Spəṇta « immortels bienfaisants », dont le nom était toutefois déjà apparu dans le *Yasna Haptaŋhāiti* (mais sous une autre composition), occupent une place plus importante de par leur lien étroit avec Ahura Mazdā et devancent ainsi en quelque sorte les autres divinités sur le plan hiérarchique.

Quelques divinités, principes et démons mazdéens
(Voir pages suivantes)

En outre, **les configurations dualistes sont encore plus prononcées que dans les *Gāθā***, mais l'opposition entre l'« Esprit Bienfaisant » (avest. *spəṇta- mainiiu-*) et le « Mauvais Esprit » (avest. *aŋra- mainiiu-*) est désormais plus présente que l'antithèse antérieure entre « Vérité » (avest. *aṣ̌a-*) et « Mensonge » (avest. *druj-*). Alors qu'Ahura Mazdā est d'une certaine façon au-dessus et en dehors du conflit entre Aṣ̌a (qui dans les textes plus récents prend plus la forme d'une divinité que d'un principe abstrait) et Druj dans les *Gāθā*, il est en plein milieu du combat dans l'Avesta récent et devient un adversaire direct d'Aŋra Mainiiu. La distinction entre Ahura Mazdā et Spəṇta Mainiiu n'est par ailleurs pas toujours très nette, et l'on a l'impression qu'ils ne sont que deux aspects d'une même entité. **La dichotomie entre le bien et le mal trouve aussi son expression dans le vocabulaire**, notamment dans le lexique désignant des activités (marcher, parler, faire, etc.) ou des parties du corps (oreilles, bouche, tête, mains, jambes, etc.) : ainsi les créatures ahuriques « mangent » (avest. *x^var-*) leur nourriture avec la « bouche » (avest. *āh-*), tandis que leurs contreparties déviques la « dévorent » (avest. *gah-*) avec la « gueule » (avest. *zafar-*).

L'eschatologie (à la fois individuelle et collective) est également plus élaborée dans les textes avestiques récents que dans la doctrine vieil-avestique. Les événements en relation avec le voyage de l'âme individuelle dans l'au-delà sont exposés — avec de nombreuses divergences (qui représentent des traditions eschatologiques concurrentes ou complémentaires ?) — dans le *Hadōxt Nask* « Livre des écritures » et le *Vīdēvdād* « Loi sur l'abjuration des démons ». Lors des deux premières nuits après le décès, l'âme du défunt reste à proximité du corps. À l'aube du terme de la troisième nuit, les âmes arrivent au « pont du Jugement » (avest. *činuuatō pərətu-*, litt. « pont du Collecteur »), où, après un interrogatoire, les âmes des justes et adeptes d'Aṣ̌a sont séparées de celles des adeptes de Druj et adorateurs des démons, en tenant compte également des sacrifices faits au cours de la vie. Une belle jeune femme (avest. *daēnā-*, litt. « religion, conception spirituelle »), personnifiant les mérites et péchés religieux de l'individu, apparaît alors avec deux chiens à ses côtés et conduit les âmes des justes de l'autre côté du pont, où elles arrivent finalement au terme de leur voyage au paradis, c.-à-d. dans la « maison de la Bienvenue » (avest. *garō nmāna-*), la demeure d'Ahura Mazdā.

La transformation de l'Être à la fin des temps est discutée dans le *Zamyād Yašt* (*Yt.* 19), notamment en relation avec l'apparition du dernier sauveur « destiné à prospérer » (avest. *saošiiaṇt-*), dont le nom est Astuua.ərəta. Il se distinguera dans le combat contre le mal en éliminant le « Mensonge » (*Druj*) et en faisant reculer le « Mauvais Esprit » (*Aŋra Mainiiu*). **Le thème de l'eschatologie universelle sera toutefois encore beaucoup plus développé dans les commentaires moyen-perses post-sassanides**, dans le cadre de la théorie des millénaires (le temps mondial étant divisé en plusieurs ères de 3 000 ans, composées chacune de trois sections de mille ans) et de la restauration finale magnifique du monde (mp. *fraš(e)gird* ; le mot avestique à la base *frašō.kərəti-* n'a pas été utilisé dans un contexte eschatologique).

LA RELIGION DES ACHÉMÉNIDES

Des générations de chercheurs se sont efforcées de savoir si les Achéménides ont été oui ou non des zoroastriens, et le débat — fondé entre autres choses sur l'observation qu'Ahura Mazdā apparaît clairement comme dieu suprême dans les inscriptions royales, mais que le nom de Zoroastre n'y est pas attesté — a été ardu et très controversé. Aujourd'hui, beaucoup de spécialistes reconnaissent

Quelques divinités, principes et démons mazdéens

Nom avestique	Nom moyen-perse	Fonction	Identification grecque, planète ou élément
Ahura Mazdā	Ohrmezd	« Seigneur Sagesse » : dieu suprême	Zeus (planète : Jupiter)
Aməṣ̌a Spəṇta	Amahraspand(ān)	« Immortels Bienfaisants » : sept (six dans certains textes où Ahura Mazdā/Ohrmezd les précède) divinités abstraites (« archanges »)	
Amərətāt	Amurdād	« Immortalité »	Plantes
Aṣ̌a Vahišta	Ardvahišt	« Vérité, Ordre, Harmonie »	Feu
Hauruuatāt	Hordād	« Intégrité du corps, Santé »	Eau
Spəṇta Ārmaiti	Spandarmad	« Bonne disposition d'esprit »	Terre
Spəṇta Mainiiu		« Esprit Bienfaisant »	Hommes
Vohu Manah	Vahman	« Bonne Pensée »	Animaux
Xšaθra Vairiia	Šahrevar	« Pouvoir désirable »	Métal
Anāhitā	Anāhīd	« Immaculée », une des épithètes d'une déesse anonyme, liée à l'eau et à la fécondité (les autres épithètes étant Arəduuī « humide » et Sūrā « forte, puissante »)	Aphrodite, Athéna, Artémis et Cybèle (planète : Vénus)
Aŋra Mainiiu	Ahreman	« Mauvais Esprit » : adversaire d'Ahura Mazdā et de Spəṇta Mainiiu	Hadès
Aṣ̌i	Ard	« Récompense »	
Ātar	Ādur (Ātaxš)	Dieu du feu	
Daēuua	Dēv	« Démons » (p. ex. Aēšma/Xĕšm « Fureur » et Āzi/Āz « Avidité »)	

Frauuaṣ̌i	Fravahr	« Choix (moral) » (principe anthropologique et cosmogonique) ; en même temps, génies protecteurs des âmes des morts, conçus comme des êtres féminins ailés	
Haoma	Hōm	Divinité de la plante du même nom (identification botanique incertaine)	
Miθra	Mihr	Dieu des contrats et de l'amitié, en rapport étroit avec le soleil ; joue un rôle primordial dans l'eschatologie individuelle	Apollon, Hermès, Hélios
Nairiiō.saŋha	Nēryōsang	Messager et garde au service des dieux (accompagnateur de Miθra au Dernier Jugement)	
Rašnū	Rašn	« Justice », juge divin (accompagnateur de Miθra au Dernier Jugement)	
Saošiiaṇt	Sōšāns	Sauveur « destiné à prospérer » : héros dans le combat contre le Mal	
Sraoša	Srōš	« Obéissance » (accompagnateur de Miθra au Dernier Jugement)	
Tīri	Tīr	Dieu, souvent confus avec ou identifié au suivant	Mercure (dieu et planète)
Tištriia	Tištar	Dieu qui sauve l'eau du démon de l'aridité Apaoša	Sirius
Vāiiu	Vay ī Veh	« (Bon) Vent »	
Vərəθraγna	Vahrām	« Victoire », dieu guerrier	Héraclès (planète : Mars)
X^{v}arənah	Xvarrah	« Éclat de Gloire », important principe lumineux dans la légitimation du pouvoir	
Zruuān	Zurvān	« Temps »	Chronos, Aiōn

que la question a été mal posée, car il ne fait pas de doute que **les Achéménides ont eu une certaine connaissance de concepts avestiques récents qu'ils ont toutefois délibérément politisés** : parmi d'autres exemples, le terme avest. *xšaθra-* « pouvoir, force » obtient en vp. *xšaça-* la nouvelle connotation d'« empire » (l'ensemble des territoires possédés et conquis), et vp. *drauga-* « mensonge », en tant que synonyme de tout comportement déloyal, rappelle avest. *druj-*, mais la contrepartie vp. *ṛta-* « vérité, justice, ordre » (avest. *aṣ̌a-*) manque dans les inscriptions de Darius Ier et n'est attestée que dans une seule inscription de son fils Xerxès Ier. Les **noms de règne** (cf. Noms iraniens, chap. X) qu'assument les rois achéménides à l'accession du trône à partir de Darius Ier sont à l'évidence des noms programmatiques d'inspiration avestique — ainsi le nom d'Artaxerxès réunit les deux idées de *ṛta-* et *xšaça-* mentionnées il y a un instant — et divergent en ce sens des noms de leurs prédécesseurs Cyrus ou Cambyse. Un dernier exemple illustrant la politisation d'idées avestiques se voit dans la **politique matrimoniale achéménide** (cf. Femmes et famille, chap. X) : en pratiquant le mariage consanguin réputé être un idéal religieux zoroastrien, les Achéménides ont en même temps poursuivi une fin pratique, dans la mesure où il était possible de limiter l'influence de la noblesse sur la famille royale en soustrayant leurs filles aux fils des nobles.

Dans ses inscriptions, Darius Ier ne cesse de répéter que tout ce qu'il fait a été réalisé par la volonté/grâce/grandeur d'**Ahura Mazdā** (vp. *vašnā Auramazdāha*). Il se présente comme le souverain choisi par le dieu suprême en tant que son représentant sur terre : comme Ahura Mazdā est le « grand dieu » (vp. *baga vazṛaka*), Darius est le « grand roi » (vp. *xšāyaθiya vazṛaka*). Cette idée est aussi reflétée dans les reliefs monumentaux et l'iconographie de l'art sigillaire. Si Ahura Mazdā occupe une place dominante dans le panthéon aux yeux des Achéménides, sa présence n'exclut nullement celle des « **autres dieux qui existent** » (une formule vieux-perse absente des textes avestiques) qui demeurent cependant anonymes jusqu'à l'époque achéménide tardive. Il faut attendre en effet les inscriptions d'Artaxerxès II et III pour rencontrer une mention explicite des divinités Anāhitā et Miθra.

L'explication du **disque ailé** — soit un simple cercle ailé, soit un homme barbu avec des ailes tenant un objet rond dans ses mains — que l'on aperçoit sur de nombreux objets d'art achéménide (sceaux, monnaies, reliefs, etc.) et dont l'origine remonte en dernier lieu aux faucons égyptiens d'Horus est aussi particulièrement controversée.

L'interprétation traditionnelle du symbole comme étant le dieu Ahura Mazdā paraît moins convaincante que celle qui y voit le *Farnah/X[v]arənah* « éclat de gloire brillant » (avest. *ax[v]arətəm x[v]arənō*), une force lumineuse garantissant succès et bonheur et que les dieux (dans le cas échéant, Ahura Mazdā) accordent aux bons (respectivement, le roi).

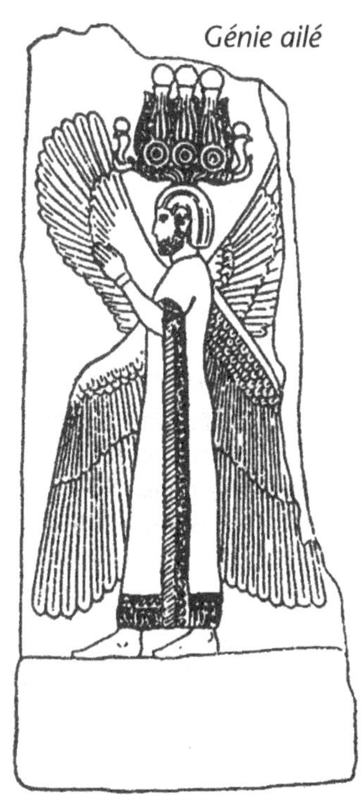

Génie ailé

Il reste encore à souligner l'importance du **culte du feu** par le roi, représenté sur les reliefs tombaux royaux et dans l'iconographie sur les sceaux et monnaies (n'oublions pas l'extinction des feux sacrés lors de la mort du roi), ainsi que l'**adoration du soleil** que mentionnent les auteurs anciens.

LE MAZDÉISME DES ARSACIDES

De la fin de l'époque achéménide à la fin de l'époque arsacide, **peu d'informations** sur le mazdéisme (et sur les religions en général) nous sont disponibles. Ce que l'on peut dire avec certitude, c'est que l'image d'**Alexandre le Grand dans la tradition zoroastrienne** est, sans exception, péjorative pour de nombreuses raisons, vu qu'il y **a reçu l'épithète de « maudit »** (mp. *gizistag* ; la tradition musulmane est plus ambiguë sur ce point).

Vue l'origine macédonienne des **Séleucides**, les dieux iraniens n'ont à l'évidence pas eu la même importance pour eux que pour leurs prédécesseurs et successeurs de descendance iranienne. En outre, les Séleucides ont abandonné le calendrier zoroastrien (cf. Mesure du temps et calendriers, chap. V) et introduit le **culte dynastique** à l'époque d'Antiochos III (223-187 av. J.-C.). Ils semblent toutefois avoir continué à soutenir activement les traditions religieuses locales (même s'il existe quelques contre-exemples à l'époque d'Antiochos III précisément, cf. Alexandre et les Séleucides, chap. I), et il serait erroné de penser qu'il y a eu une résistance contre eux fondée sur des motivations religieuses.

Sous les Arsacides, au plus tard à l'époque de Mithradate II (124/3-88/7 av. J.-C.), **l'Arménie devint un centre important du mazdéisme**, où étaient développés des pratiques divergentes par rapport à celles de l'Iran et du Fārs en particulier. On constate aussi d'autres déviations quelques siècles plus tard en Asie centrale chez les Kouchans de **Bactriane** (avec une très forte influence bouddhique dans le panthéon kouchan et une représentation anthropomorphe de *Farro*, l'« éclat de gloire »), ou, encore plus tard, chez les coreligionnaires contemporains des mazdéens sassanides en **Sogdiane** (avec des influences hellénistiques ainsi qu'un moindre degré de centralisation cléricale et de hiérarchisation normative).

Parmi les traits caractéristiques du mazdéisme de l'époque arsacide que les fouilles archéologiques et les sources littéraires permettent de distinguer, on peut nommer **la vénération de l'eau** et des fleuves, **le culte des ancêtres royaux** ou encore **le culte du feu royal** (à Asaak, lieu de couronnement du premier roi Arsace, il y avait apparemment un feu éternel, mais la question de savoir si les Parthes ont déjà connu des temples du feu ne peut être résolue avec certitude à l'heure actuelle). **L'identification de dieux iraniens avec leurs équivalents grecs** est également attestée à cette époque.

LE MAZDÉISME ET LE ZURVANISME DES SASSANIDES

Un des grands problèmes auquel se voit confronté le spécialiste du mazdéisme de l'époque sassanide est que les sources écrites moyen-perses (exception faite des inscriptions royales et privées) datent en majeure partie de l'époque islamique (IXe-Xe siècles) et ne sont donc pas contemporaines. En dépit de ce fait, les informations dont nous disposons pour le mazdéisme sassanide sont bien plus substantielles que pour les époques précédentes, même si de nombreuses questions restent sans réponse.

Plus encore que leurs prédécesseurs, **les Sassanides ont instrumentalisé l'art à des fins idéologiques**. La présence d'un autel du feu sur les revers des **monnaies**, accompagné d'une légende « feu (*NWRA*) de X » suivi du nom du roi des rois (jusqu'à la première moitié du Ve siècle), constitue déjà un premier indice significatif. Dans les légendes sur l'avers des monnaies (jusqu'à la fin du Ve siècle) comme dans leurs inscriptions royales (IVe-Ve siècles), **les rois des rois sassanides professent explicitement leur adhésion à la religion mazdéenne**. À la différence des rois achéménides, les Sassanides ne se contentent plus de l'affirmation dans leurs **inscriptions** d'avoir obtenu le pouvoir par la grâce d'Auramazdā, mais vont jusqu'à revendiquer une descendance divine. Sur les **reliefs** montrant des scènes d'investiture (cf. Sculpture et reliefs, chap. VIII), le roi des rois et le dieu (Ohrmezd, Mihr) ou la déesse (Anāhīd) qui lui donnent le diadème symbolisant le pouvoir sont d'ailleurs de même taille. Les rois des rois sont en possession de l'« éclat de gloire » (mp. *xvarrah*) royal qui leur donne la légitimation du pouvoir.

Les inscriptions des premiers Sassanides ou du grand prêtre mazdéen Kerdīr constituent une documentation non négligeable pour le mazdéisme de l'époque : on y apprend par exemple des détails sur la **fondation de feux Vahrām** par Šābuhr Ier (cf. Les classes sociales, chap. III) et sur la mise en place de **dons « pour l'âme »** (mp. *pad ruvān*), une institution expliquée plus en détail dans le livre juridique *Mādayān ī Hazār Dādestān* « Livre des mille jugements ». Ces dons, ainsi que, le cas échéant, le profit réalisé à base

Bas-relief représentant l'investiture d'Ardaxšīr Ier (à cheval à gauche) par le dieu suprême Ohrmezd (à cheval à droite)

des biens donnés (terres, etc.) furent employés pour payer les rites et sacrifices nécessaires pour le bien-être dans l'au-delà de l'âme du donateur défunt. S'il y avait un excédent, celui-ci servait non seulement de rente aux proches parents ou aux descendants du défunt, mais aussi de financement pour des travaux d'intérêt commun tels que la construction de ponts, routes ou canaux (à l'époque islamique, ce principe a été repris dans l'institution du *vaqf*). Ce qui servait à la collectivité profitait donc en même temps à l'âme de l'individu et augmentait ses mérites.

Les inscriptions privées de Kerdīr (financées à ces propres frais comme il le souligne lui-même) ne parlent pas seulement de sa carrière personnelle ou des persécutions d'adeptes d'autres religions que le mazdéisme, mais réaffirment aussi explicitement la configuration dualiste Ohrmezd/Ahreman et fournissent surtout — par le biais (d'une vision) d'un voyage dans l'au-delà — nombre de détails sur l'**eschatologie individuelle** telle qu'elle était perçue par les mazdéens au début de l'époque sassanide. Décrite également dans l'ouvrage populaire *Ardā Vīrāz Nāmag* « Livre du juste Vīrāz » (avec en outre une description détaillée du ciel et de l'enfer), elle peut être considérée comme une élaboration de ce que l'on trouve déjà dans les textes avestiques récents.

L'idée traditionnelle du mazdéisme comme « religion d'État » à l'époque sassanide paraît indéracinable, mais n'est au mieux applicable qu'à partir du Vᵉ siècle. Ce concept ne tient pas suffisamment compte de l'évolution au cours de l'époque sassanide dans l'organisation hiérarchique du mazdéisme (avec en plus l'ajout de fonctions administratives et juridiques du clergé) et part à tort du principe d'un état des choses statique. L'impression d'un lien étroit entre trône et autel, encore renforcée par des déclarations dans ce sens par les auteurs perso-arabes de l'époque islamique, est à cet égard également trompeuse et est en réalité une rétroprojection d'une situation contemporaine sur l'époque sassanide. Il reste à ajouter que le roi des rois n'a jamais été à la tête du clergé mazdéen, une fonction qui revenait au *movbedān movbed* « grand prêtre des grands prêtres » dès le VIᵉ siècle.

Sceau d'un movbed (prêtre) de l'époque sassanide

LES PERSES

Outre les (autels de) feux isolés, en usage depuis les Achéménides (cf. ci-dessus), les Sassanides semblent avoir connu des lieux de culte avec un feu permanent à l'intérieur, et que l'on pourrait qualifier de **temples du feu**, mais beaucoup de questions restent encore ouvertes. Bon nombre de ces temples du feu semblent avoir été des structures du type *čahār ṭāq* (litt., « quatre arcs »), des constructions carrées couronnées par une coupole reposant sur quatre arcs (cf. Architecture et monuments, chap. VIII). Étant donné que ce type de construction a également été employé dans l'architecture civile, l'identification d'un bâtiment comme sacré ou civil n'est pas toujours évidente. Les trois feux sacrés les plus importants furent Ādur Farnbāg, Ādur Gušnasp et Ādur Burzēn-Mihr, respectivement en rapport avec les prêtres, les guerriers et les agriculteurs selon les commentaires moyen-perses post-sassanides (cf. Les classes sociales, chap. III).

Une dernière question brûlante concerne les possibles sympathies **zurvanites** des Sassanides (les polémiques chrétiennes contre le mazdéisme sassanide visent fréquemment la mythologie zurvanite). Cette variante du mazdéisme, non attestée avant l'époque sassanide, accorde un rôle central au dieu du temps Zurvān qui n'apparaît pas dans les textes vieil-avestiques et n'occupe qu'une position marginale dans les textes avestiques récents. Tandis que la genèse mazdéenne de base part du principe que les dieux antagonistes Ohrmezd et Ahreman étaient présents dès le début de la création, le mythe zurvanite les place dans la dimension préalable du temps. Les textes et commentaires moyen-perses post-sassanides parlent peu du zurvanisme, mais à partir du IVe siècle ap. J.-C. on trouve parfois des descriptions de mythologie zurvanite fort détaillées dans la littérature secondaire (grecque, arménienne et syriaque) et tertiaire (arabo-persane).

MANICHÉISME

Né près de Ctésiphon en 216 de parents iraniens, Mānī fut élevé dans le milieu baptiste des elchasaïtes auxquels appartenait son père (cf. l'entrée correspondante dans les repères biographiques). À l'âge de douze ans accomplis, il eut la première **révélation** de son « jumeau », son compagnon céleste qui l'incita à quitter la communauté de son père. Pendant douze ans, Mānī garda les secrets que lui avait révélés son ange, jusqu'à ce que celui-ci lui apparût une deuxième fois et l'exhortât à commencer son apostolat. Ayant rompu avec l'elchasaïsme de son père, sa **mission** le dirigea d'abord vers les provinces sassanides orientales de Makrān, Tūrān et Hindestān (la partie de l'Inde située au nord-ouest), puis, au bout d'un an environ, vers les provinces occidentales, où le roi des rois Šābuhr Ier le reçut finalement en audience. C'est probablement à cette occasion que Mānī présenta au roi des rois son ouvrage qu'il lui avait dédié et dès lors intitulé *Šābuhragān*. Cette première œuvre, la seule rédigée en moyen-perse (la langue maternelle de Šābuhr), offre un résumé de la doctrine manichéenne et s'occupe de questions de prophétologie et d'eschatologie. Mānī passa plusieurs années en compagnie de Šābuhr — en dernier lieu sans le convaincre, en dépit des sympathies manifestes — et confia des activités missionnaires à ses disciples Addai (dans les provinces limitrophes de l'empire romain) et Mār Ammō (au nord-est de l'empire sassanide, en Abaršahr et dans le Chorassan, c.-à-d. dans les anciens territoires qui avaient formé le centre de l'empire parthe). Le prophète mourut en prison en 216 ou 217.

Les écritures manichéennes

Les écrits de Mānī, dont il ne subsiste que des fragments, sont nombreux et incluent, outre le ***Šābuhragān*** (hors canon), rédigé en moyen-perse, sept livres canoniques (l'*heptateuque*) composés en langue syriaque et dont l'ordre semble avoir été fixé par le prophète lui-même. Il est par ailleurs à souligner que Mānī a encouragé les traductions de son œuvre en parthe, moyen-perse, grec ou d'autres langues encore.

L'*heptateuque* de Mānī

1. En tête du canon, l'« ***Évangile (Vivant)*** » comprend vingt-deux sections d'après les vingt-deux lettres de l'alphabet araméen, dans lesquelles le prophète en personne développe la doctrine sur laquelle était fondée sa mission ecclésiale (contrairement à Jésus qui ne laissa aucun écrit, les évangiles étant rédigés par ses disciples)
2. Le « ***Trésor de la Vie*** », qui suit immédiatement l'*Évangile* dans le canon manichéen, est un exposé théologique avec une apologie de son Église
3. Les « ***Légendes*** », peut-être mieux connues sous leur intitulé grec *Pragmateia*, fournissent des narrations sur la naissance

des dieux et des hommes et sur l'origine des choses au premier commencement du monde

4. Dans les « ***Mystères*** », Mānī réfute entre autres choses les théories du gnostique Bardesane (décédé en 222 ap. J.-C.) qui avait écrit un ouvrage avec le même titre
5. Le « ***Livre des Géants*** » contient un autre cycle de récits fabuleux consacrés aux exploits des géants contre des monstres et à leurs combats
6. Les « ***Lettres*** » rassemblent les épîtres doctrinales, missives ou simples notices écrites par Mānī
7. Le dernier ouvrage canonique comprend des « ***Psaumes*** » **et** « ***Prières*** » versifiés

Un autre ouvrage encore, intitulé l'« ***Image*** » (mp. et pa. *Ārdahang*), parfois placé en appendice du canon manichéen, est en réalité un album de planches peintes par Mānī pour illustrer sa théogonie et sa cosmogonie, accompagnées de brèves légendes. Le succès de ce recueil fut immense, de sorte que sa renommée de peintre et d'artiste fut parfois plus grande (notamment chez les auteurs islamiques) que sa notoriété de prophète.

Outre l'œuvre de Mānī, le corpus des « livres saints » comprend également tous les écrits de la **tradition** manichéenne ancienne :

1. les **récits hagiographiques** parmi lesquels figurent les « *Homélies* » coptes sur un cahier de papyrus de 48 pages, le codex copte aujourd'hui très fragmentaire des « *Actes* » (gr. *Praxeis*), et surtout un important manuscrit de parchemin minuscule ne mesurant que 4,5 sur 3,5 cm (avec 192 pages de 23 lignes). Ce cahier date, selon toute vraisemblance, du (IVe ou) Ve siècle (peut-être du VIe), et est connu sous le nom de « *Codex manichéen de Cologne* » (*CMC*). Il s'agit d'un document fondamental avec des informations précieuses sur l'évolution spirituelle de Mānī avant la création de sa nouvelle religion ;

2. les **commentaires doctrinaux** avec le recueil copte fragmentaire des « *Synaxeis* », un grand rouleau chinois datant du milieu du Xe siècle et appelé simplement le « *Traité chinois* » en l'absence du début du texte et donc de l'intitulé, et avant tout les « *Kephalaia* » coptes, un grand volume de 800 pages provenant du Fayoum en Égypte, avec un important commentaire théologique du manichéisme ;

3. les **chants sacrés**, notamment le psautier copte, les hymnaires iraniens et l'hymnaire chinois ;

LES PERSES

4. enfin deux textes tardifs servant de **guides pratiques**, le « *Xvāstvānīft* » (xe-xie siècle) qui propose des formules pour la confession des péchés en vieux-turc (ouïgour), sogdien et moyen-perse tardif, ainsi que le « *Compendium chinois* » (viiie siècle), un document traduit du parthe, dont l'intitulé plus complet était « Compendium des doctrines et règles de la religion du bouddha de lumière, Mānī ».

La doctrine manichéenne

Le syncrétisme du système manichéen, associant des éléments empruntés au gnosticisme, au christianisme, au mazdéisme et au bouddhisme dans l'intention de faciliter la conversion à la nouvelle foi, explique la **polyonymie** du panthéon manichéen, c.-à-d. le fait qu'un même dieu ou démon ait reçu plusieurs noms dans les différentes langues employées par les manichéens. Voici les dieux et démons avec quelques-uns de leurs noms :

Le panthéon manichéen

	Démons	
Le Roi de la Ténèbre		Diable, Satan, Ahreman, Šim(a)nu, Grand Archonte, Hylè, Matière, Mal
Ashaqlun		pa. *avaržog* « Désir »
Nebroël/Namraël		mp., pa. *āz* « Concupiscence »
	Dieux	
Le Père de la Grandeur		Père de la Lumière, Dieu Srōšāv, Zurvān
Première création	La Mère des Vivants	Mère Vivante, Mère de la Lumière
Première création	L'Homme Primordial	Seigneur/Dieu Ohrmezd
Première création	Les cinq fils de l'Homme Primordial : Air Vent Lumière Eau Feu	Les cinq Dieux, Lumières, Éléments, Corps, Splendeurs ; les Saints immortels (mp. *(A)mahrāspandān*) ; la Bonne Âme, l'Âme Vivante, Moi Lumière, Moi Vivant

Deuxième création	L'Ami des Lumières	Bien-Aimé des Lumières
	Le Grand Architecte	Dieu Bām, Architecte des Lumières
	L'Esprit Vivant	Démiurge, Dieu Mihr, Juste Juge
	Les cinq fils de l'Esprit vivant : L'Ornement de la Splendeur Le Grand Roi de la Magnificence Adamas-Lumière Le Roi de la Gloire Le Porteur	
Troisième création	Le Messager	(Troisième) envoyé, Dieu Narisah/Narisaf
	Jésus-Splendeur	Sauveur, Dieu du Monde de la Sagesse
	La Vierge de la Lumière	Les (douze) Vierges, Sadvēs
	Homme Parfait	Wahman, Colonne de Gloire, Srōš Juste
	Les cinq membres de l'Homme parfait : Intelligence (gr. *Noûs*) Science Pensée Réflexion Conscience	Les cinq Pensées, Éons, Mondes, Demeures

Mānī se positionnait comme le dernier dans la série des prophètes (Bouddha en Inde, Zoroastre en Perse, et Jésus dans les pays de l'Occident) et comme le Paraclet promis par Jésus. Confronté à l'existence du Mal et à la dépendance de l'Homme du Mal, il tenta d'offrir aux croyants une perspective eschatologique. **Le point de départ de sa doctrine est la polarité entre les deux principes Lumière et Ténèbres, le Bien et le Mal qui s'opposent et se combattent**. Dans la Terre de Lumière règne le Père de la Grandeur qui dispose de cinq demeures : l'Intelligence, la Science, la Pensée, la Réflexion et la Conscience. À l'opposé réside le Roi des Ténèbres, un produit de la *Hylè* « Matière », qui est entouré de cinq éléments ou mondes sombres, superposés les uns sur les autres : la Fumée, le Feu [dévastateur], le Vent [destructeur], l'Eau [bourbeuse] et la Ténèbre.

Le Roi des Ténèbres, ayant aperçu la Lumière, décida d'attaquer cette dernière. Afin de défendre son royaume, **le Père de la Grandeur riposta en produisant sa première création** : il « évoqua » — l'emploi du verbe « appeler, évoquer » dans le sens de « créer » est sans doute emprunté aux mandéens — la Mère des Vivants qui à son tour évoqua l'Homme Primordial. Ces trois individus constituèrent la première Trinité (père, mère et fils). L'Homme Primordial produisit alors cinq fils (l'Air, le Vent [doux], la Lumière, l'Eau [limpide] et le Feu [purifiant]), dont il se revêtit comme d'une cuirasse (l'Âme Vivante). Au terme de la confrontation, **l'Homme Primordial subit une défaite** et ses cinq fils furent dévorés, de sorte qu'il y eut un mélange avec les éléments ténébreux. Mais, tout comme la mort du Christ sur la croix ne signifie pas la fin pour les chrétiens, la disparition des cinq fils est considérée comme un emprisonnement provisoire des éléments lumineux qu'il s'agit désormais de libérer, mais de telle manière que l'assaut des Ténèbres sur la Lumière ne puisse plus jamais se reproduire.

Imploré à sept reprises de venir en aide, **le Père de la Grandeur créa alors une deuxième série d'appels** : il évoqua l'Ami des Lumières qui appella le Grand Architecte, lequel appella à son tour l'Esprit Vivant (la seconde trinité). Ce dernier donna naissance à cinq fils : l'Ornement de la Splendeur, le Grand Roi de la Magnificence (le Seigneur du Ciel), Adamas-Lumière (Seigneur Vahrām), le Roi de la Gloire et le Porteur (Atlas, l'Omophore). Accompagné de ses fils, l'Esprit Vivant descendit dans la Terre des Ténèbres où il délivra l'Homme Primordial. Commença alors l'**œuvre démiurgique de l'Esprit Vivant** qui fit tuer les archontes des Ténèbres par ses cinq fils. La Mère des Vivants tendit onze cieux de leurs peaux, et des cadavres, jetés sur la Terre des Ténèbres, furent formés huit terres. Les fils de l'Esprit Vivant surveillèrent ce cosmos nouvellement créé. En manifestant ses formes aux fils des Ténèbres, ceux-ci perdirent une partie de la lumière qu'ils avaient avalée, et l'Esprit Vivant en forma le Soleil et la Lune et mit en place les roues cosmiques.

La Mère des Vivants, l'Homme Primordial et l'Esprit Vivant invoquèrent alors le Père de la Grandeur. Ce dernier produisit **une troisième création**, le Messager, qui appella les douze Vierges de la Lumière (la Royauté, la Sagesse, l'Innocence, la Persuasion, la Pureté, la Fermeté, la Foi, l'Endurance, la Droiture, la Bonté, la Justice et la Lumière). Le Messager mit en marche le Soleil et la Lune. Grâce à cette action, les particules de lumière dégagées du mélange avec la *Hylè* regagnèrent le ciel de Lumière en remontant la Colonne de la

Gloire. Sur ordre du Messager, le Grand Architecte construisit une terre nouvelle. Le Messager répèta alors l'expérience de l'Esprit Vivant en se montrant sous ses formes mâle et femelle aux archontes des Ténèbres. Brûlants de désir, les archontes laissèrent tomber de nouveau quelques particules de lumière absorbées auparavant, et avec elles également le péché (le sperme). Le Messager se cacha de nouveau pour séparer les particules de lumière relâchées du sperme des archontes. Ceux-ci refusèrent de le reprendre, et le péché tomba alors sur la terre, une moitié dans l'humide dont naquit une bête monstrueuse (combattue et vaincue par Adamas-Lumière), l'autre moitié dans le sec qui donna naissance à cinq arbres (l'origine de toute la végétation).

Les filles enceintes des Ténèbres, ayant vu la beauté du Messager, avortèrent et de leurs fœtus tombés sur la terre naquit la vie animalière (terrestre, aquatique et aérienne). Enfin deux démons, un mâle (Ashaqlun) et une femelle (Nebroël/Namraël) dévorèrent toute la progéniture des autres démons pour recueillir leurs particules de lumière, et ensemble ils engendrèrent un fils (Adam) et une fille (Ève). Dans ce couple, et surtout en Adam, furent donc concentrées les dernières particules de lumière que les démons avaient gardées. Par la reproduction, Adam aurait pu répandre les particules, les empêchant ainsi de rentrer au royaume de la Lumière. Alors Jésus-Splendeur fut envoyé pour éveiller Adam du sommeil de mort dans lequel il était entre-temps plongé, pour qu'il se rendît compte de sa situation et de celle de l'univers. Il instruisit Adam de la gnose et lui expliqua les trois temps du monde (période du monde avant la mixtion, période du mélange entre Lumière et Ténèbres, séparation définitive des deux principes). Adam fut ainsi délivré de sa torpeur, mais les hostilités entre Lumière et Ténèbres dureront jusqu'à ce que la dernière particule lumineuse se soit dégagée du mélange matériel et réintègre l'Homme Parfait (mp. ***fraš(e)gird*** « restauration »).

Ce combat entre le Bien et le Mal culminera dans la « Grande Guerre » (mp. *ardīg ī wuzurg*) où l'Église manichéenne remportera un triomphe universel. Après le jour du Dernier Jugement (où Jésus apparaîtra comme juge, séparant les justes des pécheurs et les manichéens des autres enfants du monde pour les faire entrer au nouveau paradis ou en enfer), les deux anges qui soutiennent le ciel et la terre laisseront tomber leurs fardeaux, de sorte que le monde s'écroulera. Une conflagration universelle de 1 468 ans suivra, qui permettra d'extraire presque toutes les particules de lumière du mélange, et une barrière infranchissable et définitive sera dressée entre le royaume de la Lumière et celui des Ténèbres.

La propagation du manichéisme et l'Église manichéenne

Après la mort de Mānī, son disciple Sīs(in) (gr. Sisinnios) devint *archēgos* de l'Église manichéenne, mais fut bientôt crucifié. La situation difficile des manichéens ne changea guère sous son successeur Innaios, et **les croyants émigrèrent de plus en plus vers l'empire romain** (il est à rappeler que l'empereur romain Dioclétien déjà avait promulgué son fameux édit contre les manichéens en 297 et que saint Augustin avait adhéré pendant neuf ans à cette religion qu'il combattit par la suite avec zèle), **vers l'Arabie** où ils étaient protégés par un des rois de Ḥirā contre les persécutions des rois des rois sassanides Narseh et Hormezd II, **mais surtout vers l'est**. Du temps de Šābuhr II, les manichéens subirent apparemment les mêmes persécutions que les chrétiens (les adeptes des deux religions ont aussi milité les uns contre les autres). Leur sort par la suite en Iran occidental avant l'arrivée de l'islam est moins clair, même si on entend parler de nouvelles persécutions au VIe siècle. À l'époque islamique, la situation devint carrément catastrophique pour les manichéens d'Iran après la chute de la dynastie des Omeyyades au milieu du VIIIe siècle. À l'est de l'empire sassanide, en **Sogdiane, une importante communauté manichéenne** se forma peu à peu, qui fit finalement sécession avec les coreligionnaires de l'Ouest sous la direction de Šād-Ohrmezd (décédé en 600). Cette collectivité autonome développa peu à peu une activité considérable de traductions en langue sogdienne (et plus tard, au VIIIe siècle, en ancien turc quand le manichéisme devint même la « religion d'État » des Ouïgours) et conserva l'usage du parthe et du moyen-perse comme langues liturgiques « mortes ». Vers la fin du VIIe siècle, le manichéisme parvint en Chine, où il connut son apogée entre les XIe et XIVe siècles, avant de disparaître au XVe siècle.

Selon la volonté de Mānī lui-même, **l'Église manichéenne était organisée de manière hiérarchique en cinq classes** avec un *archēgos* à la tête (mp. *sārār*, lat. *princeps*), assisté par la première classe — les Docteurs — de 12 maîtres ou envoyés (mp. *hammōzagān* ou *frēstagān*, lat. *magistri*), la deuxième classe — les ministres — de 72 évêques (mp. *espasagān*, lat. *episcopi*), et la troisième classe — les intendants — de 360 presbytres (mp. *mahis-*

tagān, lat. *presbyteri*). Les deux dernières marches de l'échelle hiérarchique étaient occupées par un nombre illimité d'élus (la quatrième classe), c.-à.-d. de religieux (maîtres de chœur, prédicateurs, scribes et chantres) vivant dans des groupes monacaux (mp. *mānestān* « monastère »), ainsi que d'auditeurs (la cinquième classe), c.-à.-d. les simples croyants ou laïcs qui constituaient le gros de la communauté. Élus (mp. *vizīdagān*, lat. *electi*) comme auditeurs (mp. *niyōšagān*, lat. *auditores*) furent soumis à des préceptes moraux, plus sévères pour les premiers. Les élus étaient notamment astreints à l'observance des « **trois sceaux** » (de la bouche [défense de toute parole blasphématoire], des mains [défense de nuire à la vie animalière et végétale] et du sein [célibat et ascétisme sexuel]) et des « **cinq commandements** » (vérité, non-violence, comportement religieux, pureté de la bouche et bienheureuse pauvreté). Aux laïcs incombait le devoir de nourrir les élus par des donations et ils étaient également tenus d'obéir à des obligations simples (les dix commandements, la prière, l'aumône, le jeûne et la confession des péchés) qui ont été l'une des sources d'inspiration pour les cinq piliers de l'islam.

AUTRES RELIGIONS

Outre les adeptes des deux religions iraniennes évoquées ci-dessus, des **communautés juives et chrétiennes** plus ou moins importantes ont été présentes dans les régions occidentales de l'empire perse, notamment durant les époques arsacide et surtout sassanide. Dans leurs rapports avec les juifs immigrés en Babylonie, les Perses avaient de fait une très longue expérience depuis le temps de Cyrus le Grand. Par contre, les premiers contacts avec les chrétiens, évidemment bien plus récents, datent en quelque sorte de la présence des trois mages perses à la naissance de Jésus, selon une tradition des chrétiens d'Orient. Les **traditions polythéistes pré-zoroastriennes** se perdent dans la nuit des temps et ne sont attestées qu'indirectement (à l'exception des renseignements fournis par Hérodote et des traces archéologiques témoignant des croyances des Scythes). Le **bouddhisme** n'a pas joué un rôle d'importance en Iran occidental, à l'inverse de sa place primordiale en Iran oriental, où il a été au contact du zoroastrisme et du manichéisme, avec des influences mutuelles. Dans ses inscriptions, écrites au cours de la deuxième moitié du IIIe siècle ap. J.-C., le grand prêtre mazdéen Kerdīr mentionne d'ailleurs non sans fierté (et non sans exagération) que — parmi d'autres — bouddhistes et hindous ont fait l'objet de « persécutions » à son époque. En effet, l'expansion du bouddhisme vers l'ouest semble s'être arrêtée en Bactriane (ou, dans le meilleur des cas, en Margiane). Au VIe siècle, le **mazdakisme** ne fut pas simplement un mouvement populiste de tendance subversive, mais propageait également une doctrine religieuse dont l'influence a subsisté jusqu'à l'époque islamique. Enfin le **mithraïsme**, né aux premiers siècles avant et après Jésus-Christ, a surtout trouvé des adeptes à plus ou moins grande échelle hors de l'Iran dans l'armée romaine dès le milieu du IIe siècle ap. J.-C. Il représente toutefois plus une collection de rites et de mystères qu'une doctrine religieuse. Du reste, le manichéisme (où un rôle important incombe également à Miθra sous le nom de l'« Esprit vivant ») avait pris sa place au sein de l'empire romain à partir du IVe siècle ap. J.-C. D'autres religions encore, comme le mandéisme et certains **mouvements baptistes** dont était issu Mānī, sont largement restées minoritaires en Iran, et les petites communautés à la frontière occidentale de l'empire sassanide n'ont pas grandement influé sur l'histoire religieuse de la Perse.

MAZDAKISME

La doctrine mazdakite ne se limitait pas simplement à une série de règles sociales dont certains agitateurs ont abusé pour provoquer les troubles intérieurs qui ont conduit à la destitution temporaire du roi des rois sassanide Kavād Ier (pour les détails, cf. l'entrée « Mazdak » dans les repères biographiques), mais était aussi fondée sur un **mouvement gnostique** élaboré qui a survécu à l'empire sassanide. En dépit des nombreuses études consacrées à Mazdak et à sa religion, le mazdakisme demeure peu connu à cause de la pauvreté des sources (aucun des écrits de Mazdak ou de ses partisans directs n'ayant survécu) qui de plus sont en grande partie hostiles et se concentrent avant tout sur les troubles sociaux.

Si la doctrine mazdakite est nommée d'après Mazdak, celui-ci n'en fut pas le fondateur pour autant, car les débuts de la secte remontent en fait à un certain Zardušt, un *movbed* (« prêtre ») originaire de la province du Pārs au Ve siècle. Malgré les affinités indéniables avec le manichéisme, il ne fait pas de doute que les mazdakites se sont considérés comme des réformateurs et purificateurs de la religion zoroastrienne (à l'inverse, les mazdakites étaient pris pour des « hérétiques » [mp. *ahlomōyān*] par les mazdéens). Comme les zoroastriens et manichéens, les mazdakites ont cru en **deux principes primordiaux**, la lumière et les ténèbres, mais la supériorité du premier principe est plus marquée que dans le manichéisme. En outre, ils croyaient en trois éléments, l'eau, le feu et la terre. En tant que directeur du bien, le dieu de la lumière est assis sur un trône dans le monde supérieur, tout comme le directeur du mal dans le monde inférieur, et le roi des rois d'Iran dans notre monde se trouve entre les deux. Quatre « forces » accompagnent le dieu de la lumière, à savoir l'entendement, l'intelligence, la mémoire et la joie. De son côté, le roi des rois perse est également assisté par quatre personnes, à savoir le *movbedān movbed* (à l'époque sassanide tardive, la plus haute autorité cléricale et juridique), le *hērbedān hērbed* (une autre fonction cléricale élevée, le responsable des enseignants-prêtres dans les écoles religieuses), le *spāhbed* (« général ») et le *rāmišgar* (une sorte de « ménestrel »). À chaque niveau, ces quatre forces dirigent les affaires du monde, soutenues par sept vizirs qui agissent à leur tour à l'intérieur d'un cercle de douze êtres spirituels. Au niveau microcosmique, ces mêmes forces opèrent également dans chaque homme.

L'eschatologie mazdakite paraît bien plus sommaire que celle du zoroastrisme ou du manichéisme et les mazdakites ne semblent pas avoir cru en un jugement final ni à la résurrection. L'**éthique sociale** propageant le partage des biens et des jouissances matérielles a sans nul doute été présentée de manière distordue par ses adversaires : ainsi la mise en commun des femmes, par exemple, n'est peut-être pas à prendre au pied de la lettre, mais pourrait très bien refléter le souhait initial d'un assouplissement de la législation mazdéenne très stricte du mariage, afin d'accorder plus de droits aux femmes, car l'on imagine mal que le roi des rois Kavād ait pu soutenir (du moins dans un premier temps) un mouvement social permettant le rapt des femmes des nobles.

CHRISTIANISME ET NESTORIANISME

L'évangélisation par les apôtres des pays à l'est du territoire iranien, en particulier les voyages missionnaires de Thomas jusqu'en

Inde, présupposent à l'évidence une traversée préalable de l'empire parthe. Des communautés chrétiennes en Iran sont en effet attestées dès le début du IIe siècle dans les régions d'**Adiabène** (autour d'Arbèles) et d'**Osrhoène** (autour d'Édesse). Au début de l'époque sassanide, une vingtaine d'évêques sont déjà répertoriés pour les régions frontalières de l'Osrhoène et de l'Adiabène au nord, jusqu'aux régions du Xūzestān (Susiane) et du Mésène au sud (à l'époque de l'invasion arabe, on comptera dix sièges métropolitains et quatre-vingt-seize évêchés). La présence de chrétiens dans ces deux dernières régions méridionales fertiles mais relativement peu peuplées, et même dans d'autres régions un peu plus vers l'est, comme la Parthie, la Médie ou la Perside que mentionne le philosophe Bardesane (fin IIe–début IIIe siècle ap. J.-C.), est du moins en partie due aux **déportations massives pratiquées par Šābuhr Ier**. Vers le milieu du IIIe siècle, celui-ci avait déplacé — **pour des raisons stratégiques et démographiques et non pas religieuses** — plusieurs centaines de milliers de personnes (dont des chrétiens) des régions romaines de la Syrie, de la Cilicie et de la Cappadoce vers la Mésopotamie et la Perside. Ces communautés chrétiennes déportées ont par ailleurs joué un rôle important dans la dissémination en Iran de la littérature et du savoir (médical, pharmaceutique, philosophique) grecs par le biais de traductions syriaques.

Si la situation des chrétiens au sein de l'empire sassanide n'a pas toujours été simple à l'époque de certains des successeurs de Šābuhr Ier, notamment sous le règne de Vahrām II (comme le confirme le grand prêtre mazdéen Kerdīr dans ses inscriptions privées), elle se détériora encore nettement, moins d'un siècle plus tard, sous le règne de Šābuhr II. La conversion de l'empereur romain Constantin au christianisme avait du coup rendu suspects tous les chrétiens aux yeux des Perses qui les considérèrent désormais comme des traîtres et agitateurs potentiels. Pendant les quatre décennies suivant cette conversion, jusqu'à la mort de **Šābuhr II, les chrétiens furent sévèrement persécutés** et ils étaient nombreux à périr (même si les chiffres avancés par les actes syriaques des martyrs sont sans aucun doute à relativiser), surtout dans les régions qui confinaient à l'empire romain. Il ne faut cependant pas perdre de vue que ces persécutions étaient avant tout dirigées contre le clergé, et que, même à leur apogée, elles n'ont pas empêché les croyants ordinaires de pratiquer leur religion.

Cette situation malheureuse prit fin avec **Yazdgerd Ier** qui non seulement **propageait la tolérance**, mais soutint même activement chrétiens et autres minorités religieuses durant une grande partie de son existence. Cette attitude tolérante ne changea qu'à la fin de sa vie avec la nomination de Mihr-Narseh, un adversaire acharné des chrétiens, comme « premier ministre » (mp. *vuzurg framādār*, litt. « grand commandant »). Sa politique religieuse et son mariage réel ou — plus probablement — présumé avec Šōšenduxt, la fille de l'exilarque juif, lui valut même le sobriquet de « pécheur » (mp. *vināhgār*) parmi les zoroastriens. Sous son règne, **un important synode** (aboutissant à la reconnaissance des décisions du synode de Nicée de 325) fut **convoqué à la capitale sassanide Ctésiphon en 410**. Avec le règne de son fils Vahrām V, l'opposition contre les chrétiens crût de nouveau, suite à l'influence toujours grandissante de Mihr-Narseh.

Au cours du ve siècle ap. J.-C., l'Église chrétienne de l'Iran devint largement indépendante de celle de l'Occident, avec une réorganisation de la hiérarchie ecclésiastique sous l'autorité du grand-métropolitain ou catholicos de Séleucie-Ctésiphon. La séparation fut encore accusée par l'adoption du **nestorianisme** comme doctrine officielle (première tentative déjà au synode de Bēṯ Lāpāṭ [mp. Veh-Antiok-Šābuhr] en 484). Son initiateur Nestorius était devenu patriarche de Byzance en 428, mais fut anathématisé quelques années plus tard, en 431, par le concile d'Éphèse. Selon lui, et contrairement à l'opinion des **monophysites**, le Christ avait deux natures séparées, l'une divine, l'autre humaine ; en conséquence, Marie n'était pas la mère de Dieu, mais seulement celle du Christ. L'École d'Édesse, devenue centre d'enseignement dyophysite, fut fermée à l'instigation des monophysites ; elle fut ainsi transférée à Nisibe, en territoire sassanide. Les Sassanides préféraient apparemment les chrétiens syro-orientaux (parmi lesquels on pourrait signaler la personnalité énergique de l'évêque de Nisibe **Barṣaumā** qui avait conduit ledit synode de 484) aux chrétiens « orthodoxes » soutenus par les Byzantins. La période suivante, jusqu'à la fin de l'époque sassanide, fut de nouveau relativement calme, à l'exception de quelques années de troubles sous les deux Husrav (Šīrīn, une des deux épouses chrétiennes de Husrav II ayant eu une préférence pour le monophysisme).

L'arrivée de l'islam ne fut pas synonyme de la disparition du nestorianisme en Iran. En **Sogdiane** notamment, de larges communautés chrétiennes ont survécu jusqu'au milieu du xve siècle et ont produit un important corpus de littérature traduite du syriaque.

JUDAÏSME

Bien avant les Achéménides, des juifs s'étaient déjà installés dans la région entre Tigre et Euphrate à la fin du VIIIe siècle av. J.-C. Une deuxième installation en terre mésopotamienne, plus importante, eut lieu après la destruction du premier Temple en 587. La promesse faite par **Cyrus le Grand** aux juifs dès son entrée à Babylone, leur permettant le retour à Jérusalem et la reconstruction du Temple (des travaux poursuivis et achevés sous Darius Ier), lui a valu l'éloge unanime dans les sources judaïques. D'un point de vue iranien, cette mesure n'avait pourtant rien d'exceptionnel et rentrait simplement dans le cadre de la politique religieuse des Achéménides. Depuis l'époque de Cyrus, le pays de Juda constitua une province perse placée sous l'autorité du gouverneur d'Ebir Nāri (la « Transeuphratène »). Sous le règne d'Artaxerxès Ier, les deux Judéens **Esdras et Néhémie**, connus par les livres bibliques portant leurs noms, ont effectué des missions à Jérusalem. Celle de Néhémie semble du reste avoir eu un caractère plus officiel, puisqu'il y fut envoyé comme gouverneur pour rétablir l'ordre social et politique, ce qu'il fit en réajustant les prélèvements tributaires des petits paysans accablés par l'accumulation des taxes qu'ils devaient au Temple et au grand roi.

De façon générale, **les relations entre juifs et Perses** depuis les Achéménides jusqu'au début de l'époque islamique (à l'exception d'une grande partie des deux derniers siècles de la domination sassanide) **furent assez cordiales**. Nous ne disposons que de relativement peu d'informations sur les juifs de Babylonie et d'Adiabène à l'époque parthe, mais l'aversion anti-romaine qu'ils partageaient avec les Arsacides leur a logiquement apporté la sympathie de ces derniers. Beaucoup de juifs avaient cherché refuge dans l'empire arsacide pour échapper aux représailles en Palestine après la révolte de Bar Kochba en 135 ap. J.-C. C'est probablement aussi à l'époque parthe que l'institution de l'**exilarque** (*rēš gālūṯā*, litt. « chef de la dispersion ») fut créée. Elle semble avoir fonctionné jusqu'à l'exécution de l'exilarque en activité en 470 sous le roi des rois sassanide Pērōz.

Le changement de dynastie au IIIe siècle a entraîné dans un premier temps une brève phase de répression sous le premier roi des rois sassanide Ardašīr Ier. Le droit acquis par les juifs, depuis l'époque achéménide, de régler leurs propres affaires de manière plus ou moins autonome fut suspendu, mais les persécutions dont parle le grand prêtre mazdéen Kerdīr dans ses inscriptions ne trouvent pas d'écho dans le Talmud babylonien, et la réputation de Šābuhr Ier dans le même ouvrage paraît au contraire somme toute plutôt bonne. À la différence des chrétiens, et grâce à leur neutralité (il semble préférable de parler de neutralité plutôt que de loyauté envers les Sassanides), les juifs babyloniens ne furent pas non plus victimes des oppressions auxquelles furent soumis les chrétiens à l'époque de Šābuhr II. En fait, **la tradition juive ne parle pas de persécutions avant les règnes de Yazdgerd II et de Pērōz au** v**e siècle**. Il n'est pas exclu qu'une des causes du conflit à cette époque ait été les attentes des juifs messianistes selon lesquels le Messie adviendrait quatre cents ans après la destruction du second Temple (qu'ils dataient en 68 ap. J.-C.). De même Māhbod, le général en chef de Husrav II, massacra de nombreux juifs à la fin du VIe siècle, non pas à cause de leurs convictions religieuses, mais parce qu'ils avaient soutenu le rebelle Vahrām VI Čōbīn contre le roi des rois légitime Husrav ; et un dernier mouvement messianiste fut brutalement supprimé en 640, de sorte que les habitants juifs de l'empire perse saluèrent joyeusement l'arrivée de l'islam.

MITHRAÏSME

Pour les zoroastriens, **Miθra** était, avec Ahura Mazdā « Seigneur Sagesse » et (*Vouruna) Apąm Napāt « Fils des eaux », un des trois seigneurs (*ahura*) du panthéon iranien. En tant que collaborateur (*hamkār*) de Xšaθra Vairiia (Šahrevar), un des sept Aməṣa Spəṇta et gardien du ciel, il **était lié au soleil et accompagnait les âmes des individus justes au paradis**. Un des compagnons de Miθra était le dieu Vərəθraγna « Victoire », avec qui il scrutait le ciel à la recherche du bien et du mal. Le nom commun avestique *miθra-* signifie aussi « contrat ».

Dans ce contexte, il n'était pas étonnant que ce dieu étranger inspirât une certaine sympathie aux **soldats romains**, loin de leur patrie et de leur famille, au point qu'ils finirent par le vénérer comme ***Sol invictus***, le « soleil invaincu » (sa statue étant ornée d'une couronne nimbée), et par construire tout un culte autour de lui. Ce qui attira en particulier ces soldats dans le mithraïsme était **l'esprit de camaraderie et l'aspect sotériologique** (la promesse d'une vie dans l'au-delà). D'après Plutarque, le culte de Miθra aurait été introduit en Italie par des pirates ciliciens. Les mystères mithriaques ont toutefois essentiellement pris forme à l'extérieur de l'Iran, et jusqu'ici aucun Mithraeum n'a été découvert sur le sol iranien. Déjà au Ier siècle av. J.-C., une première congrégation de soldats sympathisants est attestée sous Pompée, et le culte a atteint son apogée dans l'armée romaine à partir de Commodus (180-192 ap. J.-C.). En quelque sorte, le mithraïsme a préparé le chemin pour le christianisme (et le manichéisme). Bizarrement, mithraïsme et christianisme ont plusieurs éléments de ressemblance, comme la croyance en une vie dans l'au-delà et la résurrection, une cérémonie rituelle avec du vin et du pain symbolisant le corps et le sang du dieu, les dimanches sacrés avec des services observés pour le dieu, la célébration de la naissance du dieu le 25 décembre, etc.

Les adeptes du mithraïsme croyaient que les âmes des êtres humains descendaient dans le monde à la naissance, dont il fallait ressortir de nouveau à travers sept portes (correspondant aux sept stades d'initiation, de *corax* « corbeau » à *pater* « père »). Les cérémonies présidées par des prêtres appelés *Patres Sacrorum*, les « Pères des mystères sacrés », dans des grottes ou temples, étaient accompagnées de coups de cymbales et de battements de tambours, ainsi que du dévoilement d'une statue de Miθra. Un des rites mithriaques, à l'origine étranger au culte, impliquait aussi le sacrifice d'un taureau (*taurobolium*).

VII

LA LITTÉRATURE ET LES SAVOIRS

Pendant près d'un millénaire, du début de l'époque achéménide (VIᵉ siècle av. J.-C.) jusqu'au dernier tiers de l'époque sassanide (VIᵉ siècle ap. J.-C.), **la Perse antique fut essentiellement une société orale**. Les mythes des anciens Iraniens trahissent même une certaine méfiance par rapport à la parole écrite, car l'écriture n'est pas considérée comme un don des dieux, mais comme une chose arrachée aux démons. L'écriture resta longtemps le privilège des scribes au service du roi et de la classe dominante ou des prêtres. Les tablettes élamites pour l'époque achéménide, comme les textes arabo-persans pour l'époque sassanide, laissent par ailleurs entendre qu'il existait une riche palette de scribes diversement spécialisés. La littérature *écrite* est alors peu développée, et rares sont les noms d'auteurs qui ont été préservés dans les colophons des manuscrits. Avant toute autre chose, **l'écriture est utilisée à des fins administratives et économiques** (y compris par le clergé) : les archives retrouvées par les archéologues ou dont parlent les textes sont quasiment toutes de ce genre. Au fil du temps, **les religions découvrent à leur tour la puissance de la parole écrite**. Au IIIᵉ siècle ap. J.-C., en d'autres mots bien avant les mazdéens (les zoroastriens de l'époque sassanide), **Mānī** a été le premier à reconnaître l'importance d'une mise par écrit de sa doctrine.

Dans une culture où l'écriture est le privilège d'une minorité, **l'art de l'aède**, appelé *gōsān* en Iran dès l'époque parthe, **prospère**. Les *gōsān* semblent avoir été à la fois des animateurs, musiciens et chantres ambulants qui racontèrent les exploits des rois et héros d'antan. Après l'arrivée des Arabes, ce genre de littérature orale répondit de moins en moins aux goûts et attentes des gens, et le métier d'aède disparut peu à peu pour céder la place aux poètes-écrivains qui ont tant contribué à la renommée de la littérature persane classique. Mais, au VIe siècle ap. J.-C. déjà, les choses avaient commencé à changer : l'écriture était désormais partout, et même les prêtres mazdéens s'adonnèrent enfin à la mise par écrit de l'Avesta, transmis oralement pendant plus d'un millénaire et demi. Un indice significatif de la nouvelle place qu'occupait l'écriture dans la société iranienne et dans l'esprit des prêtres se trouve dans les nombreux ouvrages mazdéens datant pour la plupart de l'époque post-sassanide. Ils attribuent l'introduction de l'écriture et la mise par écrit de l'Avesta rétrospectivement à Zoroastre ou à ses disciples. L'arrivée de l'islam, une autre religion du Livre, a sans nul doute encore précipité l'évolution dans ce sens. Vers la fin de l'époque sassanide, l'apprentissage de la lecture et de l'écriture fait clairement partie de l'éducation des prêtres et des jeunes aristocrates (non seulement de ceux qui appartiennent à la haute noblesse et qui sont éduqués à la cour, mais aussi des *dehkāns* issus de la petite noblesse).

Le premier texte datable écrit dans une langue iranienne est la version vieux-perse (réalisée vers 520 av. J.-C.) de la grande inscription de Darius Ier. Darius éprouva dès le début le besoin d'écrire ce document de légitimation en vieux-perse, alors qu'il avait été rédigé dans un premier temps uniquement en néo-élamite et néo-babylonien (en quelque sorte les langues des « prédécesseurs » des Achéménides à Suse et à Babylone). Il voulait s'adresser à ses sujets dans sa propre langue. Il existe certes quelques brèves inscriptions au nom du fondateur de l'empire Cyrus, mais il y a de fortes raisons de croire que Darius en est également l'auteur. Tout cela ne veut évidemment pas dire que les Achéménides furent les premiers Iraniens à utiliser l'écriture, puisque le verbe vieux-perse *nipaištanaiy* « écrire » est lui-même d'origine *mède*, comme l'indique le groupe consonantique *-št-*, mais ils ont certes été les premiers à utiliser l'écriture pour rendre leur *propre* langue.

LANGUES ET SYSTÈMES D'ÉCRITURE

Nombreuses sont les langues, iraniennes (ou : « irano-aryennes », si l'on tient à conserver le parallélisme avec la dénotation pour les langues indo-aryennes sur le subcontinent indien) et autres, qui ont été parlées et utilisées dans l'empire perse multiethnique, des Achéménides aux Sassanides. Pour la plupart de ces langues iraniennes, il n'existe pas de textes authentiques, tandis que d'autres comme le mède, le scythe ou le sarmate ne sont attestées qu'indirectement par le biais de noms propres ou de noms communs préservés, empruntés ou glosés dans d'autres langues (d'habitude désignées à leur tour par le terme de « tradition secondaire » ou « tradition parallèle »). De plus, divers systèmes d'écriture à caractère syllabique, consonantique ou alphabétique, de nature cunéiforme ou dérivés des alphabets araméen et grec, ont été employés pour noter les langues dont il reste des traces écrites. Les dynasties des Achéménides et des Sassanides avaient toutes deux leur berceau dans le Fārs au sud-ouest de l'Iran actuel, mais leurs langues respectives (le vieux-perse et le moyen-perse) ont été employées très différemment. Contrairement à ce que l'on pourrait penser, **le vieux-perse n'a pas été propagé dans tout l'empire, mais son emploi sous forme écrite a été restreint au grand roi** et la langue n'a joué aucun rôle dans l'administration. En revanche, **le moyen-perse a été la langue culturelle, officielle et véhiculaire de l'empire sassanide.**

L'époque achéménide

Durant toute l'époque achéménide et au-delà (cf. ci-dessous), **l'araméen fut *la* langue administrative** dans toutes les régions de l'empire-monde, au centre comme à la périphérie, **et servit à la communication interrégionale**. D'autres langues non iraniennes eurent une importance plus limitée dans le temps et l'espace : pendant environ un demi-siècle, **le néo-élamite** — la langue de la région dont était originaire le fondateur de l'empire perse Cyrus — **fut brièvement la langue officielle de la chancellerie de la cour en Perside** comme le prouvent les milliers de tablettes provenant du Trésor et des Fortifications à Persépolis et datées entre 509 et 458 av. J.-C. Apparemment vers le milieu du ve siècle av. J.-C., l'araméen se substitua également à l'élamite pour la gestion de la comptabilité des entrepôts royaux. Plus facile à apprendre et à écrire que l'écriture syllabique cunéiforme de l'élamite, la langue et la graphie araméennes présentaient en effet indéniablement de grands avantages. Les papyrus et parchemins écrits en araméen étaient aussi beaucoup moins encombrants et plus commodes à ranger que les tablettes élamites. Grâce à sa large diffusion sur le territoire achéménide, documentée aussi bien dans les actes et lettres de la colonie militaire juive d'Éléphantine en Égypte du Sud que dans les inscriptions sépulcrales du siège satrapique de Daskyleion en Phrygie, cette forme de la langue araméenne (qui ne présente pas de différence notable avec l'état de la langue immédiatement antérieur) est parfois désignée par une formule heureuse d'« **araméen d'empire** ». L'élamite fut également utilisé dans les inscriptions royales, tout comme **le néo-babylonien**. Cette dernière langue **connut aussi un emploi limité à la seule Babylonie** dans des chroniques, journaux astronomiques et prophéties, ou encore dans les importantes archives des temples d'Uruk et de Sippar ou des maisons de commerce des familles Egibi et Murašû. Ailleurs dans l'empire, **d'autres langues encore trouvèrent une utilisation locale**, comme l'égyptien en Égypte ou le grec, le lydien et le lycien en Asie Mineure.

Quant au **vieux-perse**, il représente certes à la base le parler de la famille royale, mais reste quand même **un idiome artificiel** dans la mesure où la langue est parsemée de formes archaïques et de mots étrangers au dialecte. En outre, la langue était de toute évidence employée uniquement **à des fins représentatives** par le grand roi. Qui plus est, elle était notée dans **une écriture cunéiforme inventée *ad hoc*** (les créateurs se sont à l'évidence entièrement concentrés sur l'écriture plutôt que sur une lecture consécutive sans ambiguïté), selon toute vraisemblance à la demande de Darius Ier dans l'intention précise d'écrire dans sa propre langue sa grande inscription sur le rocher de Béhistoun/Bīsotūn. La nouvelle écriture tient une position intermédiaire entre une écriture syllabaire et consonantique, et fut inspirée d'autres syllabaires cunéiformes de la zone mésopotamienne ; mais elle constitue tout de même une création autonome et non pas un développement. À la différence des autres modèles, un principe stylistique simple guida les concepteurs, évitant ainsi l'utilisation de signes trop complexes ou le croisement des clous.

Les époques arsacide et sassanide

L'importance fondamentale de l'araméen — langue et graphie — ne diminua pas avec la chute de l'empire achéménide. En revanche, l'écriture cunéiforme vieux-perse (et avec elle, la faculté de la lire) disparut rapidement, car elle n'était pas très pratique à l'usage sur des supports matériels comme le papyrus ou le parchemin. Habitués à traduire continuellement des langues vernaculaires vers

Syllabaire

a b^a c^a $ç^a$ d^a d^i d^u f^a g^a g^u h^a i

j^a j^i k^a k^u l^a m^a m^i m^u n^a n^u p^a r^a

r^u s^a $š^a$ t^a t^u $θ^a$ u v^a v^i x^a y^a z^a

Logogrammes

XŠ	DH$_1$ DH$_2$	BG	BU	AM$_1$ AM$_2$	AMha
xšāyaθiya-	dahyu-	baga-	būmī-	Auramazdā-	Auramazdāha
roi	pays	dieu	terre		

Séparateur de mots

ou

1 2 3 4 5 6 7 8 9 10 11 12 13 14

Syllabaire cunéiforme vieux-perse et inscription de Darius Ier

l'araméen et inversement, les scribes araméens de l'administration impériale se mirent bientôt à noter tout simplement les langues et dialectes locaux d'après la graphie araméenne. Ce processus s'effectua avec encore plus de facilité dans ces provinces de l'ancien empire achéménide qui n'avaient pas connu l'écriture auparavant et où il n'y avait donc pas vraiment d'alternative. En même temps, les textes notés de cette manière incorporèrent de plus en plus de mots iraniens, et le pourcentage de mots indigènes augmenta au fur et à mesure que les scribes araméens furent progressivement remplacés par des scribes et des traducteurs locaux.

Une conséquence ultérieure de cette évolution fut que les scribes régionaux ne maîtrisèrent plus au même degré la langue araméenne que les locuteurs natifs d'antan : les fautes de la grammaire araméenne s'accrurent au point que les formes araméennes devinrent de fait des symboles conventionnellement figés, sans aucun lien avec la grammaire araméenne. À ce stade (accompli vers le IIIe ou le IIe siècle av. J.-C.), elles étaient devenues des « **araméogrammes** », autrement appelés aussi « **hétérogrammes** ». Ainsi l'araméogramme *AMY* en moyen-perse signifie simplement « mère » et n'a plus le sens de l'araméen *ʾm-y* « ma mère », c.-à-d. d'un substantif suivi du pronom possessif enclitique. Dans une dernière phase, les scribes allèrent encore plus loin en rattachant entre autres — sous forme de compléments phonétiques — les désinences du pluriel aux noms communs (p. ex. *MLKAn* « rois », avec le *-n* du pluriel) ou les différentes terminaisons indiquant le nombre ou le mode des formes verbales (p. ex. *YBLWNtn* « (ap)porter », avec le *-tn* de l'infinitif). À cela s'ajoute que ces formes figées n'étaient plus lues en araméen, mais directement transposées dans la langue iranienne concernée, par un phénomène que les Perses eux-mêmes appelèrent ***uzvārišn*** « compréhension, interprétation » (litt., *uz-vār-išn* « dé-couvrement ») : pour reprendre les mêmes exemples, les substantifs *AMY* et *MLKAn* se lisent alors respectivement /mād/ et /šāhān/, et le verbe *YBLWNtn* se prononce /burdan/. À mesure que les scribes commençaient à oublier le sens originel des mots araméens, la nécessité d'établir des glossaires s'imposa de plus en plus : on connaît par exemple le *Frahang ī Pahlavīg* « dictionnaire (moyen-)perse » dans lequel près de quatre cents araméogrammes sont listés avec leurs équivalents moyen-perses et (parfois) des graphies alternatives approximativement « phonétiques ».

Ce phénomène d'introduction progressive d'araméogrammes se produisit dans toutes les langues iraniennes notées par des systèmes d'écriture dérivée de la graphie araméenne, c.-à-d. le parthe, le moyen-perse, le sogdien, et le chorasmien. Toutes ces langues (et leurs dialectes ou sociolectes) ont en commun qu'elles étaient parlées et attestées par des textes aux époques parthe et sassanide, même si pour certaines le gros de la documentation écrite date d'une époque plus tardive. **Le parthe** (IIIe siècle av. J.-C. – IIIe siècle ap. J.-C.) **fut la**

langue de la cour arsacide et y fut également **utilisé comme langue administrative** à côté de l'araméen (les derniers textes manichéens en parthe datent même du Xe siècle, cf. ci-dessous). Les principaux textes en langue parthe datent toutefois du début de l'époque sassanide : la poésie et la tradition religieuse furent encore largement transmises par voie orale, les monnaies des rois arsacides portaient des légendes grecques jusqu'au milieu du Ier siècle ap. J.-C., et les autres anciens textes, que ce soient les rares inscriptions rupestres ou les ostraca de Nisā ou encore les parchemins d'Avrōmān (cf. ci-dessous), contiennent encore tant d'éléments araméens qu'ils apportent peu à la connaissance de la langue parthe. La position dominante du parthe à l'époque arsacide a par ailleurs provoqué l'intrusion de nombreux mots parthes dans d'autres langues iraniennes (notamment le moyen-perse et le sogdien) et à l'extérieur, en araméen (y compris en syriaque et mandéen) et en arménien.

Le moyen-perse (IIIe siècle av. J.-C. – VIIIe-IXe siècles ap. J.-C.) est apparenté au parthe (tous deux représentent le moyen-iranien occidental) et **fut non seulement la langue de la cour sassanide, mais connut aussi une large diffusion comme langue véhiculaire de l'époque**. À l'époque précédente des Arsacides, elle avait encore était restreinte à la Perside, utilisée par exemple dans les légendes monétaires de la dynastie des Frataraka̅ (« sous-satrapes ? », fin IIIe siècle av. J.-C. – début IIIe siècle ap. J.-C.). La langue resta vivante au-delà de la période sassanide jusqu'aux VIIIe-IXe siècles, et continua son existence comme langue liturgique « morte » jusqu'au Xe siècle parmi les mazdéens de l'Iran et même jusqu'au XIIIe siècle parmi les manichéens d'Asie centrale. De temps à autre, la langue est appelée aussi « **pehlevi** », mais cette désignation est imprécise et **réfère en fait plutôt à l'écriture** dérivée de l'araméen, employée dans les inscriptions, légendes monétaires et sceaux, papyrus et parchemins, livres mazdéens, etc. sous diverses formes. Seuls les manichéens employèrent un système dérivé de l'écriture palmyrénienne qui était par ailleurs beaucoup plus proche de la prononciation réelle du IIIe siècle que la graphie conservatrice et archaïsante du pehlevi des livres mazdéens.

Les deux autres langues écrites par le biais d'une écriture dérivée de la graphie araméenne, le sogdien et le chorasmien (qui appartiennent au groupe du moyen-iranien oriental avec le bactrien et les deux variantes du saka de Khotan et Tumšuq), connurent leur apogée dans un cadre chronologique et/ou géographique qui dépasse les limites de l'Iran à l'époque préislamique. La littérature **sogdien-**

ne (attestée jusqu'au VIIIe siècle) des communautés bouddhiste, manichéenne et chrétienne-nestorienne est certes particulièrement riche, mais seules les quelques légendes monétaires du IIe siècle et les centaines de graffitis datables du IVe siècle sur la base de critères linguistiques, nous concernent directement ici. Ces derniers furent du reste découverts au croisement de plusieurs voies de la route de la Soie, le long du cours supérieur de l'Indus (au nord du Pakistan actuel) où ils étaient laissés comme des signatures de « touristes » par les nombreux marchands sogdiens venus de Samarcande et d'ailleurs, en souvenir de leur passage. Les « anciennes lettres », trouvées le long de la muraille chinoise entre Dunhuang et Loulan, datent également de cette période, mais concernent les relations entre la Sogdiane et la Chine. Le **chorasmien**, parlé dans la région immédiatement au nord de la Sogdiane et très proche de la langue sogdienne, est le mieux attesté sous sa forme tardive (XIe-XIIIe siècles) et en écriture arabe, mais les plus anciens documents sont deux inscriptions sur des récipients en argile datant du IIIe ou du IIe siècle av. J.-C., écrites dans une variante locale de l'écriture araméenne. La même langue aux éléments hétérographiques se trouve sur les très nombreuses monnaies, dans des inscriptions sur des récipients en argent provenant de l'Oural, dans des documents sur bois et cuir et des ossuaires en albâtre. En fin de compte, la très grande majorité des textes **bactriens** est écrite sous forme cursive (pour les documents et lettres ainsi que pour les sceaux et légendes monétaires) ou lapidaire (pour les inscriptions monumentales) d'une variante locale de l'alphabet grec. Le bactrien fut la langue administrative du grand empire des **Kouchans** (Ier-IIIe siècles ap. J.-C.) qui s'étendait du Turkestan chinois jusqu'à l'Inde septentrionale, jusqu'à son intégration partielle dans l'empire sassanide ; mais il continua à être utilisé au moins jusqu'au IXe siècle. Il est à rappeler que les Kouchans occupaient l'ancien empire gréco-bactrien (situé dans une région où le grec était déjà implanté depuis la conquête d'Alexandre le Grand en 329 av. J.-C.) au cours de la première moitié du IIe siècle ap. J.-C., et qu'ils avaient abandonné leur écriture (et même dans un premier temps leur propre langue) au profit de l'alphabet grec.

À part **les langues non iraniennes** déjà mentionnées pour la période achéménide, **l'arménien** fait également son apparition au Ve siècle apr. J.-C. en tant que langue littéraire, mais de nombreux mots parthes avaient déjà été empruntés par l'arménien dès l'époque arsacide et au début de l'époque sassanide. **L'araméen** est toujours attesté dans les inscriptions accompagnant les reliefs de l'époque parthe en Élymaïde ou dans les légendes monétaires élyméennes, et dans les inscriptions commémoratives des villes d'Assour ou de Hatra. Selon le témoignage contemporain du romancier grec d'origine syrienne Jamblique, **le babylonien** était apparemment encore parlé au IIe siècle ap. J.-C., mais l'écriture cunéiforme semble avoir été abandonnée un siècle auparavant. De son côté, **le grec** est fortement représenté dans les cités de Suse (Séleucie de l'Eulaios) et de Séleucie du Tigre, d'où proviennent d'importantes inscriptions.

L'AVESTA, LA LANGUE ET L'ÉCRITURE

Dans ce panorama de langues et écritures, l'avestique occupe une place un peu à part, déjà par son nom, qui n'est pas dérivé du nom d'un pays ou d'un peuple, mais du nom du corpus de textes dans lequel la langue fut employée. L'Avesta (ce qui signifie peut-être « louange » ou « connaissance (religieuse) ») est en effet le nom de la collection de livres sacrés de la religion fondée par Zoroastre/Zaraθuštra. Une deuxième particularité, plus importante, est que **la genèse de l'Avesta s'est produite sur une longue période et qu'il n'est pas possible de localiser la ou les région(s) de sa création**. De plus, avant sa mise par écrit, le texte a été transmis oralement pendant des siècles.

La langue utilisée dans ces textes n'est pas uniforme. Deux variantes, chronologiquement et dialectalement différentes, peuvent être distinguées : le vieil-avestique est la langue des dix-sept *gāθā* métriques (d'où aussi l'appellation « gathique » pour cette phase de la langue) attribués à Zoroastre [*Yasna* 28-34, 43-51 et 53], du *Yasna Haptaŋhāiti* [*Yasna* 35.3-41.6] et de quelques brèves prières contenues dans le *Yasna* 27. Tous les autres textes, soit la plupart, sont écrits en avestique récent. La datation de Zoroastre, voire son historicité et donc la datation des textes qu'on lui assigne, sont très controversées (sur ce point, cf. l'entrée « Zoroastre » dans les repères biographiques), mais la majorité des spécialistes semblent aujourd'hui opter pour **une datation hypothétique vers le tournant du IIe au Ier millénaire av. J.-C. pour le vieil-avestique**. En revanche, les textes plus récents n'ont pas tous été conçus au même moment : les grands *Yašt* et le reste des *Yasna*, que l'on compte parmi **les textes les plus anciens en avestique récent, ont peut-**

être été formulés vers le début de l'époque achéménide (en tout cas, très probablement à quelques siècles d'écart avec les *Gāθā*), **alors que les parties plus récentes** comme le *Vīdēvdād* (cf. ci-dessous) **ont sans doute été créées bien après l'époque achéménide.** Contrairement aux textes vieil-avestiques, le corpus des textes en avestique récent n'est donc en aucun cas à prendre comme un bloc monolithique ; et même **les qualités linguistiques et stylistiques varient beaucoup** entre les premiers textes qui ont à peu près atteint un stade de développement linguistique équivalant à celui des inscriptions achéménides de Darius ou de Xerxès, et les derniers textes, grammaticalement incorrects et de piètre qualité stylistique. Sur le plan linguistique, une différence chronologique entre les deux phases de la langue se constate dans les voyelles terminales qui ont systématiquement une graphie longue en vieil-avestique, mais brève en avestique récent (sauf dans les monosyllabes). Une variante dialectale est perceptible dans la flexion de l'adjectif *vīspa-* « tout, entier », décliné comme un substantif en vieil-avestique, mais avec la flexion pronominale en avestique récent.

Si la datation des textes est difficile, leur localisation n'est guère plus simple. Tout ce que l'on peut dire avec certitude est que la langue n'est pas le dialecte de la Perside, même si c'est bien là que sa mise par écrit a été réalisée. Il est vrai que les textes de l'Avesta contiennent plusieurs noms géographiques identifiables et même localisables dans les régions orientales de l'Iran. **Diverses thèses** ont dès lors été avancées pour circonscrire plus précisément la région où Zoroastre exerçait son activité (cf. à nouveau les repères biographiques) et il est tout à fait possible de distinguer des traits dialectaux dans les textes. Le problème est qu'il est impossible de préciser à quel moment de la transmission ces éléments locaux se sont introduits (à la conception du texte ? lors de la transmission orale ? au moment de la mise par écrit ? ou encore en copiant ces textes ?).

L'historique de l'Avesta, de sa conception à sa mise par écrit, a été fixé par les commentateurs sassanides et post-sassanides, mais cette tradition paraît peu fiable pour les phases les plus anciennes. **La mise par écrit du texte « canonique » de l'Avesta semble avoir été effectuée à l'époque sassanide** et — pour des raisons linguistiques et historiques — selon toute vraisemblance pas avant le VIe siècle ap. J.-C. Une mise par écrit antérieure (à l'époque arsacide ? en caractères araméens ?) ne peut certes pas être totalement exclue, mais n'a en tout cas eu aucun effet sur le plan philologique. On peut soupçonner que

L'alphabet avestique et fragment du Yasna *47.4*

	signes	valeur		signes	valeur		signes	valeur		signes	valeur		signes	valeur		signes	valeur
1		*a*	10		*ã*	19		*č*	28		*f*	37		*v*	46		*h*
2		*ā*	11		*i*	20		*ǰ*	29		*w*	38		*v*	47		*h'*
3		*e*	12		*ī*	21		*t*	30		*ŋ*	39		*r*	48		*h̯v*
4		*ē*	13		*u*	22		*d*	31		*ŋ́*	40		*s*	49		*y*
5		*ə*	14		*ū*	23		*þ*	32		*n*	41		*z*	50		*št*
6		*ə̄*	15		*k*	24		*δ*	33		*n, m*	42		*š*	51		*šč*
7		*o*	16		*g*	25		*t̰*	34		*m*	43		*š*	52		*ša*
8		*ō*	17		*h̯*	26		*p*	35		*y*	44		*š*	53		
9		*å*	18		*γ*	27		*b*	36		*y*	45		*ž*	54		

le moment du « déménagement » de l'Avesta de son lieu de conception, quelque part en Iran oriental, vers son lieu de mise par écrit en Perside remonterait à l'époque achéménide. Pour la mise par écrit, **une écriture particulière fut inventée *ad hoc*** sur la base de l'écriture pehlevie cursive et de quelques autres signes, empruntés ailleurs ou librement créés. Cette écriture de 53 signes est **d'une remarquable précision phonétique** et a de toute évidence été inventée **pour rendre le plus fidèlement possible la prononciation liturgique « sassanide » des textes avestiques**. Malheureusement cet archétype sassanide n'est pas conservé. Le manuscrit le plus ancien encore existant se trouve à Copenhague et date de la fin du XIIIe siècle, mais la plupart des bons manuscrits ont été copiés entre le XVIe et le XVIIIe siècles. L'analyse paléographique permet de conclure à la constitution d'un unique manuscrit de base vers le IXe-Xe siècle.

Au cours de la transmission, beaucoup de textes ont été perdus parce qu'ils n'ont plus été copiés à un moment donné. Sur la base des données dans les livres mazdéens de l'époque, on sait avec certitude que **le corpus avestique qui nous est parvenu ne représente qu'une partie de l'Avesta originel**, mais le chiffre traditionnellement avancé d'une perte de trois quarts des textes pourrait être une surestimation. Quoi qu'il en soit, il semblerait que les parties les plus anciennes et les plus importantes parmi les textes canoniques aient été sauvées. L'arrivée de l'islam et l'exil consécutif des mazdéens en Inde (notamment dans le Gujarat dès le début du Xe siècle où ils furent appelés des « Parses » [*Pārsī*]) a sans aucun doute provoqué une énorme perte de manuscrits. **L'Avesta dans son état original comprenait 21 *nask*** (« livres »), répartis sur trois grandes collections de textes gathiques, liturgiques et juridiques. Voici les livres qui constituent l'Avesta actuel :

1. Le ***Yasna*** (« Sacrifice ») : une compilation de textes liturgiques en 72 chapitres (avest. *hāiti-*, mp. *hād*), parmi lesquels les *Gāθā* métriques de Zaraθuštra et le *Yasna Haptaŋhāiti* (*Yasna* en « sept chapitres ») en prose sont les parties les plus anciennes
2. Le ***Vīsprad*** (« [Prière à] tous les seigneurs », avest. *vīspe ratauuō*) : une collection de formules d'invocation en 24 sections (mp. *kardag*) complétant le *Yasna*
3. Le ***Xorda Avesta*** (« Petit Avesta ») : comprend un sommaire de l'œuvre complète pour les laïcs et une collection de formules de prières récitées à diverses occasions
4. Le ***Sīrōzā*** (« Trente jours ») : contient une énumération des dieux protecteurs des trente jours du mois dans le calendrier zoroastrien (cf. Mesure du temps et calendriers, chap. V)
5. Les ***Yašt*** (« Prières ») : en majeure partie une collection de 21 hymnes avec des formules d'introduction et de fin stéréotypées, qui comprend les « grands » *Yašt* à la louange de certaines divinités importantes (Anāhitā, Tištriia, Miθra, Vərəθraγna, etc.)

6. Le ***Vīdēvdād*** (« Loi sur l'abjuration des démons », avest. *vīdaēuua- dāta-*) : une collection de date récente en 22 chapitres comprenant des lois religieuses, des préceptes rituels et de purification
7. D'autres textes mineurs, tels que le *Nērangestān* (avec le *Hērbedestān*), un manuel à l'intention des prêtres pour l'organisation du culte ; le *Pursišnīhā* « Questions », un petit catéchisme ; l'*Aogəmadaēcā* « nous acceptons », une liturgie pour les défunts ; ou encore le *Hadōxt Nask* « Livre des écritures », qui contient la prière *Aṣ̌əm vohū* et décrit le destin de l'âme dans l'au-delà.

À l'époque sassanide, une traduction moyen-perse fut entreprise, accompagnée de commentaires plus ou moins détaillés : dans le cas où il s'agit de la vie quotidienne religieuse, les annotations explicatives sont plus longues, alors que les questions dogmatiques valables pour tous les temps ne nécessitent pas de longues explications. Tous les textes avestiques n'ont pas été traduits cependant, ou en tout cas nous ne disposons plus que de traductions pour le *Yasna*, quelques *Yašt*, le *Vīdēvdād* et le *Nērangestān* (les manuscrits de textes avestiques sans traduction moyen-perse sont désignés par le terme technique de *sade* « pur »). La traduction suit servilement l'original, même dans la syntaxe, ce qui donne lieu à une traduction un peu maladroite, parfois même obscure. **L'ensemble de l'Avesta avec la traduction et les commentaires moyen-perses s'appelle le *Zand*** (« connaissance, savoir »). Les prêtres mazdéens sassanides commencèrent toutefois peu à peu à oublier la langue avestique et pour cette raison des glossaires comme le *Frahang ī Ōīm* devinrent une nécessité. Celui-ci donne les mots avestiques avec leurs équivalents moyen-perses et a reçu son nom d'après le premier mot listé (avest. *ōīm* = mp. *ēvag* « un »). Ayant oublié à l'époque islamique le moyen-perse noté dans son écriture pehlevie ambiguë, les prêtres mazdéens se virent finalement obligés de **transcrire les commentaires pehlevis** de l'Avesta (et autres textes) **en caractères avestiques (le *pāzand*) ou arabes (le *pārsī*)**, phonétiquement plus clairs. Encore plus tard, après l'émigration en Inde, les prêtres parses firent des traductions — souvent de qualité douteuse — de l'Avesta en gujarātī et sanscrit (celle du *Yasna* avestique, par le prêtre parse **Nēryōsang** au XIIIe siècle, compte parmi les plus importantes).

LES PERSES

LA « TRADITION NATIONALE » ET LE XVADĀY-NĀMAG

Dans leurs sections « historiques », l'Avesta, le Zand et d'autres ouvrages moyen-perses religieux, comme les compilations du IXe siècle *Dēnkard* « Livre de la religion » ou *Bundahišn* « Création », présentent l'histoire « nationale » de l'Iran dès l'origine du premier homme mythique Gayōmard à la fin de l'époque sassanide. Ce même thème est repris à **l'époque sassanide tardive** dans **le *Xvadāy-Nāmag* « Livre des seigneurs »**. Seulement, les Perses sassanides n'avaient plus aucun souvenir précis du passé par manque de traces écrites. Afin de compléter une connaissance historique particulièrement lacunaire qui se limitait au plus à quelques générations antérieures à la dynastie royale au pouvoir, les rois sassanides ont fait appel à toutes les traditions disponibles, notamment à **la tradition sacerdotale** préservée dans l'Avesta, mais aussi à la **mémoire collective populaire** et aux **légendes héroïques** transmises depuis des siècles par les aèdes ambulants (*gōsān*, cf. l'introduction de ce chapitre). En revanche, les sources étrangères (à part une version syriaque du roman d'Alexandre), pourtant plus « riches », ont à peine été prises en considération. En raison du goût prononcé des Iraniens pour des histoires distrayantes et moralisatrices, les faits « durs » ont quasiment disparu du *Xvadāy-Nāmag* au profit de légendes « édifiantes », même pour l'histoire la plus récente. Il s'ensuit que les Pišdadiens mythiques et les Kayanides légendaires y font leur entrée, et qu'il ne reste pratiquement rien des dynasties « historiques » : la période glorieuse des Achéménides est réduite à un vague souvenir de « Dārā, fils de Dārā », et le nom de la dynastie parthe des Arsacides — dont l'histoire, de surcroît mêlée à des légendes kayanides, ne prend qu'une vingtaine de lignes dans le *Šāhnāma* — a été transformé en « Aškanides ».

Une première rédaction *écrite* du livre, une sorte de chronique officielle de l'histoire iranienne commandée par les rois sassanides, a peut-être déjà été entreprise à l'époque de Husrav Ier (531-579), mais il est certain que d'importants remaniements et additions ont été effectués aux époques de Husrav II (590-628) et de Yazdgerd III (633-651). Les raisons à l'origine d'une telle initiative paraissent doubles : d'une part la naissance d'une littérature écrite qui évince peu à peu la littérature orale, d'autre part le désir de s'enfuir dans un passé glorieux face à la situation contemporaine, affligeante tant sur le plan de la politique intérieure (rébellions et famines répétées) qu'extérieure (guerres incessantes avec les nomades). **L'objectif de sa rédaction n'est pas seulement historique** (la fixation du passé par l'écrit), **ni uniquement littéraire ou divertissant, mais en plus de tout cela aussi didactique** (l'éducation morale, religieuse et socio-politique des sujets). **La version originale du *Xvadāy-Nāmag* n'est plus préservée**. Des traductions arabes en ont été faites, mais toute traduction directe comme celle de la main de l'auteur arabe Ibn al-Muqaffaᶜ au VIIIe siècle est perdue. Il n'en reste plus que des dérivés arabes et persans, datant principalement du IXe au XIe siècle, et l'on en a également une expression indirecte par le *Šāhnāma* du poète Ferdowsī (terminé au début du Xe siècle, cf. l'entrée correspondante dans les repères biographiques).

INSCRIPTIONS ET AUTRES DOCUMENTS NON LITTÉRAIRES

À une époque où les belles-lettres n'existaient pas encore et où l'écriture était principalement utilisée à des fins pratiques (administratives et économiques), les témoignages directs des grandes inscriptions royales et privées, publiquement exposées et contemporaines des événements qu'elles enregistraient, ont inévitablement exercé une grande influence sur les gens. Les rois et les représentants de la classe dominante n'ignoraient pas cet énorme pouvoir de la parole écrite, et la rédaction de ces inscriptions n'est par conséquent jamais spontanée, mais toujours mûrement réfléchie et stylistiquement soignée, de plus intégrée dans une longue tradition orale. **Beaucoup d'inscriptions lapidaires ou rupestres n'ont par ailleurs pas d'autre but que d'éterniser les textes des documents sur papyrus, parchemin ou cuir**. Quelques-unes des inscriptions les plus importantes, comme celle de Darius Ier à Béhistoun/Bīsotūn, n'étaient même pas destinées à être lues, car elles étaient placées à des endroits où elles n'étaient pas lisibles. La seule présence des inscriptions était censée impressionner les sujets, alors que le contenu du texte était rendu public par d'autres moyens (le cas échéant, par le biais d'une traduction araméenne sur des supports matériels périssables).

Les inscriptions vieux-perses

À l'époque achéménide, **les inscriptions**, gravées dans une écriture ornementale spécialement créée à cet effet (cf. ci-dessus), **sont le privilège des grands rois**. Dans leur majorité, ces inscriptions royales proviennent du centre de l'empire, c.-à-d. de la Perside (Persépolis, Naqš-e Rostam, Pasargades), de l'Élam (Suse) et de la Médie (Béhistoun/Bīsotūn, Ecbatane/Hamadān). **Plus de la moitié des inscriptions datent des règnes de Darius Ier (522-486) ou de son fils Xerxès Ier (486-465), et ce sont en grande partie des trilingues (vieux-perse, néo-élamite, néo-babylonien).** À chaque fois que la disposition des textes sur les supports permet des conclusions sur ce point, les trois versions apparaissent dans cet ordre précis, qui est clairement hiérarchique : la version vieux-perse écrite dans la langue maternelle des grands rois achéménides est prioritaire par rapport à l'élamite en tant que langue culturelle vieille de plusieurs millénaires dans la région que Cyrus avait assujettie la première. À son tour, la langue élamite est apparemment plus importante que la langue babylonienne qui ne fut d'ailleurs plus employée en dehors de la Babylonie à l'époque achéménide. Une autre particularité se trouve dans les inscriptions rédigées en Égypte, qui contiennent une quatrième version en égyptien hiéroglyphique. **À partir d'Artaxerxès Ier** (465-424), le nombre de trilingues diminue rapidement, et **les monolingues** en vieux-perse (souvent des inscriptions en rapport avec des activités de construction) **dominent**. En outre, **les erreurs grammaticales abondent** (en particulier dans les inscriptions d'Artaxerxès III [359-338]) et annoncent déjà le passage au stade linguistique du (proto-)moyen-perse.

L'inscription la plus longue et la plus importante sur le plan historico-politique est celle de Darius Ier sur le rocher de Béhistoun/Bīsotūn (accompagnée d'un relief), dans laquelle le grand roi se présente lui-même ainsi que son empire et fait le récit des événements juste avant son accession au trône, en particulier des rébellions qui ont suivi sa prise de pouvoir. Parmi les autres inscriptions d'importance de l'époque de Darius Ier, on peut mentionner les suivantes : deux trilingues sur **le tombeau de Darius à Naqš-e Rostam** qui parlent des qualités d'un souverain idéal ; deux « chartes de fondation » trilingues en rapport avec **la construction d'un palais à Suse** ; une trilingue sur **une statue de Darius** trouvée à Suse, mais selon les indications de l'inscription **provenant d'Égypte** ; trois inscriptions en rapport avec **le creusement du canal de Suez**.

Plan général du site de Naqš-e Rostam

I-IV. Tombes rupestres achéménides.
V. Tour de Zoroastre. VI. Rempart sassanide.
1-8. Bas-reliefs sassanides :
1. Ardaxšīr Ier ;
2. Vahrām II ;
3. Hormezd Ier ;
4. Relief abîmé ;
5. Hormezd II ;
6. Šābuhr Ier ;
7. Double bas-relief de Vahrām II (en haut) et Vahrām Ier (en bas) ;
8. Narseh.

L'historien Hérodote en mentionne d'autres, mais ses indications sont peu fiables. Pour l'époque de **Xerxès Ier**, on notera d'abord que certaines inscriptions reprennent presque mot à mot celles de son père. Parmi les inscriptions importantes, on relèvera en particulier une « charte de fondation » bilingue en rapport avec **la construction du harem** à Persépolis, et une trilingue au même endroit **contre les adorateurs des *daivā***, des fausses divinités. En fin de compte, une inscription trilingue fragmentaire d'Artaxerxès II (404-359) à Suse est intéressante parce qu'elle mentionne pour la première fois les dieux Miθra et Anāhitā à côté du dieu suprême Auramazdā.

Les inscriptions araméo-iraniennes et parthes

Quand, après la chute de l'empire achéménide, les scribes araméens furent peu à peu remplacés par des scribes locaux, ceux-ci ne maîtrisèrent plus à la perfection la langue araméenne malgré leur formation, mais continuèrent cependant à écrire leurs propres parlers locaux dans des variantes de l'écriture araméenne. Pour ce genre de textes où il est parfois très difficile de distinguer entre (encore) du mauvais araméen et (déjà) de l'iranien en caractères araméens, les spécialistes ont inventé l'appellation d'« **araméo-iranien** ». Les inscriptions de ce type ne sont pas très nombreuses : il s'agit d'une brève inscription très endommagée sur le tombeau de Darius Ier à Naqš-e Rostam, datant peut-être de l'époque séleucide ; d'une inscription sépulcrale bilingue (en parthe ? et grec) d'une jeune fille à Armazi (Mçxeṭa) en Ibérie dans le Caucase, datant du IIe siècle ap. J.-C. ; et de six inscriptions — peut-être rendant une langue du moyen-iranien oriental — de l'empereur des Mauryas Aśoka (ca. 270-232 av. J.-C.), découvertes en Afghanistan et au Pakistan actuels.

Les inscriptions **parthes** de l'époque arsacide sont brèves et peu nombreuses, car l'emploi de l'araméen et du grec était encore très fréquent. De loin la plus fameuse est une bilingue en grec et parthe du milieu du IIe siècle ap. J.-C. sur les cuisses d'une statuette d'Héraclès, provenant de **Séleucie du Tigre**. Elle commémore la réintégration de la région de la Mésène dans l'empire parthe par Vologèse IV (147/8-191/2). À **Nisā**, l'ancienne capitale parthe (l'actuel Ašxabād, sur la frontière méridionale du Turkménistan), les archéologues russes ont trouvé plus de 2 000 ostraca datant du Ier siècle av. J.-C. Il s'agit là de récépissés de livraisons de vin par des viticulteurs locaux au palais royal et de la distribution de vivres aux fonctionnaires de la cour. Leur intérêt est essentiellement dans le domaine de l'onomastique parthe. D'**Avrōmān** au Kurdistan proviennent trois parchemins avec des contrats de vente de parties d'un vignoble, deux en grec (de 88 et 22/21 av. J.-C.) et un autre, plus endommagé, en parthe (de 53 av. J.-C.). D'autres documents encore, des inscriptions, des ostraca et une lettre d'affaires proviennent de **Doura Europos**, mais datent déjà de l'époque sassanide, comme la majorité des longs documents importants.

Les inscriptions, ostraca et papyrus moyen-perses

La première des inscriptions sassanides est une brève inscription trilingue en moyen-perse, parthe et grec du roi des rois Ardaxšīr Ier (224-239/40 ap. J.-C.). Elle est gravée sur le ventre de son cheval dans un relief sur le rocher de Naqš-e Rostam. Parmi les grandes inscriptions sassanides, quelques-unes datant de la deuxième moitié du IIIe siècle ressortent : la grande trilingue de Šābuhr Ier sur la tour de Zoroastre à Naqš-e Rostam, les inscriptions moyen-perses du grand prêtre mazdéen Kerdīr, et la bilingue du roi des rois Narseh à Pāikūlī.

Dans sa grande inscription à Naqš-e Rostam, le roi des rois **Šābuhr** se présente avec son empire, se vante de ses trois campagnes victorieuses contre les Romains, et dresse la liste des feux qu'il a fondés pour les membres de la famille royale et les sacrifices qu'il a ordonnés pour les dignitaires de sa cour ainsi que pour ceux de la cour de son père Ardaxšīr et de son grand-père Pābag. Comme les Achéménides avant eux, dont ils n'avaient plus qu'un vague souvenir, les deux premiers Sassanides avaient pris l'habitude d'écrire **des inscriptions trilingues, en moyen-perse, leur langue maternelle, en parthe, la langue de leurs prédécesseurs arsacides, et en grec, la langue véhiculaire de l'époque**. Cette dernière version est toutefois la moins soignée et, bien que grammaticalement correcte, contient nombre d'erreurs au niveau de l'interprétation et de la traduction. L'inscription de **Narseh**, extrêmement abîmée, raconte les événements de l'histoire sassanide depuis la mort de Vahrām II en 293, et est érigée à l'endroit même où Narseh avait accepté le trône sassanide. Étant donné que l'inscription concerne une affaire de politique intérieure, le roi des rois a renoncé à faire réaliser une version grecque. Quatre inscriptions privées (en moyen-perse uniquement) sont connues de la main du grand prêtre **Kerdīr**, un adversaire des plus déterminés de Mānī et de ses adeptes. Tous deux avaient d'ailleurs commencé leur ascension professionnelle sous Ardaxšīr Ier, mais Mānī mourut en prison sous Vahrām II ou III (276 ou 277), tandis que Kerdīr (dont nous n'avons du reste pas d'informations provenant d'autres sources) était apparemment encore en vie et couvert d'honneurs à l'époque de Narseh.

D'autres inscriptions intéressantes de l'époque sassanide incluent les deux inscriptions parallèles de Šābuhr à Hājjīābād et Tang-e Borāq dans lesquelles le roi des rois se flatte de ses qualités de tireur à l'arc. L'inscription privée du scribe Afsā d'Édesse donne quelques éclaircissements sur la chronologie des premiers Sassanides, et celle du maître de cérémonies Abnōn à Barm-e Dilak fait mention de la marche des Romains contre l'empire perse en 244. Le moyen-perse continuera à être employé dans des inscriptions jusqu'au XIe siècle parmi les mazdéens d'Inde ou du Māzandarān. Les **ostraca** de l'époque sassanide sont relativement peu nombreux et proviennent en grande partie du sol iranien (Ray, Šīrāz), mais aussi de l'Ouzbékistan ou du Turkménistan actuels. Comme déjà avec leurs pendants de l'époque arsacide, il s'agit principalement de récépissés. En revanche, les quelques centaines de **papyrus** moyen-perses proviennent tous d'Égypte et datent de la brève occupation sassanide entre 619 et 629. Ils contiennent dès lors des ordres militaires pour les garnisons perses, des listes de provisions pour les soldats, de la correspondance d'affaires et, plus rarement, des lettres privées.

LA LITTÉRATURE PARTHE ET MOYEN-PERSE MANICHÉENNE

Aucun ouvrage parthe de l'époque arsacide n'a survécu dans sa forme originale. Il est cependant possible d'en obtenir une impression indirecte par le biais des rédactions moyen-perses, persanes ou géorgiennes de deuxième, voire de troisième main. Les ouvrages originaux d'une certaine longueur datent par contre tous de l'époque sassanide. Une fois de plus, la raison principale de la perte d'un tel ordre de grandeur repose dans **le caractère oral** de la littérature profane tout aussi bien que religieuse. C'est sans doute à l'époque arsacide aussi que certains cycles épiques originaires de l'Iran oriental, comme celui des Kayanides ou du héros saka Rostam, ont été transportés vers l'ouest du territoire iranien. Ils y ont survécu des siècles durant jusqu'à leur intégration dans le *Xvadāy-Nāmag* « Livre des seigneurs » à l'époque sassanide tardive (cf. ci-dessus). Un fragment du cycle kayanide subsiste dans l'***Ayādgār ī Zarērān*** « Mémorial de Zarēr », un des rares ouvrages parthes ou moyen-perses de la littérature non religieuse, même si la religion n'y est pas totalement absente, car le texte traite des combats héroïques que les Iraniens et leur roi Vištāsp ont livrés contre les Huns du roi Arǰāsp. Ces derniers avaient tenté de forcer les premiers à abandonner leur religion zoroastrienne. La version qui nous est parvenue est une rédaction moyen-perse tardive de l'époque post-sassanide, mais est indubitablement parthe à l'origine et contient encore nombre de mots et d'expressions parthes. Le ton général du récit est héroïque et des passages entiers ont été repris presque textuellement dans le *Šāhnāma*. La romance de ***Vīs u Rāmīn***, qui raconte l'amour de Rāmīn pour Vīs, l'épouse de son frère, le roi Mōbad, est également d'origine parthe, mais n'a survécu que dans une version persane du XIe siècle et une géorgienne du XIIe siècle, par l'intermédiaire d'une rédaction moyen-perse, elle aussi perdue. La littérature de sagesse est représentée par le ***Draxt asūrīg*** « L'arbre babylonien », un autre ouvrage préservé dans une rédaction moyen-perse uniquement : il s'agit d'un concours entre un palmier et une chèvre, remporté par cette dernière, et qui semblerait être une allégorie pour démontrer la supériorité de la vie pastorale sur l'agriculture.

Ces trois textes sont ancrés dans la tradition zoroastrienne, mais **la masse de la littérature parthe est manichéenne**. Celle-ci est attestée du IIIe au Xe siècle (avec une apogée entre les IVe et VIe siècles), même si très peu de textes ont survécu, tels que les cycles hymniques ***Huvīdagmān*** « Notre chance » et ***Angad Rōšnān*** « Riche des lumières ». Ceux-ci ont tous deux reçu leur nom d'après les premiers mots du premier chant et sont attribués à **Mār Ammō**, un élève iranophone de Mānī. Les textes les plus tardifs ont peu de qualités littéraires, vu qu'ils ont manifestement été rédigés par des Sogdiens pour qui le parthe était devenu une langue liturgique morte. Même si Mānī était d'origine parthe (cf. l'entrée correspondante dans les repères biographiques), c'est en araméen qu'il a écrit ; une seule de ses œuvres l'est dans une langue iranienne (par lui-même ou par un traducteur). Il s'agit du ***Šābuhragān*** « Livre de Šābuhr » en moyen-perse, par lequel Mānī s'est adressé directement au nouveau roi des rois Šābuhr Ier dans sa propre langue afin de le convaincre de se convertir à sa religion. Le style de l'ouvrage (dont il ne reste que des

LES PERSES

fragments) est parfois un peu maladroit, ce qui pourrait être un indice de l'état encore peu développé de la littérature moyen-perse au IIIe siècle. Les autres livres de Mānī (l'*Évangile*, le *Trésor*, les *Mystères*, les *Légendes*, l'*Image*, les *Géants*, les *Lettres*, et les *Psaumes et Prières*) ont tous été écrits dans son dialecte araméen, mais le prophète lui-même a toujours encouragé les traductions dans des langues vernaculaires. À part les textes de la main de Mānī lui-même, il existe d'autres documents en moyen-perse, parthe et sogdien qui comprennent des récits hagiographiques avec des détails sur sa vie, l'histoire de son « Église », l'activité missionnaire, etc. Le dernier texte moyen-perse en prose et daté a été écrit au deuxième quart du IXe siècle. La plupart des textes parthes et moyen-perses sont toutefois versifiés et parfois aussi destinés à être chantés avec accompagnement musical. Parmi les hymnaires moyen-perses importants, il faudrait citer le ***Gōvišn īg Grīv Zīndag*** « Hymne de l'âme vivante » et le ***Gōvišn īg Grīv Rōšn*** « Hymne de l'âme lumineuse ». La qualité littéraire de toute cette littérature manichéenne en parthe, moyen-perse (et sogdien) n'est peut-être pas exceptionnelle, mais elle constitue incontestablement un pas important dans la transition de la littérature orale à la littérature écrite.

LA LITTÉRATURE MOYEN-PERSE MAZDÉENNE

La littérature moyen-perse autre que manichéenne est un peu mieux préservée que son pendant parthe, mais elle est aussi quasi exclusivement religieuse (mazdéenne), si l'on laisse de côté le Xvadāy-Nāmag et les quelques autres ouvrages de la littérature de cour déjà mentionnés. À la même tradition s'ajoute encore l'histoire légendaire du ***Kārnāmag ī Ardaxšīr ī Pābagān*** « Livre des gestes d'Ardaxšīr, fils de Pābag ». La traduction (du reste fort servile) et le commentaire moyen-perses de l'Avesta occupent aussi une partie importante de la littérature mazdéenne (cf. ci-dessus). À l'époque post-sassanide, à une période où la connaissance de la langue avestique s'amenuisait, de **grandes compilations en relation avec des thèmes religieux particuliers devinrent très populaires.** Le ***Dēnkard*** « Livre de la religion », une énorme compilation tardive du IXe siècle en neuf livres, est de loin l'ouvrage le plus volumineux de ce genre : il s'agit d'une sorte d'encyclopédie des connaissances mazdéennes, rédigée dans un style sec et affecté, qui

Araméen d'empire		Inscriptions		Moyen-perse	
		Parthe	Moyen-perse	Psautier	Livres
' ('ālep̄)					
b (bēt̠)					
g (gimel)					
d (dālet̠)					= g
h (hē)					
w (wāw)					
z (zayin)					
ḥ (ḥēt̠)					= '
ṭ (ṭēt̠)					
y (yōd̠)					= g
k (kap̄)					
l (lāmed̠)					
m (mēm)					
n (nūn)					= w
s (sāmek̠)					
ʿ (ʿayin)			= w	= w	= w
p (pē)					
ṣ (ṣād̠ē)					
q (qōp̄)			= m	= m	= m
r (rēš)		= '	= w	= w	= w
ś/š (ś/šīn)					
t (tāw)					

Les variantes de l'alphabet moyen-perse

représente à elle seule environ un quart de la littérature moyen-perse, et dont le livre VII comprend la légende la plus complète de la vie de Zoroastre et le livre VIII un sommaire de l'Avesta original. Une autre compilation de la même époque et du même type est le ***Bundahišn*** « Création » ou *Zand-āgāhīh* « Connaissance du Zand » qui porte sur la cosmologie mazdéenne et l'histoire du monde. Elle est préservée dans une version brève « indienne » qui est inférieure à la version longue iranienne. Le ***Škand Gumānīg Vizār*** « Solution levant le doute » occupe une place à part et contient, dans un style élevé mais clair une apologie de la religion mazdéenne et une polémique contre d'autres religions, en particulier l'islam, le judaïsme, le christianisme et le manichéisme. Un dernier ouvrage de ce type est le ***Vizīdagīhā ī Zādspram*** « Sélections de Zādspram » (appelé ainsi d'après son auteur Zādspram, fils de Gušn-J̌am), une sorte d'anthologie de textes sur la création de l'univers, la formation de l'homme, la vie de Zoroastre et la rénovation finale du monde.

La littérature religieuse comprend en outre des écrits eschatologiques (comme l'*Ardā Vīrāz Nāmag* « Livre d'Ardā Vīrāz », un récit en prose populaire dans un style simple à propos du juste Vīrāz et de son voyage dans l'au-delà, etc.) et **apocalyptiques** (comme le *Zand ī Vahman Yasn* « Interprétation du Vahman Yašt », une prophétie sur le pays des Iraniens jusqu'à la fin des temps, ou encore le *J̌āmāsp Nāmag* « Livre de J̌āmāsp », une autre prophétie, incorporée plus tard comme le seizième chapitre de l'*Ayādgār ī J̌āmāspīg* « Mémoires de J̌āmāsp »), des textes **normatifs** (tels que le *Šāyast nē-Šāyast* « [Choses] permises et non permises » ou le *Čim ī Kustīg* « Raisons pour la ceinture sacrée », etc.) et **didactiques** (*Dādestān ī Mēnōg ī Xrad* « Jugements de l'esprit de la raison », *Dādestān ī Dēnīg* « Jugements religieux » et les trois « Lettres de Manuščihr »). La **littérature de sagesse** (*andarz* « conseil ») enfin fut particulièrement cultivée par les prêtres mazdéens (par exemple dans le *Pandnāmag ī Zardušt* « Livre des conseils de Zoroastre » ou le *Čīdag Andarz ī Pōryōtkēšān* « Recueil des avis des anciens maîtres », etc.), parfois sous forme de devinettes (comme dans le *Mādayān ī J̌ōšt ī Friyān* « Livre de J̌ōšt ī Friyān », un mazdéen qui résout toutes les devinettes qui lui sont posées par le sorcier Axt). Les **livres juridiques** ont probablement été fort nombreux à l'époque sassanide, mais il n'en reste qu'un seul ouvrage, à savoir le *Mādayān ī Hazār Dādestān* « Livre des mille jugements ». Celui-ci ne constitue pas un code normatif, mais discute d'un grand nombre de cas juridiques réels ou hypothétiques dans le domaine du droit du mariage, de l'héritage, de la propriété, du commerce, etc. **Il reste très peu d'ouvrages moyen-perses de contenu non religieux** ; on pourrait citer ceux-ci parmi d'autres : le *Šāhrestānīhā ī Ērānšahr* « Villes d'Iran », un catalogue des principales villes avec leurs fondateurs ; l'*Abdīh ud Sahīgīh ī Sēstān* « Merveilles et phénomènes prodigieux du

Sīstān » ; le *Vizārišn ī Čatrang* « Explication du jeu d'échecs » ; et le *Husrav ī Kavādān ud Rēdak-ē* « Husrav, fils de Kavād, et un page ». Ce dernier ouvrage donne une image vivante du luxe à la cour sassanide de l'époque du roi des rois Husrav Ier, sous forme de questions posées par le roi à son page au sujet de toutes sortes de plats de viande et de volaille, de friandises, desserts et fruits, de vins, d'instruments de musique, de parfums, de fleurs, de femmes et de montures. Deux traités politiques n'ont survécu que dans une traduction arabe (le « Testament d'Ardaxšīr ») ou persane (la « Lettre de Tansar »).

Que la littérature moyen-perse ait été beaucoup plus riche à l'origine se devine en partie par les nombreuses traductions arabes et adaptations persanes d'ouvrages moyen-perses. Les raisons de cette formidable **perte** sont nombreuses : le zèle religieux des prêtres mazdéens et la mise à l'index de certains ouvrages non conformes, la conquête de l'Iran par les musulmans (même s'il est vrai que beaucoup d'ouvrages moyen-perses n'ont pas été rédigés avant le IXe ou le Xe siècle) et les invasions des Mongols, ou encore le passage à l'écriture arabe et l'oubli progressif de la littérature précédant les belles-lettres persanes classiques peuvent peut-être fournir autant d'explications.

SCIENCES

À l'exception de la médecine et l'astronomie/astrologie, les sciences ne sont pas encore très développées en Iran à l'époque préislamique, comparativement à l'époque suivante et contrairement aussi aux savoirs dans les pays voisins. Même les disciplines philologiques n'échappent pas à cette règle : à la différence de l'Inde par exemple, il n'y avait aucune tradition de grammairiens et, même si les Perses ont écrit des textes en vers, il n'existe apparemment aucun traité de métrique. Seule la **lexicographie** semble avoir connu un certain succès avec la rédaction de glossaires (cf. ci-dessus *Frahang ī Ōīm* et *Frahang ī Pahlavīg*) et de listes de mots mono- ou bilingues dans la tradition mésopotamienne. Parmi les textes fragmentaires provenant de Tourfan en Asie centrale, des dizaines d'exemples de listes de ce genre, destinées à aider les traducteurs sogdiens ou turcs de textes manichéens, sont attestés. Classées alphabétiquement ou par thème, ces listes traduisent des mots du moyen-iranien occidental (parthe ou moyen-perse) en sogdien ou du sogdien en turc, et portent entre autres choses sur les noms de divinités manichéennes, de peuples et de groupes sociaux, de métiers, de constellations ou encore de membres et parties du corps.

Dans cette énumération de disciplines scientifiques, n'oublions pas la **métaphysique** iranienne. S'il est vrai que, à part les traités encyclopédiques tardifs tel que le *Bundahišn* « Création » (IXe siècle), aucun livre perse proprement dit philosophique ne nous est parvenu, il convient tout de même d'évoquer la possible influence de la pensée métaphysique perse sur les présocratiques (Anaximandre, Empédocle, etc.), et inversement celle d'Aristote et d'autres philosophes grecs sur les érudits mazdéens (notamment par le biais de traductions syriaques). Rappelons enfin que Husrav Ier avait accueilli à bras ouverts pour quelques mois en 532 les sept derniers néoplatoniciens après la fermeture de leur école à Athènes en 529. C'est également à l'intention de Husrav Ier qu'un chrétien du nom de Paul le Perse avait composé un abrégé de la pensée aristotélicienne en langue syriaque.

Médecine

La mythologie perse attribue l'introduction de la **médecine** en Iran à J̌amšēd (avest. *Yima.xšaēta*), un des premiers héros-rois. On comprend dès lors que celle-ci ait longtemps été **de nature magico-religieuse**. En effet, les mazdéens distinguent principalement (avec quelques variantes) trois catégories de médecins, selon qu'ils soignent les malades à l'aide de la parole sainte et d'incantations (avest. *mąθra*), de plantes (avest. *uruuara*) ou du couteau (avest. *kərəta*). Il va sans dire que la première thérapie (éventuellement accompagnée de libations ou de l'usage d'amulettes) était considérée comme la plus efficace aux yeux des prêtres, et les deux premières pratiques relevaient d'ailleurs de leur domaine ; la troisième méthode, celle de la chirurgie, était de nature profane et réservée à la classe des artisans. Le *Dēnkard* « Livre de la religion » va même jusqu'à subdiviser le groupe des médecins en cinq classes, conformément à leurs qualités morales.

Dans ce contexte, il n'est pas surprenant que les connaissances anatomiques et physiologiques aient été plutôt limitées. En cas de maladie, le diagnostic se faisait donc évidemment sur la base de symptômes externes. **Le corps humain était considéré comme un microcosme à l'image du monde matériel**. La doctrine grecque des quatre liquides (le sang, le flegme, la bile rouge et la bile noire) est adaptée à la dogmatique mazdéenne, et les humeurs sont ainsi associées aux « quatre classes d'hommes que sont les prêtres qui enseignent, les guerriers qui frappent, les agriculteurs qui nourrissent et les artisans qui rendent service » (cf. Les classes sociales, chap. III). Les textes moyen-perses tardifs connaissent tout de même les « sept couches du corps » (de l'intérieur à l'extérieur : moelle, os, chair, nerfs, veines, peau, poils) ainsi que divers organes (estomac, foie, rate, cœur, poumons, vésicule biliaire, intestins, vessie et cerveau). Les **maladies** sont souvent mises en rapport avec un péché et concernent des fièvres, maladies d'intestin et de peau, maladies mentales et infectieuses, dérèglement du cycle menstruel, etc. Une libation de la boisson sacrée *haoma* était censée être un « traitement » particulièrement efficace en cas de maux de membres, hémorragies, dérangements de l'appareil digestif, affections des voies urinaires, et un stimulant à la reproduction...

Deux dénominations pour le médecin se trouvent dans les textes moyen-perses : la fonction du *drustbed* (litt. « maître de santé ») semble avoir été en plus haute estime que celle du *(tan-)bizešk* (litt. « guérisseur (du corps) ». D'après le *Vīdēvdād* « Loi sur l'abjuration des démons », il semble même qu'il ait existé une sorte d'examen terminal durant lequel un candidat médecin devait opérer trois mazdéens sans causer de dommages corporels à ceux-ci ! Le même texte précise qu'un médecin avait droit à un **honoraire** (un animal de gros bétail, allant d'une ânesse à une vache, une jument ou une chamelle) qui ne dépendait pas de sa prestation à lui, mais de la situation financière et familiale de son patient. En revanche, les traitements collégiaux entre membres de la classe des prêtres étaient gratuits.

Une bonne partie des **médecins** à la cour des rois achéménides et sassanides était d'origine étrangère. De toute évidence, les Achéménides avaient beaucoup de confiance en leurs médecins égyptiens (comme Udjahorresnet à l'époque de Cambyse et de Darius) « qui passaient pour être les premiers dans l'art de la médecine », aux dires d'Hérodote. Plusieurs médecins grecs ont également travaillé pour eux, par choix ou par contrainte : les représentants grecs les plus célèbres furent sans doute Démocédès de Crotone (le médecin personnel de Darius Ier et de son épouse Atossa), et plus encore **Ctésias de Cnide** (un des médecins à la cour d'Artaxerxès II et surtout auteur d'un ouvrage intitulé *Persika*). En revanche, les Sassanides ont souvent préféré faire appel à des médecins syriens de confession chrétienne, tels que Stéphane d'Édesse ou Gabriel de Šiggār, respectivement les médecins personnels de Kavād Ier et de Husrav II. Le plus renommé des médecins de l'époque sassanide fut sans aucun doute **Burzōy**, médecin à la cour de Husrav Ier. Sa réputation est toutefois moins liée à ses talents médicaux qu'à sa traduction (du sanscrit en moyen-perse) du fameux recueil de contes et de fables *Pañcatantra* « Les cinq traités ». Cette traduction directe est perdue, mais la traduction persane, elle-même basée sur une version arabe de la traduction de Burzōy, a survécu sous forme du *Kalīla wa Demna* « Kalīla et Demna » (les noms de deux chacals dans une des fables). C'est également à l'époque de Husrav Ier que les premiers **hôpitaux** (mp. *bīmārestān*) ont vu le jour à Veh-Antiok-Šābuhr (pers. Gundešāpūr, ar. J̌undišāpūr) au Xūzestān. Contrairement à la fameuse école perse de médecine d'Édesse, fondée au IVe siècle et fidèle aux traditions grecques d'Hippocrate et de Galien, celle de Veh-Antiok-Šābuhr fut plus cosmopolite à l'image de la ville. Elle connut ses heures de gloire à l'époque sassanide tardive (un « congrès » de médecins, présidé par l'*Ērān-drustbed*, le chef du corps des médecins de tout l'empire, s'y est même tenu à l'époque de Husrav Ier) et aux deux premiers siècles de l'islam.

Astrologie et astronomie

En Iran préislamique, **astrologie et astronomie ne sont pas toujours nettement dissociables**, puisque les corps célestes y étaient perçus comme des divinités vivantes, et il n'est donc pas surprenant que les Perses aient cherché à expliquer les influences astrales sur les hommes.

Même s'il n'existe pas de témoignage direct d'une connaissance quelconque de l'astronomie mathématique en Iran à l'époque achéménide, il n'y a point de doute que les Perses aient été impliqués dans la transmission du savoir babylonien vers l'Inde aux Ve-IVe siècles av. J.-C. Mais, dès l'époque parthe, nous en tenons pour ainsi dire la preuve formelle puisque des textes en sanscrit bouddhique provenant de l'Asie centrale et de l'Iran oriental (parfois traduits en chinois à partir du IIe siècle ap. J.-C.) contiennent des adaptations indiennes de théories astronomiques babyloniennes. Au début de l'époque sassanide, les premiers rois des rois ont encouragé les **traductions d'ouvrages grecs (et sanscrits)**. De cette façon, les traités astrologiques de Dorotheus de Sidon, Vettius Valens, Teukros le Babylonien et d'autres, ou encore l'*Almageste*, un traité de mathématiques et d'astronomie par Ptolémée, ont été traduits en moyen-perse. Toutes ces traductions sont aujourd'hui perdues, mais il en existe parfois des traductions secondaires arabes qui illustrent clairement que **le savoir sassanide dans ce domaine était largement syncrétique, combinant les connaissances grecques et indiennes.** Les astrologues perses développèrent toutefois aussi leurs propres techniques dans **l'astrologie historique** qui consistait à déterminer le destin des peuples et des dynasties sur la base de conjonctions des planètes (cf. l'extrait cité ci-dessous).

D'autres textes arabes sont des traductions directes d'ouvrages moyen-perses originaux (également perdus), comme celle d'un traité de l'astrologue sassanide Handarzgār Zādānfarrox. À l'inverse, il n'est pas improbable que des théories indiennes aient trouvé leur chemin en Syrie grâce aux Sassanides. L'encyclopédie populaire du *Bundahišn* « Création » (IXe siècle) contient quelques passages astronomiques et astrologiques (portant notamment sur la mécanique céleste). Des citations dans les travaux du savant al-Bīrūnī (973–ap. 1050) démontrent qu'il existait en outre des *zāyč(ag) ī šahryārān* « **tableaux royaux** », élaborés par les astrologues de la cour. Ils servirent au calcul des positions du soleil, de la lune et des planètes, ainsi qu'à la détermination des éclipses, et furent en même temps une sorte d'horoscopes pour les rois sassanides (à côté de cela, un texte tardif fait encore mention d'éphémérides indiennes et ptoléméennes). Grâce aux indications d'auteurs arabes (et en particulier d'al-Bīrūnī), nous connaissons l'existence d'au moins trois horoscopes de ce genre, rédigés sous Yazdgerd II (vers 450) et III (dans les années 630 ou 640) ainsi que sous Husrav Ier (556).

Toute occasion était bonne pour consulter les astrologues. L'on rapporte que Husrav II fit un affreux carnage parmi les 360 astrologues et devins qu'il avait convoqués au palais afin de les consulter à propos d'un jour favorable pour la construction d'une digue sur le Tigre : l'entreprise avait été un échec. Outre les astrologues, les rois sassanides semblent aussi avoir employé d'autres spécialistes de la **divination** comme des oniromanciens (mp. *xvamnvizār* « qui interprète les songes ») ou des augures (mp. *murvnīš* « qui observe les oiseaux »). Dans la même logique, la littérature apocalyptique mazdéenne (à l'exception notoire de l'*Ayādgār ī J̌āmāspīg* « Mémoires de J̌āmāsp », cf. ci-dessus) accorde une place importante à l'interprétation des signes (mp. *nišān*), miracles (mp. *abdīh*) et merveilles (mp. *škoftīh*).

Selon les Perses de l'époque sassanide, les douze signes du **zodiaque** et les sept planètes déterminent le cours des événements. Tandis que les premiers sont le reflet de la bonté d'Ohrmezd, les dernières sont maléfiques et ont introduit l'injustice dans le monde. À titre d'exemple, les deux extraits suivants du roman populaire *Kārnāmag ī* Ardaxšīr *ī Pābagān* « Livre des gestes d'Ardaxšīr, fils de Pābag » (III 4-6, IV 5-7) témoignent de l'influence que prennent les corps célestes sur la vie des hommes aux yeux des Perses. Ils concernent la fuite du futur roi des rois sassanide Ardaxšīr en compagnie de la concubine de son suzerain parthe Artaban IV (Ardavān), et la manière dont celui-ci apprend la chose :

L'influence des corps célestes sur la vie des hommes

Un jour Artaban manda devant lui les savants et les astrologues (mp. *axtarmārān*, litt. « qui comptent les astres ») qui étaient à la cour, et il leur demanda : « Que croyez-vous concernant les Sept et les Douze, la position et le mouvement des étoiles, et concernant le moment présent, les seigneurs de chaque pays ? Qu'en est-il des peuples du monde, de mes affaires, de celles de mes fils et de mon peuple ? » Le chef des astrologues répondit : « Le Dragon des Éclipses est tombé et l'étoile Jupiter est revenue dans son exaltation. Du côté de la Grande Ourse, Mars et Vénus sont dans leurs termes dans le signe du Lion et prêtent leur concours à Jupiter. Et ce fait même signifie qu'un nouveau seigneur souverain va apparaître, et qu'il tuera beaucoup de roitelets, et qu'il ramènera le monde sous une souveraineté unique. »

(...)

Il (c.-à.-d. Artaban) manda le chef des astrologues et lui dit : « Fais vite, regarde où s'en est allé ce pécheur avec cette putain, et quand nous pourrons les rattraper ! ». Le chef des astrologues dressa l'horoscope, et répondit ainsi à Artaban : « La Lune s'écoule depuis Saturne et Mars pour se joindre à Jupiter et à Mercure, le maître du milieu du ciel se tient en dessous de l'éclat du Soleil. Par là il est manifeste qu'Ardaxšīr s'est enfui, et que l'éclat se trouve du côté du Fārs ; si nous n'arrivons pas à le rattraper d'ici trois jours, nous ne pourrons pas le faire après. »

D'après les mazdéens, la première des créations du dieu suprême Ohrmezd dans le monde matériel (mp. *gētīg*) fut le ciel de pierre (mp. *asmān*) qui enferme les autres créations, avec la terre au centre comme la coquille d'un œuf (cf. Division géographique de la terre, chap. V). Entre la terre et le ciel de pierre sont situées quatre autres sphères (mp. *spihr* « sphère, ciel, firmament », le mot et le concept étant empruntés à la notion grecque de *sphaira*) ou stations (mp. *pāyag*) de corps célestes. De bas en haut, il s'agit d'abord de la sphère des étoiles, partagée à son tour en deux niveaux, le premier étant celui des étoiles fixes, le deuxième celui des étoiles non mixtes (mp. *agumēg*). Au premier niveau de la première sphère se situent notamment les douze signes zodiacaux (mp. *axtar*) ainsi que les 6 480 000 autres étoiles qui les assistent (ce chiffre correspond au nombre de soixantièmes de seconde contenus dans un arc de 30°, soit 60 x 60 x 60 x 30) ; le deuxième niveau est celui de la Voie lactée qui entoure le ciel comme une ceinture. Au-dessus de la première sphère se trouvent alors — d'après les informations du *Hādōxt Nask* (cf. ci-dessus, L'Avesta) — celles de la lune, du soleil et du paradis. Entre la terre et la sphère inférieure, Ohrmezd plaça le vent, les nuages et la foudre. Suite à l'intrusion dans le ciel par Ahreman « mauvais esprit » et ses démons (dont font partie les planètes [mp. *abāxtar*, litt. « rétrograde »]), le soleil fut déplacé de sa position initiale et se mit à tourner autour de la terre, tout comme les autres corps célestes, créant ainsi le jour et la nuit et les saisons (cf. aussi Division géographique de la terre, chap. V).

Les signes zodiacaux selon le Bundahišn

moyen-perse		latin	
varrag	« agneau »	*Aries*	« bélier »
gāv	« taureau »	*Taurus*	« taureau »
dō-pahikar	« ayant deux images »	*Gemini*	« gémeaux »
karzang	« crabe »	*Cancer*	« cancer »
šagr	« lion »	*Leo*	« lion »
hōšag	« épi »	*Virgo*	« vierge »
tarāzūg	« balance »	*Libra*	« balance »
gazdum	« scorpion »	*Scorpio*	« scorpion »
nēmasp	« demi-cheval, centaure »	*Sagittarius*	« sagittaire »
vahīg	« chevreau »	*Capricornus*	« capricorne »
dōl	« seau »	*Aquarius*	« verseau »
māhīg	« poisson »	*Pisces*	« poisson »

Dans la sphère inférieure, chacun des douze signes zodiacaux s'étale sur 30 degrés (mp. *suš*) de longitude et est subdivisé en trois décans (mp. *dahīg*) de 10 degrés (pour les minutes, les Perses employaient le terme mp. *lipī*, sans doute emprunté au mot grec *leptē*). D'autre part, l'écliptique est divisé en 27 secteurs de 13° 20' chacun, les Perses sassanides ayant ainsi modifié le système indien de 28 *nakṣatra* (utilisé aussi par les manichéens sogdiens). Comme on peut le constater, les noms moyen-perses des signes zodiacaux dans le *Bundahišn* correspondent plus ou moins aux noms (grecs et) latins (eux-mêmes très proches de ceux du zodiaque babylonien). Seul le sixième signe a reçu son nom de l'astre le plus brillant de la constellation (lat. *spica* « Épi »). Toujours conformément au *Bundahišn*, quatre commandants d'un quadrant d'étoiles (et de nombreux sous-commandants) exercent le pouvoir sur la sphère des étoiles fixes sous la direction d'un commandant en chef. Les cinq planètes s'opposent à eux (notons que le soleil et la lune, étant des créations d'Ohrmezd et donc fondamentalement bons, ont été enlevés du nombre originel de sept).

En outre, le *Bundahišn* a classé les astres selon leur taille et leur vitesse. Les étoiles les plus grandes ont la taille d'une chambre, les moyennes ressemblent à des roues et les petites à la tête d'une vache domestiquée... La vitesse du soleil (le corps céleste le plus éloigné de la terre dans la sphère supérieure, cf. ci-dessus) est identique à celle d'une flèche à trois plumes tirée d'un grand arc par un homme de grande taille, et celle de la lune et des étoiles décroît à l'avenant par rapport à leur distance à la terre. Parmi les étoiles, *Tištar* (Sirius « α Grand Chien ») et *Bašn* (Bételgeuse « α Orion ») sont les plus rapides (voir tableau page suivante).

Les principales étoiles et leurs adversaires planétaires

	Étoile commandant	Planète antagoniste
Nord	mp. *Haftōring* (avest. réc. *haptōiringa* « ayant sept signes distinctifs ») = *Ursa Maior* « Grande Ourse » Fonction : garde du point nord	mp. *Ohrmezd* = Jupiter Fonction : planète associée à la vie
Est	mp. *Tištar* = *Sirius, Canis Maior* « α Grand Chien » Fonction : patron des eaux atmosphériques et terrestres	mp. *Tīr* = Mercure Fonction : planète associée à l'air
Chef	mp. *Mēx ī Gāh* (litt. « Piquet de la Place [= du Pôle] ») ou *Mēx ī miyān asmān* (litt. « Piquet du milieu du ciel ») = *Polaris* « Étoile Polaire » Fonction : chef des étoiles, grâce à sa position centrale	mp. *Kayvān* = Saturne Fonction : planète associée au froid et à la mort
Sud	mp. *Sadvēs* = *Fomalhaut* « α Poisson austral » ? Fonction : protecteur des mers et assistant de Tištar	mp. *Anāhīd* = Vénus Fonction : planète associée à l'eau
Ouest	mp. *Vanand* = *Véga* « α Lyre » Fonction : « guérisseur » qui chasse les démons et protège la chaîne de montagnes encerclant le monde (cf. Division géographique de la terre, chap. V)	mp. *Vahrām* = Mars Fonction : planète associée à la chaleur

VIII

LES ARTS

L'art iranien avant l'arrivée au pouvoir des Achéménides est avant tout caractérisé par une grande diversité correspondant à la variété géographique du pays. Les premières expressions artistiques concernent essentiellement la vaisselle (peinte) de terre cuite ainsi que les figurines en argile, aussi bien que des sceaux. S'il est possible de reconnaître une certaine uniformité dans les motifs iconographiques représentés (il s'agit souvent de femmes, d'animaux ou d'êtres composites), il est frappant de voir que le style des pièces diverge radicalement selon les régions et les périodes, ce qui entraîne une grande difficulté de classement chronologique et géographique des objets, étant donné que la plupart ne proviennent pas de fouilles régulières.

Au tournant du IVe au IIIe millénaire av. J.-C., l'art des premiers centres urbains (notamment de Suse) commence à émerger et suit encore l'influence de l'art mésopotamien. **Aux deux premiers millénaires avant notre ère** se développe alors **l'art élamite** sur le territoire iranien. Si nous sommes beaucoup moins bien informés sur les autres régions du vaste territoire iranien, il convient tout de même de soulever rapidement la remarquable production artistique de **Ḥasanlū** (XIIe-IXe siècles av. J.-C.) et de **Mārlīk** (XIIe-Xe siècles av. J.-C.) en Azerbaïdjan, allant de figurines d'argile jusqu'à de magnifiques récipients en or et en argent, ainsi que le trésor de **Zīwīya** (fin VIIIe-VIIe siècles av. J.-C.) au Kurdistan, avec des pièces en ivoire, des plaques d'or repoussées, des brides en argent, etc. Quant aux fameux **bronzes de Luristan** (Lorestān) dans le mont Zagros autour de Bābā J̌ān et autres centres, ils connurent leur apogée entre les IXe et VIIe siècles av. J.-C. (cf. Chronologie fondamentale, chap. I).

L'art achéménide est presque exclusivement mis au service du grand roi, et se caractérise en outre par son éclecticisme, inspiré par des éléments architecturaux ourartéens, médiques et grecs, des

Deux fragments d'une coupe en or provenant de Ḥasanlū

Quelques objets en or et en ivoire provenant du trésor de Zīwīya

modèles iconographiques élamites, syriens et babyloniens, ainsi que par la reprise des techniques artisanales des reliefs néo-babyloniens. L'on remarquera par ailleurs que l'art achéménide se développa en relativement peu de temps (moins d'un siècle) et ne subit quasiment plus de modification après le règne de Xerxès Ier (486-465 av. J.-C.). À l'exception d'objets métalliques (monnaies, bijoux, etc.), l'exportation de l'art achéménide dépassa rarement les frontières de l'Iran actuel.

L'art parthe des Arsacides ne fut pas moins éclectique, mélangeant des éléments iraniens (achéménides), hellénistiques et centrasiatiques, **mais il est en revanche plus difficile à définir**. En effet, les œuvres que l'on considère en général comme étant de l'art parthe proviennent la plupart du temps de la périphérie voire de l'extérieur de l'empire parthe (Hatra, Assour, Palmyre, Doura, etc.), et, à l'inverse, l'art des capitales parthes (Hécatompyle, Ecbatane, et Ctésiphon) a presque totalement disparu. Il est donc nécessaire d'élargir le terme d'« art parthe » dans ce sens. Parmi les caractéristiques de la sculpture parthe, l'on relève **la frontalité, la rigidité et l'hiératisme des représentations avec une attention particulière pour les détails, ainsi qu'une approche conceptuelle plutôt que visuelle dans les représentations des hommes.**

Parmi toutes les expressions d'art iranien préislamique, **l'art sassanide est de loin le mieux documenté** : décoration architecturale en stuc, (bas-)reliefs, argenterie, gemmes et sceaux, monnaies, textiles, peintures murales, mosaïques de sol, verrerie et vaisselle. Mais, en dépit de cette relative richesse, la provenance de beaucoup d'objets (en particulier celle des coupes d'argent) reste inconnue, et les critères de datation fiables sont peu nombreux. À ce jour, aucun site sassanide n'a fait l'objet d'une fouille systématique, même pas Fīrūzābād ou Veh-Šābuhr (Bīšāpūr) qui demeurent pourtant les sites les mieux connus. **Si l'art sassanide reprend incontestablement des éléments décoratifs de l'art achéménide, il serait malencontreux d'y voir une réaction volontaire contre l'art parthe** qu'il continue moins par le style que par le choix des thèmes iconographiques. Enfin n'oublions surtout pas **l'influence indéniable de l'art romain**, notamment dans les reliefs et les objets de verre, **et celle de l'Inde et de l'Asie centrale**, en particulier vers la fin de l'époque sassanide. À l'inverse, **l'art sassanide a aussi exercé une très grande influence sur les expressions artistiques des peuples voisins occidentaux comme orientaux**, notamment sur l'architecture byzantine et romane (en France et en Espagne), les textiles coptes et la miniature éthiopienne, ainsi que les motifs géométriques et figuratifs de l'art en Asie centrale. À cela s'ajoute que la peinture murale atteignit la Chine par les différentes voies de la route de la Soie. Des traces des Sassanides ont du reste non seulement été détectées au sud de la Russie, mais aussi en Cyrénaïque et en Nubie, et des monnaies sassanides ont même été retrouvées sur l'île de Zanzibar. Plus impressionnant encore, de la vaisselle partho- et arabo-sassanide a été découverte jusqu'au Mozambique et dans d'autres régions de la côte est-africaine.

L'art sassanide est caractérisé par un style fonctionnel et clair avec des images stylisées plutôt que réalistes, la répétition de motifs standardisés et autres sujets représentés (sans doute dû à l'importance politique ou cultique de la production artistique qui demeure avant tout celle des élites dynastiques et religieuses au pouvoir).

ARCHITECTURE ET MONUMENTS

L'architecture de la période mède est très mal connue : les fouilles de la ville d'**Ecbatane** ont commencé il y a à peine deux décennies et n'ont pas tellement progressé depuis. D'autres sites de l'époque

Détail d'un chapiteau d'une colonne de l'apadāna à Persépolis

mède ont fait l'objet de prospections, mais attendent encore souvent des fouilles plus systématiques. À **Godīn Tepe,** dans la vallée de Kangāvar, les fouilles américaines ont relevé une série de bâtiments en briques d'argile (dont une grande salle de réception presque quadrangulaire avec cinq rangées de six colonnes), faisant part d'un site de dimensions assez importantes. Le quartier au nord-est du site semble contenir un grand bâtiment voûté avec deux rangées opposées de six magasins étroits ; un large escalier construit à l'extérieur du bâtiment mène à un étage supérieur. Les quatre bâtiments principaux du site de **Nuš-e J̌ān** semblent au contraire avoir eu un caractére plutôt religieux, avec deux temples en forme de tour, une fortification de deux étages, utilisée à la fois pour le stockage et la résidence, ainsi qu'une grande salle à colonnes en bois. Un élément commun des sites mèdes est **l'utilisation de briques d'argile** (de 40 x 25 x 13 cm à Nuš-e J̌ān) comme matériau de construction ; la pierre n'y était guère utilisée.

Pour la période achéménide, aucune construction architecturale ne peut être datée avant Cyrus. Sa tombe à **Pasargades** (réinterprétée à l'époque islamique comme étant la tombe de la mère de Solomon) est le monument achéménide le plus ancien. Cyrus y avait également construit des palais (dont un avec la fameuse représentation du « génie ailé ») pour commémorer sa victoire sur son suzerain mède Astyage (550/49 av. J.-C.). Ces bâtiments, ainsi que la tour appelée Zendān-e Solaymān (inspirée de prototypes ourartéens), font apparaître une forte influence de l'art ionien. Le gros de l'activité architecturale achéménide date toutefois des époques de Darius Ier et de son fils Xerxès Ier et concerne les sites de **Persépolis** et de **Suse** (cf. Capitales et autres villes, chap. II).

Les quelques rares œuvres d'architecture iranienne de **l'époque séleucide** montrent logiquement une **forte présence d'éléments grecs** (par exemple dans l'emploi de tuiles en terre cuite), sauf dans le Fārs, où la présence macédonienne a probablement été trop brève

Plan et façade du palais principal de Hatra

pour laisser des traces durables. À part **Persépolis**, le centre des dynastes dits Frataraka̅, et Suse, rebaptisé en **Séleucie de l'Eulaios** (cf. Capitales et autres villes, chap. II), les deux sites les plus remarquables de cette époque se situent sans doute à l'île de Faylaka dans le golfe Persique et à Āy Xānom en Afghanistan. À **Faylaka**, il y avait une colonie (militaire ?) à partir du milieu du IIIe siècle av. J.-C., avec un petit temple, tandis que la ville d'**Āy Xānom**, fondée au IVe siècle av. J.-C. et abandonnée après sa destruction au milieu du IIe siècle av. J.-C., illustre parfaitement le mélange réussi de styles grec, bactrien, achéménide et mésopotamien : on y trouvait entre autres constructions des bâtiments palatins, un gymnase, un théâtre, des villas luxueuses, un temple avec son *temenos*, un arsenal, une citadelle sur l'acropole, etc.

Une bonne quarantaine de sites parthes, parmi lesquels la ville de **Nisā** mérite d'être mise en avant (cf. Capitales et autres villes, chap. II), sont connus de nos jours, mais **les trois sites les plus spectaculaires de l'époque arsacide** d'un point de vue architectural **(Uruk-Warka, Assour/Aššur et surtout Hatra)** se situent dans la périphérie de l'empire parthe. De l'impressionnante ville de Hatra, l'on retiendra en premier lieu le temple de Šamaš qui dominait la ville ; il témoigne d'un exemple réussi de syncrétisme dans l'architecture reli-

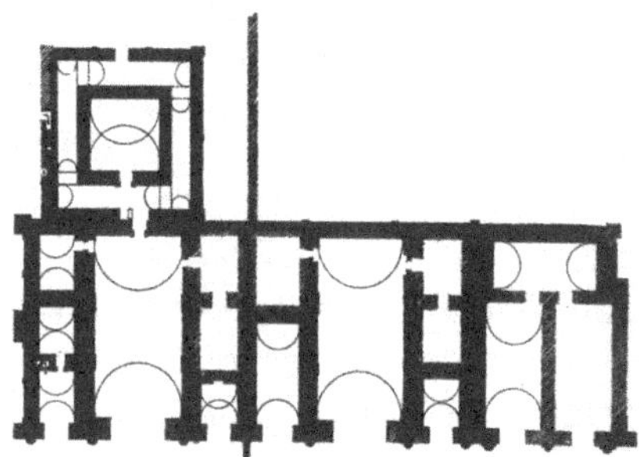

Quelques exemples de panneaux en stuc de l'époque parthe et sassanide

gieuse. S'il y a un trait particulier de l'architecture parthe à relever, ce serait incontestablement **l'apparition de l'*ayvān*** (pers. *īvān*), une grande salle rectangulaire voûtée, ouverte par un côté vers une cour centrale (la technique fut ensuite perfectionnée par les Sassanides). Cette invention attribuée aux Parthes fut elle-même précédée par l'introduction de **l'arc en plein cintre** et de **la voûte en berceau**. Il reste à noter que les Parthes avaient abondamment utilisé **la décoration architecturale en stuc**, dont l'on trouve de beaux exemples dans les palais d'Uruk-Warka en Mésopotamie, de Qalʿa-ye Yazdgerd en Iran occidental, et de Kōh-e Khvāǰa au Sīstān. La décoration était peinte de couleurs vives (en particulier de rouge et de bleu, comme à l'époque sassanide) et comprenait des motifs géométriques, végétaux (palmettes, fleurs, sarments) ou figuratifs.

L'architecture sassanide se caractérise par l'introduction de **la maçonnerie à base de mortier** et par **la perfection des techniques de voûtes** qui s'ensuit. Les Parthes avaient déjà commencé à abandonner les briques d'argile crues pour des briques cuites dans la construction de voûtes, mais les Sassanides les ont employées de manière plus systématique pour leur architecture d'un niveau technique plus élevé. La qualité des différentes constructions voûtées dépend toutefois essentiellement de l'emploi du mortier à base de gypse. Une autre contribution architecturale significative des Sassanides concerne l'utilisation de **la**

coupole sur trompes au-dessus d'une salle quadrangulaire ; la technique, reprise plus tard dans l'architecture islamique, est déjà pleinement développée au début du IIIe siècle ap. J.-C. dans le palais d'Ardaxšīr Ier à Fīrūzābād (appelé *ātaškada* « Maison du feu »). La technique était également utilisée dans les temples de feu du type *čahār ṭāq* (litt., « quatre arcs », peut-être à l'origine de la coupole en ogives en Europe via l'Arménie), comme dans le Taxt-e Nišīn à Fīrūzābād (cf. Le mazdéisme et le zurvanisme des Sassanides, chap. VI). **Les colonnes**, moins utilisées qu'auparavant, étaient parfois fines, notamment dans les bâtiments plus tardifs sous influence byzantine (par exemple à Ṭāq-e Bostān), mais demeuraient la plupart du temps des piliers massifs, ronds ou rectangulaires. **La décoration avec des reliefs en stuc** (comme à Hājjīābād, Ctésiphon, Dāmghān, etc.), appliquée sur les murs dressés d'éboulis de roches et de mortier, est encore plus fréquente qu'à l'époque parthe.

Dans l'ensemble, les constructions palatines sassanides restent relativement peu connues et peu nombreuses. Outre les deux palais d'Ardaxšīr Ier, l'*ātaškada* à Fīrūzābād et le plus ancien **Qalʿa-ye Doxtar** (en fait plutôt une forteresse qu'un palais), quelques kilomètres plus loin (cf. Capitales et autres villes, chap. II), seul le **Taxt-e Solaymān** en Azerbaïdjan (datant de l'époque des deux rois du nom de Husrav) et le **Ṭāq-e Kesrā** à Ctésiphon avec sa façade de 105 m de long débouchant sur un énorme *ayvān* (45 m de long, 25,5 m de large et 36 m de haut), dont la construction est de nos jours en général attribuée à Husrav Ier, aucun autre palais n'a été identifié avec certitude en tant que tel. Des doutes subsistent notamment concernant des bâtiments à **Bīšāpūr** (Veh-Šābuhr) et à **Sarvestān** en Perside, aujourd'hui plutôt qualifiés de complexes de temple. D'autres constructions monumentales de l'époque sassanide méri-

Coupole sur trompes

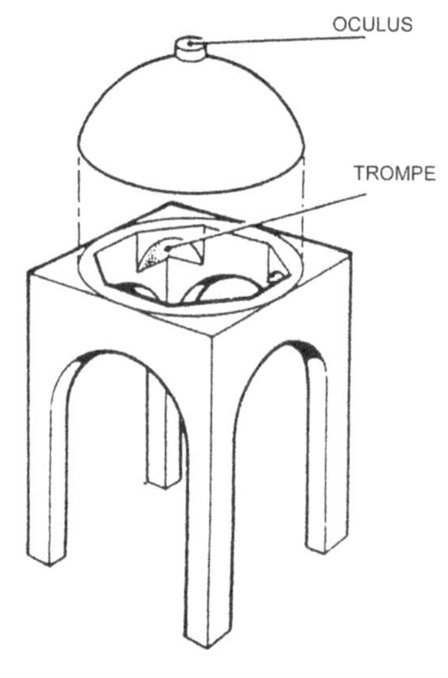

tent également une mention particulière — outre les projets d'urbanisation en général (cf. Capitales et autres villes, chap. II) —, telles que **le rempart de Husrav Ier à Derbend** (la « porte des Portes » ou « porte de Fer ») érigé entre le Caucase et la mer Caspienne pour protéger l'Iran contre les invasions nomades du nord, ainsi qu'une vingtaine de **ponts, barrages et autres travaux d'ingénierie civile** en Xūzestān, dans lesquels on reconnaît facilement l'influence de la main-d'œuvre romaine (cf. Travaux d'irrigation, chap. II).

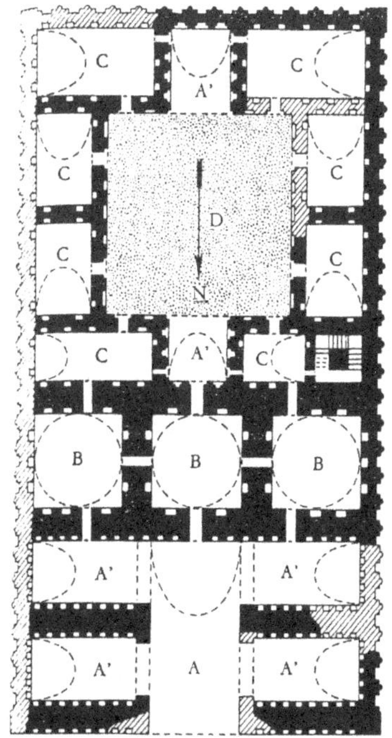

Plan du palais (ātaškada) d'Ardašīr Ier à Fīrūzābād

Façade du Ṭāq-e Kesrā, le palais sassanide de Husrav Ier à Ctésiphon

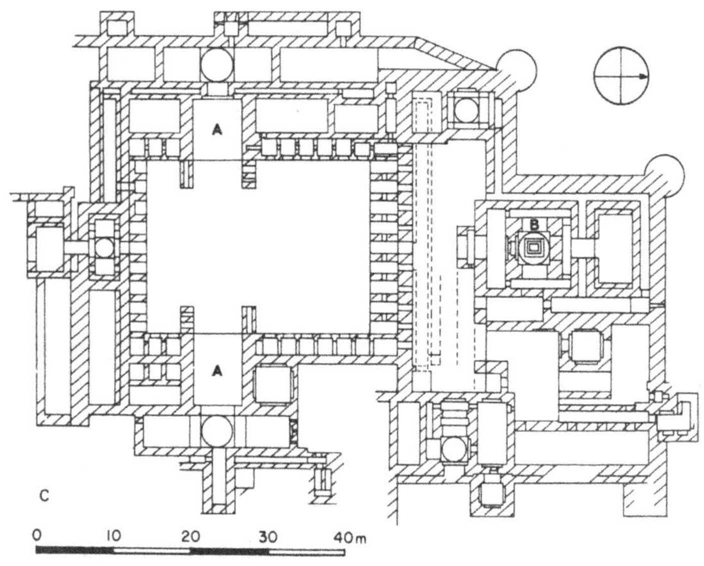

Plan du complexe à Kōh-e Khvāǰa, IIIe siècle ap. J.-C.

SCULPTURE ET RELIEFS

Il n'est pas étonnant de constater que l'art des bas-reliefs rupestres s'est particulièrement bien développé dans un pays aussi montagneux que l'Iran. Le nombre de reliefs en Iran avoisine la centaine et est bien davantage typique du pays que toute autre forme de sculpture. Les reliefs les plus anciens datent de la fin du IIIe millénaire : ils sont situés près de Sar-e Pol dans le mont Zagros, et montrent la victoire d'un roi des **Lullubi** du nom d'Annubanini contre ses ennemis accadiens. Nombreux sont aussi les reliefs de l'époque **néo-élamite** (VIIIe-VIIe siècles av. J.-C.).

Bas-relief d'Anubanini, roi des Lullubi, à Sar-e Pol

La période **achéménide** a également produit — parmi d'autres choses — de nombreux bas-reliefs à Persépolis (les scènes d'audience, le trône du grand roi, la frise des Tributaires, etc.). D'autres encore se trouvent sur les tombes rupestres des rois de Darius Ier (522-486 av. J.-C.) à Darius II (423-404 av. J.-C.), sculptés en haut du rocher de Naqš-e Rostam, à quelques kilomètres de Persépolis. Mais le relief achéménide de loin le plus connu est certainement celui de **Darius Ier à Béhistoun/Bīsotūn**, réalisé entre 522 et 519 av. J.-C. Ce monument d'une hauteur de 3 m et d'une largeur de 5,50 m se trouve à une soixantaine mètres de hauteur sur une paroi préparée à cet effet. Le roi Darius, dont la taille (1,72 m) dépasse celle des autres personnes (1,17 m) représentées, tient un arc dans sa main gauche et lève la main droite. Son pied gauche repose sur son ennemi Gaumāta, couché par terre. Au-dessus du roi est représenté un personnage ailé, dont l'identification demeure contestée (cf. La religion des Achéménides, chap. VI). Derrière le roi se trouvent deux dignitaires qui portent sa lance et son arc. Devant le roi se tiennent debout neuf rebelles, les mains attachées dans le dos et liés les uns aux autres par une corde autour du cou. L'image du dernier des rebelles, le scythe Skunxa, a été rajoutée ultérieurement. Il semblerait que l'arrangement du relief ait été inspiré par celui du roi des Lullubi mentionné plus haut. Outre par des légendes au-dessus et au-dessous des personnes représentées, l'ensemble est accompagné d'une longue inscription trilingue (cf. Les inscriptions, chap. VII). Mis à part les reliefs,

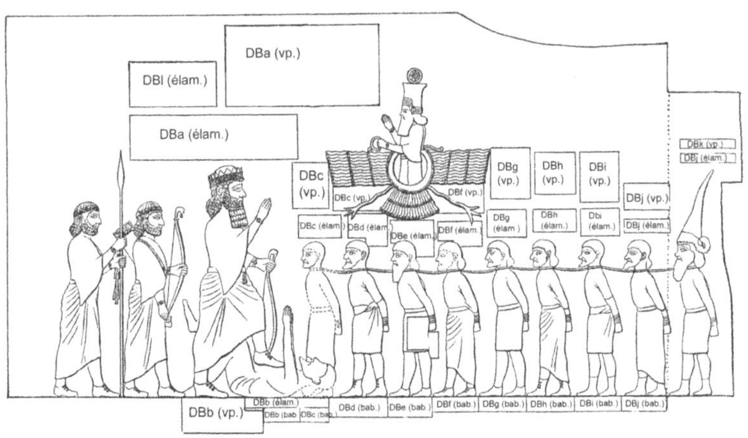

Bas-relief de Darius Ier à Béhistoun/Bīsotūn

la grande statue du roi Darius (sans tête) **retrouvée à Suse** mérite une mention particulière ; sur son socle, les peuples de l'empire sont figurés à l'égyptienne.

Séleucides, et plus encore, Parthes ont continué la tradition iranienne de fabrication de bas-reliefs : **un relief séleucide de Bīsotūn**, de 148 av. J.-C., dédié à Héraklès Kallinikos, montre le héros grec se reposant sur une peau de lion, une coupe à la main. **Deux autres reliefs** (très endommagés) au même endroit, datant **de l'époque parthe**, montrent respectivement des satrapes présentant leurs hommages au roi Mithradate II (124/3-88/7 av. J.-C.) et une victoire du roi Gotarse II (43/4-51 ap. J.-C.). Tous ces reliefs ont été sculptés dans le rocher, mais **d'autres** ont été réalisés sur des blocs de rocher et **sont davantage caractérisés par la frontalité et la linéarité** (ainsi que par une plus grande attention pour les détails de coiffure, de costume, etc.), comme les reliefs à **Xong-e Nowrūzī** (en Xūzestān) de Mithradate Ier (171-139/8 av. J.-C.) en cavalier accompagné d'un page et s'avançant vers un groupe de quatre nobles, ou encore les reliefs de **Tang-e Sarvak** et **Tang-e Botān**, présentant des scènes de combat et d'investiture. Les dynastes dissidents de l'Élymaïde (cf. Alexandre et les Séleucides, chap. I) ont également fabriqué une dizaine de reliefs qui font en quelque sorte le lien thématique entre les reliefs achéménides et sassanides. Parmi les rares sculptures en ronde-bosse datant de cette période, l'on notera en particulier la **tête féminine de marbre** (40 cm de haut) en style

Bas-relief de l'époque séleucide représentant Héraklès Kallinikos

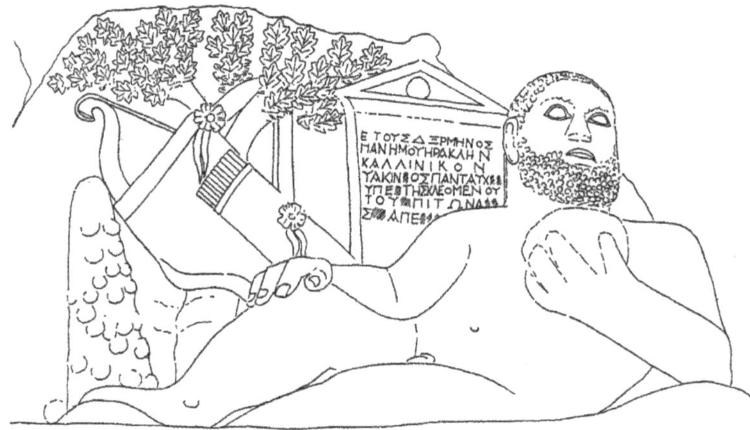

hellénistique, coiffée d'une couronne crénelée, provenant de Suse, et la **grande statue de bronze** (1,90 m) **d'un dynaste parthe**, retrouvée dans le sanctuaire **de Šāmī** en Xūzestān (probablement datable entre 50 av. J.-C. et 150 ap. J.-C.). La figure, dont la tête avec des traits de visage stylisés est trop petite par rapport au corps, porte une tunique et des sortes de jambières en cuir par-dessus le pantalon (cf. Costumes et parures, chap. X). Deux autres têtes masculines, l'une en bronze (27 cm), l'autre en marbre (11 cm) ont été retrouvées dans le même site de Šāmī.

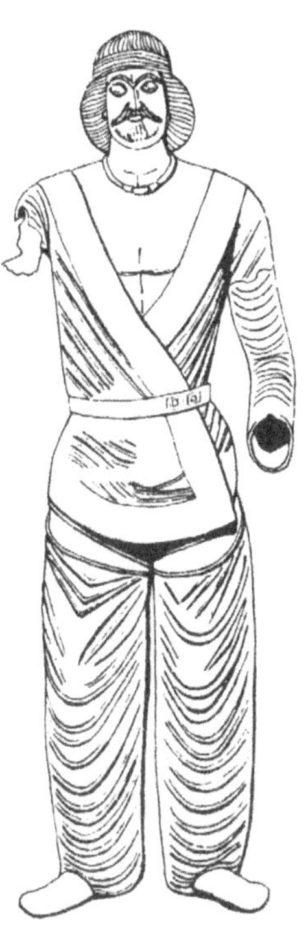

Statue en bronze d'un prince parthe à Šāmī

La trentaine de reliefs sassanides connus aujourd'hui constitue incontestablement l'apogée de cette forme d'art iranien. Remarquons en passant que seulement deux des reliefs rupestres se trouvent en dehors du Fārs (le centre de l'empire sassanide) et se répartissent — à une exception près, généralement attribuée à Husrav II (cf. ci-dessous) — sur une période d'un siècle et demi, entre les règnes d'Ardaxšīr Ier et de Šābuhr III (entre 224 et 388 ap. J.-C.). Parmi les thèmes représentés, celui de **l'investiture royale** (montrant le dieu suprême Ohrmezd qui passe l'anneau du pouvoir, orné d'un ruban, au roi des rois) revient le plus souvent (dix fois), suivi des thèmes du roi triomphant sur ses ennemis (huit fois), et des scènes de combats (quatre fois) ; les autres reliefs montrent le roi sur son trône, avec sa suite ou à la chasse. Relativement peu de reliefs sont accompagnés d'inscriptions, ce qui complique parfois une identification incontestée de toutes les personnes représentées ; quant à l'identification des rois respectifs, elle se fait grâce aux couronnes personnalisées.

Le relief rupestre monumental (18 m de large sur 14 m de haut) à la sortie de la gorge de Fīrūzābād, représentant le roi Ardaxšīr Ier victorieux sur son adversaire Artaban IV (Ardavān), le dernier des rois parthes, est sans doute le premier dans la série des reliefs sassanides. Huit des premiers rois sassanides, d'Ardaxšīr Ier à Narseh (entre 224 et 302 ap. J.-C.), ont fait sculpter leurs reliefs sur le site sacré de

Bas-relief sassanide à Sarāb-e Bahrām représentant le roi des rois Vahrām II entouré de quelques dignitaires

Naqš-e Rostam, là où certains des rois achéménides avaient déjà été ensevelis dans le rocher (cf. ci-dessus). Sans doute faut-il y voir un souci de **légitimation** de leur part ; les scènes représentées ont par ailleurs un caractère très solennel, avec une mise en scène conventionnelle. D'autres reliefs, comme les cinq de Šābuhr Ier représentant ses victoires sur les Romains, semblent par contre poursuivre un autre but encore, celui de la **pérennisation** de faits historiques

Bas-relief sassanide près de Fīrūzābād représentant la victoire décisive du futur roi sassanide Ardaxšīr Ier sur le roi parthe Artaban IV (Ardavān) dans la plaine de Hormizdegān

quelque peu idéalisés : à Naqš-e Rostam, le relief de Šābuhr Ier montre, devant le roi à cheval, les empereurs romains Philippe l'Arabe s'agenouillant et Valérien soulevant ses bras et mains couverts dans un geste d'hommage comme un sujet perse ; un autre relief du roi à Dārābgerd montre aussi l'empereur Gordien III mort et tombé par terre, la face tournée vers le sol, sous le cheval du roi (cette composition rappelle celle de Darius Ier à Béhistoun/Bīsotūn posant son pied sur Gaumāta, cf. ci-dessus).

À **Ṭāq-e Bostān**, à quelques kilomètres au nord-est de Kermānšāh, en Médie, plusieurs reliefs montrent des particularités, outre un changement stylistique : avec un relief d'Ardaxšīr Ier près de Salmās en Azerbaïdjan, l'on y trouve le seul autre relief rupestre sassanide en dehors du Fārs. Il s'agit d'un relief d'investiture d'Ardaxšīr II (379-383 ap. J.-C.), avec la seule représentation du dieu **Miθra** sur un relief sassanide. À gauche du relief se trouvent deux grottes sculptées en forme d'*īvān*s avec une voûte en berceau. La plus petite d'entre elles contient au fond les reliefs de Šābuhr III (383-388 ap. J.-C.) avec son père Šābuhr II (309-379 ap. J.-C.). La grotte la plus grande contient, sur la paroi du fond, deux reliefs avec une scène d'investiture du roi **Husrav II** (590-628 ap. J.-C.) et, en dessous, une scène du même roi à cheval. Ces deux reliefs sont en réalité presque des sculptures en ronde-bosse : alors que les corps du roi et des divinités sont présentés de front, leurs visages sont montrés de trois quarts. Les deux panneaux (3,80 m de haut sur 5,75 de large) à gauche et à droite dans la grotte contiennent des bas-reliefs du roi à la chasse au sanglier et au cerf.

Statue équestre de Husrav II dans la grotte à Ṭāq-e Bostān

Comme déjà dans les périodes précédentes, **la sculpture en ronde-bosse n'a apparemment pas été très pratiquée** par les artistes sassanides : une **statue géante de Šābuhr Ier** (entre 7 et 8 m) dans une grotte — qui serait sa tombe selon certains — près de Veh-Šābuhr (Bīšāpūr) est la seule de cette taille à avoir survécu jusqu'à nos jours ; l'influence romaine est indéniable.

ARTS DÉCORATIFS

En dehors des grandes capitales **achéménides** avec leur architecture impressionnante, le style dynastique et aristocratique était avant tout présent dans les **objets métalliques**, notamment dans les monnaies comme les dariques et les sicles (cf. Monnayage, chap. IV), mais aussi dans toutes sortes d'objets tels qu'ils ont retrouvés par exemple dans le fameux **trésor de l'Oxus** provenant de la Bactriane sous domination achéménide, vers la fin de cette époque (plaques votives, épées et autres armes, broches et fibules, etc.). Beaucoup de ces objets précieux ont servi de cadeaux pour le grand roi, comme en témoignent entre autres les frises sur les façades de l'*apadāna* à Persépolis (cf. Capitales et autres villes, chap. II). Les **sceaux cylindriques** des rois achéménides, de Darius Ier à Artaxerxès Ier, sont un héritage des Élamites.

Parmi les objets résultant des arts appliqués à l'époque **parthe**, l'on retiendra surtout la soixantaine de **rhytons en ivoire** retrouvés à Nisā (cf. *ibid.*), ces fameuses coupes à boire en corne, se terminant en forme de chevaux, de centaures ailés, de griffons, etc. et présentant souvent une bande ornementale en haut avec des frises de divinités olympiennes, des scènes bachiques, des animaux fantastiques, etc., le tout exécuté dans un style grec. Il n'en résulte pas nécessairement que ces objets aient été importés, car ils peuvent très bien avoir été fabriqués dans des ateliers locaux.

C'est une fois de plus à l'époque sassanide que les arts décoratifs ont atteint leur apogée. La renommée de la **toreutique sassanide** est légendaire, même si la datation et la provenance des pièces d'argenterie en particulier sont rarement connues ; un grand nombre de pièces ont par ailleurs été retrouvées dans l'Oural en Russie du Sud, et rares sont celles découvertes en Iran même. L'émergence de ces coupes et aiguières d'argent décorées, souvent repoussées et ciselées (parfois pourvues d'un bord doré), va de pair avec la disparition des bas-reliefs rupestres à partir du IVe siècle ap. J.-C. Leur **fonction** était sans doute **d'ordre politique** (échange de dons avec les peuples voisins, confirmation du pouvoir royal) plutôt que d'ordre pratique. Ces objets représentent très souvent **le roi** (identifiable grâce à sa couronne) **au banquet ou à la chasse** (cf. Chasse et paradis, chap. IX). Certains indices semblent suggérer que lui et sa famille avaient le monopole, jusqu'au VIe siècle ap. J.-C., de se faire représenter sur les coupes. De même l'argent de très bonne qualité, utilisé à leur fabrication par les ateliers de l'État, provenait d'une seule et même source, contrôlée par la cour sassanide. Très communs sont aussi les motifs de plantes et d'animaux (des bouquetins, des lions, le *sēnmurv* [pers. *sīmorγ*] — un être fabuleux,

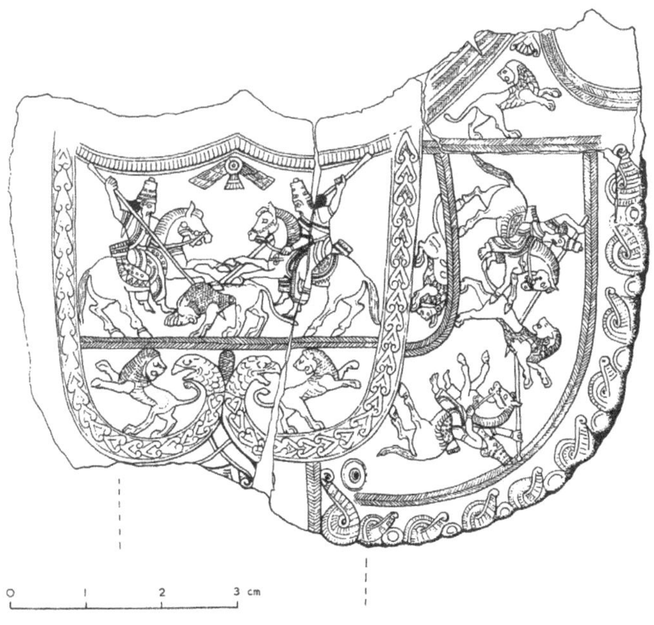

Fourreau d'une épée retrouvée dans le trésor d'Oxus

Scène bachique sur le bord d'un rhyton en ivoire provenant de la trésorerie de l'ancienne Nisā, datant probablement du IIe siècle av. J.-C.

mi-oiseau, mi-dragon). Les images représentées sont stéréotypées et ne changent guère au cours des siècles.

Les **gemmes et sceaux** (et leurs empreintes sur des bulles d'argile) de l'époque sassanide abondent. Les **images** représentées sur ces pierres semi-précieuses (en premier lieu calcédoine, agate ou cornaline, mais aussi sardoine, jaspe, grenat almandin, hématite, etc.) de forme dactyloïde, elliptique, conoïde, cabochon ou autre, sont aussi **variées** que nulle part ailleurs : animaux isolés réels ou fantastiques ainsi que combats d'animaux entre eux ou contre des humains, végétaux, portraits masculins et féminins, scènes d'investiture, de banquet ou de chasse, divinités mazdéennes et scènes de culte religieux, emblèmes et monogrammes, etc. En combinaison avec leurs légendes (pour une partie d'entre eux), les cachets fournissent des données inestimables sur l'onomastique et la prosopographie, ainsi que sur l'administration politico-religieuse de l'Iran sassanide tardive (cf. Les institutions politiques et administratives, chap. III). Contrairement aux sceaux, les **camées** (comme le fameux exemplaire de sardoine conservé à Paris montrant en relief la capture de l'empereur Valérien par Šābuhr Ier) sont plutôt rares.

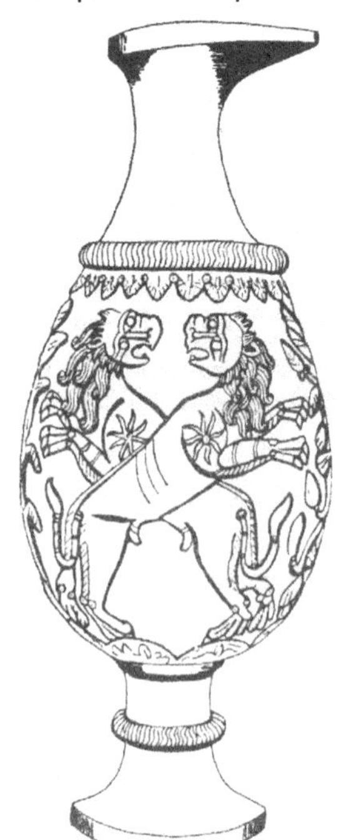

Aiguière sassanide représentant deux lions

La majorité des **textiles** (cf. Artisanat, commerce, chap. IV) sassanides ont été retrouvés en dehors des frontières de l'empire sassanide (en Égypte, en Asie centrale ou dans le Caucase). De ce fait, il n'est pas toujours aisé de dire s'il s'agit de produits issus de manufactures sassanides ou de productions locales voire islamiques s'inspirant de motifs sassanides. Les Sassanides n'ont pas seulement connu des décorations en stuc, mais aussi des **peintures murales** (à Doura Europos et ailleurs), et, en plus grande quantité, des **mosaïques**, notamment à Veh-Šābuhr (Bīšāpūr) et à Ctésiphon ; des artisans syriens déportés d'Antioche aux IIIe et VIe siècles ap. J.-C. ont certainement contribué à la floraison de cette forme artistique. La **verrerie** sassanide est fortement influencé par le style méditerranéen, en particulier romain. Enfin, le sol iranien a donné des pièces d'**armure** telles que de larges épées en or, de casques, de ceintures, etc. ; l'emploi de l'or pour des objets d'art, y compris pour les monnaies (cf. Monnayage, chap. IV), était du reste très rare.

MUSIQUE ET DANSE

Lors des banquets royaux **achéménides**, des musiciennes (flûtistes, harpistes, joueuses de lyre, etc.) et danseuses, ainsi que bien d'autres artistes comme des jongleurs, bouffons ou rhapsodes, étaient présents pour divertir les invités. À l'occasion des fêtes annuelles en l'honneur de Miθra (vp. **Miθrakāna-*, mp. *Mihragān*, cf. Jours de fête iraniens, chap. V), le grand roi avait le droit de s'enivrer (non qu'il ne l'était jamais dans d'autres circonstances, mais il s'agit là peut-être d'une ivresse rituelle) et ce jour-là il était seul à **danser la « persique »**. Cette danse joyeuse très répandue en Perse était une sorte de danse des cosaques : le danseur s'accroupissait et se relevait au son de la flûte, tout en frappant deux boucliers l'un contre l'autre.

À la cour sassanide, la musique instrumentale, le chant et la danse étaient tenus en plus grande estime encore. Les musiciens les plus appréciés étaient les joueurs de luth et d'autres instruments à cordes. Si ceux-ci accompagnaient des chanteurs, seuls les chanteurs de premier rang avaient le droit de chanter avec eux. Musiciens, chanteurs et aèdes (comparables aux *gōsān* de la cour parthe, cf. l'introduction au chap. VII) tenaient par ailleurs un haut rang à la cour sassanide tardive, juste derrière les nobles et digni-

Plat d'argent représentant le roi des rois sassanide Husrav Ier entouré de quatre dignitaires

taires de cour, ainsi que les intimes du roi. Rappelons aussi que, dans la doctrine mazdakite, le roi des rois se faisait assister par quatre dignitaires, dont le quatrième était précisément un ménestrel (mp. *rāmišgar* ; cf. Mazdakisme, chap. VI). **Certains musiciens-compositeurs ont même atteint une très grande renommée, comme Barbād à l'époque de Husrav II** (590-628 ap. J.-C.). Celui-ci, originaire de Merv, était devenu le musicien favori du roi des rois après avoir supplanté par son art son prédécesseur, et la tradition lui attribue l'invention du système musical des Iraniens. Même s'il ne fait pas de doute que le système est en réalité plus ancien, toujours est-il que Barbād a exercé une grande influence sur la musique sassanide, elle-même à l'origine de la musique arabe et persane des premiers siècles de l'époque islamique. Sa façon de jouer et de chanter « fascina par les sons plaintifs des cordes de son instrument et par la tendre modulation de sa voix ». Certaines de ses mélodies, comme *Yazdān āfrīn* « Les dieux ont créé » ou *Sabz andar sabz* « Le vert dans le vert », ont apparemment été de véritables « tubes » de l'époque, et plusieurs de ses chansons sont même devenues des « evergreens », puisqu'elles étaient encore chantées à l'époque islamique, plusieurs siècles après avoir été composées. Les titres d'une trentaine de compositions de l'époque sassanide nous ont du reste été transmis, portant sur des thèmes aussi variés que l'histoire nationale, les exploits des héros, la nature et les jouissances de la vie.

Des harpistes, flûtistes et joueuses de tambour accompagnaient le roi lors de ses parties de chasse. À d'autres occasions encore, comme les audiences royales (cf. Étiquette de cour et audience royale, chap. X), qui se terminaient souvent par une grande fête, ou à l'occasion de l'inauguration d'une digue sur le Tigre sous Husrav II, des musiciens étaient de la partie. Nombreuses sont aussi les représentations de musiciennes et de danseuses dans l'art sassanide (avant tout sur les reliefs rupestres tardifs, ainsi que sur les plats, coupes, carafes et aiguières d'argent). Les noms d'**instruments de musique** abondent dans le petit ouvrage *Husrav ī Kavādān ud Rēdak-ē* « Husrav, fils de Kavād, et un page » (cf. La littérature moyen-perse mazdéenne, chap. VII). Ce texte ainsi que les représentations iconographiques permettent dès lors de distinguer un nombre impressionnant d'instruments à vent, de percussion et à cordes.

Les **instruments à vent** incluent six types différents de trompettes et cors : le cor court, très recourbé (ressemblant à la corne de bœuf) ; la trompette droite en argent, à large pavillon et parfois avec un gonflement sphérique au milieu ; trois variantes de trompette longue (conique, légèrement courbe, et droite) ; enfin la trompette en coquillage. On distingue en outre : la flûte traversière, la flûte de Pan (syrinx) et le hautbois à double anche (d'un type proche de l'*aulos* grec). Les **instruments de percussion** comprennent des cymbales, des castagnettes digitales, des crotales à disques et des clochettes d'or, mais aussi plusieurs sortes de tambours, grands et petits. Le tambour cylindrique à deux peaux, suspendu horizontalement par une lanière à l'épaule du musicien, semble d'ailleurs être une innovation iranienne. Les **instruments à cordes** sont : la harpe angulaire, un des instruments des plus populaires avec le luth (ce sont aussi de loin les deux instruments le plus souvent représentés), plusieurs types de lyres, et le psaltérion (une espèce de cithare).

IX

LES LOISIRS

À quelques exceptions près en relation avec l'époque sassanide tardive, les sources iraniennes sont restées fort discrètes sur les passe-temps des rois et des nobles (les gens communs n'ayant, de toute manière, jamais été considérés), mais la « presse people » grecque s'est intéressée notamment aux histoires de lit (cf. Sexualité, chap. X) et de table des rois achéménides (cf. ci-dessous, Table royale et banquets). Ce qui a le plus impressionné les auteurs grecs à la cour perse, c'est sans doute sa splendeur et son luxe inouïs (même ou surtout quand le roi était en déplacement), qui ont été admirés par les uns et dédaignés par les autres.

JEUX DE SOCIÉTÉ

Le roman populaire *Kārnāmag ī Ardaxšīr ī Pābagān* « Livre des gestes d'Ardaxšīr, fils de Pābag », probablement écrit vers la fin de l'époque sassanide et transposant de façon anachronique la situation de cette période à la cour des premiers Sassanides, raconte comment le dernier roi des rois parthe Artaban IV (Ardavān) ordonna à Ardaxšīr de s'entraîner avec les autres princes à la chasse et au polo. Il le fit et devint bientôt plus fort que les autres en **polo** (mp. *čavgān* ou *čavlagān*) et en équitation, tout comme dans le **jeu d'échecs** (mp. *čatrang*) et dans le **backgammon** (mp. *nēv-Ardaxšīr*, litt. « noble-(est-)Ardaxšīr », autrement appelé aussi *nard*). Quand tous ces jeux furent-ils introduits en Iran ? À l'époque sassanide tardive ou au début de l'époque islamique, il est difficile de le déterminer. Des tournois de polo sont en tout cas décrits à plusieurs reprises dans le *Šāhnāma*, et d'autres poètes perses attribuent une adresse exceptionnelle au jeu à l'un ou l'autre roi sassanide. Il ne paraît pas tout à fait improbable que les Chinois, chez qui cette distraction fut particulièrement populaire, aient appris le jeu grâce aux nobles perses ayant cherché refuge à la cour des Tang après la chute de l'empire sassanide. Une « description » de deux jeux de table, les échecs (empruntés aux Indiens) et le backgammon (emprunté aux Grecs), une espèce de trictrac joué avec quinze pierres blanches et quinze noires, est fournie par un ouvrage moyen-perse datant de l'époque post-sassanide et intitulé *Vizārišn ī čatrang ud nihišn ī nēv-Ardaxšīr* « Explication des échecs et disposition du backgammon ».

ÉQUITATION, TIR À L'ARC ET LANCEMENT DU JAVELOT

Loisir et éducation princière ne peuvent toutefois pas toujours être clairement distingués l'un de l'autre, comme le fait comprendre aussi un autre ouvrage post-sassanide intitulé *Husrav ī Kavādān ud Rēdak-ē* « Husrav (Ier), fils de Kavād, et un page », qui incorpore l'apprentissage des jeux de table déjà cités et d'autres (le *haštpāy*, litt. « huit-pieds » et le *zamb*) dans l'éducation des princes. Il en va de même pour **l'entraînement physique** ; ne peut par ailleurs devenir roi que celui qui appartient à la famille royale *et* est libre de tout manque physique. Dans une des inscriptions sur son tombeau à Naqš-e Rostam, que l'on peut comprendre comme une sorte de « miroir des princes », Darius Ier précise : « Comme cavalier, je suis un bon cavalier ; comme archer, je suis un bon archer, et à pied et à cheval ; comme lancier, je suis un bon lancier, et à pied et à cheval. » Xénophon fait l'éloge des aptitudes de Cyrus le Jeune, dont le tir à l'arc et le jet du javelot. Le roi sassanide Šābuhr Ier se vante dans deux inscriptions, à Hājjiābād et Tang-e Borāq, de ses qualités de **tireur d'élite à l'arc** qui touche son but avec précision. Devant ses qualités de **cavalier** et son excellente maîtrise de l'arc et de la lance, le page du roi Husrav plaint par avance l'adversaire qui osera l'affronter. Les sources iraniennes ne parlent pas, et les sources grecques guère, de courses de chevaux (apparemment organisées de manière spontanée plutôt que de façon systématique dans des hippodromes construits à cet effet), encore moins de courses de **chars** (utilisés plutôt à des fins guerrières et dans des parades ou cortèges funèbres, et faisant partie des **insignes royaux**), mais la renommée des **haras néseens** dans la plaine mède, qui d'après Strabon auraient nourri plus de 150 000 chevaux, était largement répandue à l'époque achéménide. Rappelons toutefois que les Iraniens ont malgré tout connu une unité de distance (avest. *čarətu* et *tačar*) qui correspondait à la longueur d'un champ de courses pour les chevaux (cf. Poids et mesures, chap. IV).

CHASSE ET PARADIS

Le divertissement favori des rois, d'innombrables fois représenté sur les sceaux achéménides ou les coupes d'argent sassanides, et décrit en détail par les auteurs grecs, **fut sans doute la chasse**, car c'était une excellente préparation physique à la guerre pour les jeunes nobles. À l'occasion des parties de chasse, le roi put également faire montre de sa puissance, de son habileté et de son courage. Dans le cadre de l'idéologie monarchique, la bravoure du roi est du reste souvent illustrée soit par la taille gigantesque ou la férocité hors du commun de l'animal à abattre, soit par le nombre de fauves tués, un thème déjà bien connu par les inscriptions assyriennes. Toute la cour accompagna le grand roi achéménide à la chasse comme pour faire une démonstration publique de sa splendeur, mais seuls ses « fidèles » (et ses gardes du corps) avaient le

Sceau cylindrique achéménide avec une inscription de Darius Ier, retrouvé à Thèbes en Égypte (British Museum, Londres)

droit de rester auprès de lui et devaient protéger sa vie. Cependant l'étiquette voulut que **le premier coup ou trait soit réservé au roi**, une particularité que plusieurs auteurs ne manquent pas de souligner. À l'époque d'Artaxerxès Ier, un dénommé Mégabyze fut même condamné à mort pour avoir tué un lion avant le roi, un jugement fort sévère finalement transformé en un envoi en exil. À en juger d'après les sources grecques, ceci ne fut d'ailleurs pas un cas isolé. Parmi les rois des rois sassanides, les exploits de chasse de Vahrām V, surnommé pour cette raison Gōr « l'onagre », étaient prodigieux au point que de nombreuses légendes ont gravité autour de sa personne dans la littérature persane de l'époque islamique. Mais il ne faudrait pas oublier non plus les scènes de chasse aux cerfs et aux sangliers, immortalisées par Husrav II sur les deux reliefs dans la grande grotte de Ṭāq-e Bostān (cf. Sculpture et reliefs, chap. VIII).

Plat d'argent représentant un roi sassanide (Šābuhr II ?) avec un casque de bélier lors d'une partie de chasse au sanglier

La chasse avait lieu principalement dans des parcs clôturés de vaste étendue, les « **paradis** » (litt. « ayant une clôture de tous les côtés »), qui furent **à la fois des lieux de détente et d'agrément, de merveilleux jardins verdoyants aménagés par des horticulteurs** (chez les Achéménides, l'image du « roi jardinier » qui plante des arbres de ses propres mains fut autant cultivée que celle du « roi chasseur ») **et des réserves de chasse avec des milliers de fauves.** À l'époque achéménide comme à l'époque sassanide, des veneurs royaux préparaient les parties de chasse dans les moindres détails. Les rois chassaient à pied, à cheval ou en char, selon les préférences de l'époque, et les techniques allaient de l'utilisation de l'épée, de l'arc et du javelot à l'emploi du filet (à l'époque achéménide) ou du lasso (à l'époque sassanide). La diversité du grand et du petit gibier chassé apparaît dans l'ouvrage déjà mentionné sur Husrav et son page, où sont inventoriés bœufs sauvages, onagres, cerfs, sangliers, chameaux, buffles et gazelles à côté de lièvres, lapins, perdrix, faisans, alouettes, grues, outardes, canards et paons. Les plats d'argent sassanides (cf. Arts décoratifs, chap. VIII) laissent apparaître une plus grande diversité encore dans le choix des animaux sauvages représentés, sur lesquels figurent aussi lions, tigres, léopards, ours, mouflons, bouquetins, zébus et antilopes.

VOYAGES

Le grand roi achéménide est souvent en voyage, en temps de paix migrant selon les saisons entre ses différentes résidences royales, ou parti à la chasse ou encore à la rencontre de ses sujets dans les quatre coins de l'empire ; mais aussi il part loin du palais en temps de guerre. À chaque fois **il se déplace non seulement avec toute sa famille et ses proches, mais aussi avec ses concubines et même sa cour**, ce qui représentait ainsi facilement une colonne de plusieurs milliers de personnes. Et, puisque « le roi ne se sépare jamais de tout le matériel nécessaire pour satisfaire à ses habitudes de luxe », comme nous le dit Arrien, les tentes, bagages et vivres sont transportés à dos de chameaux et de mules, et les objets précieux portés par les portefaix royaux (les *gangabas*, litt. « porteurs du trésor »). Quand Alexandre entra un jour sous la tente somptueuse de Darius III, il eut du mal à en croire ses yeux en voyant les bassins, vases, baignoires et flacons de parfums, superbement travaillés, le tout en or, et il s'écria : « Voilà, paraît-il, ce qu'est être roi ! » La tente royale, non moins luxueuse que les palais, était placée au centre du campement et orientée vers l'est : de cette façon, l'arrangement topographique reflétait aussi une réalité hiérarchique. Au palais comme en déplacement, le grand roi avait toujours avec lui de l'eau bouillie du fleuve Choaspès près de Suse, dans des vases d'argent. Cette eau était réputée pour ses qualités diététiques, mais la mesure devait également empêcher des attentats à la santé du roi par tentative d'empoisonnement. En descendant de son char, le roi se servait toujours de son « tabouret d'or » (cf. Habitat, chap. X), et près de son lit il y avait une pièce appelée « l'oreiller royal » qui était « assez grande pour contenir cinq lits, où étaient entreposés 5 000 talents d'or ».

Le cortège royal achéménide en route

« En Perse, un usage ancestral voulait qu'on ne se mît en marche qu'une fois le soleil levé. Dès que le jour brillait, de la tente royale la trompette sonnait le signal ; placée au-dessus de la tente, à un point d'où tout le monde pouvait la voir, l'image du soleil étincelait dans une châsse de cristal. Voici l'ordre de marche : le feu, qualifié chez eux de sacré et d'éternel, était porté en tête, sur des autels d'argent. Les mages, auprès de lui, chantaient un hymne national. Derrière les mages venaient 365 jeunes gens recouverts de manteaux de pourpre ; leur nombre était celui des jours de l'année, car les Perses ont divisé l'année en autant de jours que nous. Puis un char consacré à Jupiter (c.-à-d. Auramazdā) était tiré par des chevaux blancs. Les suivait un cheval d'une taille extraordinaire, appelé cheval du soleil. Des cravaches dorées et des vêtements blancs paraient les conducteurs de chevaux. Non loin il y avait dix chars avec des ciselures en or et en argent massifs. Suivait la cavalerie de douze nations, diverses d'armes et de mœurs. Immédiatement après marchaient ceux que les Perses appellent les « immortels », environ 10 000 hommes. [...] À un faible intervalle venaient ceux qu'on appelle parents du roi, soit 15 000 hommes. Mais cette cohue, parée presque comme des femmes, était remarquable par son luxe plus que par la beauté de ses armes. On nommait porte-lances la troupe qui les suivait immédiatement. On leur confiait ordinairement la garde-robe du Roi. Ils précédaient le char d'où, pendant le trajet, le Roi en personne dominait tout. Sur ses deux flancs, le char était décoré d'images des dieux, haut-reliefs d'or et d'argent. Par places, des gemmes étincelantes paraient le joug d'où s'élevaient deux statues d'or, hautes d'une coudée, l'une représentant Ninos, l'autre Bêl. Entre elles, un objet sacré : l'aigle d'or qui semblait déployer ses ailes. [...] 10 000 lanciers suivaient le char royal. Ils portaient des lances à ornements d'argent, des dards aux pointes d'or. À droite et à gauche, 200 de ses parents environ, de la plus haute noblesse, constituaient l'escorte du Roi. Fermaient la marche 30 000 fantassins. Puis, à un stade d'intervalle, un char transportait la mère de Darius, Sisygambis ; son épouse était sur un autre. La foule des femmes qui accompagnaient les reines allaient à cheval. Puis venaient quinze voitures appelées *harmamaxes*. Là étaient les enfants du Roi et leurs préceptrices, ainsi que le troupeau des eunuques qu'on ne méprise point en ce pays. Puis c'était le cortège des 360 concubines royales, elles aussi vêtues et parées en reines. Après elles, 600 mules et 300 chameaux transportaient le trésor du Roi, accompagnés par un corps d'archers. Les femmes des parents et amis du Roi venaient immédiatement après ce cortège, ainsi que les troupes des vivandiers et de domestiques. Pour clôturer la marche, il y avait enfin les troupes légères, chacune avec son chef. »

(Quinte-Curce III 3, 8-25)

Selon des règles de protocole bien établies (cf. Étiquette de cour, chap. X) et ne laissant pas de place à l'improvisation (même si certains auteurs grecs présentent les choses autrement), les dignitaires et notables des villes sur la route du grand roi venaient à sa rencontre pour lui apporter de somptueux cadeaux en signe de soumission (cf. Finances, impôts et tributs, chap. III). En plus, les cités avaient l'obligation de nourrir le roi et ses commensaux, ce qui — aux dires d'Hérodote — coûta à la ville de Thasos en Thrace, lors du passage de Xerxès en 480 av. J.-C., la bagatelle de 400 talents d'argent pour le seul repas, sans compter la vaisselle d'or et d'argent emportée par la caravane royale... Cette règle valait aussi pour les simples paysans qui, dépourvus de tout luxe, lui offraient alors un bœuf ou une brebis, des céréales ou du vin, voire, à défaut, pour les plus démunis, du lait, du fromage, des dattes et autres fruits de saison.

Lorsque les **rois sassanides** partaient en voyage en compagnie des « grands » ou d'autres nobles et dignitaires, l'honneur de les suivre n'était envié par personne, car les chevaux ne devaient pas être trop paresseux, ni trop fougueux, ne pas broncher sur une pierre, ni s'emporter, ni se tenir à côté de la monture du roi, et n'avaient pas le droit de fienter ou d'uriner pendant le voyage ! Pendant l'absence du roi, des gardiens spéciaux veillaient à la conduite des hommes de cour, à ce qu'ils n'aient pas un comportement différent de celui qu'ils eussent eu en présence du roi. Pour garantir le roi contre des attentats, personne ne savait où il passerait la nuit, et plus de quarante lits étaient préparés à divers endroits.

TABLE ROYALE ET BANQUETS

De toutes les merveilles de la cour achéménide, ce sont probablement les **banquets du grand roi** qui ont le plus fortement ébloui les auteurs grecs, à la fois par **le nombre des convives invités et l'énorme quantité de victuailles nécessaires que par la variété des mets servis.** Selon Ctésias et Dinon (dans une remarque transmise par Athénée), le grand roi avait l'habitude de dîner en compagnie de 15 000 hommes. L'auteur grec Polyen rapporte comment Alexandre s'était fait servir « le déjeuner et le dîner du grand roi, selon ce qui était inscrit sur un pilier de bronze qui portait également les autres réglementations instituées par Cyrus ». En voici un extrait particulièrement instructif : « Farine de blé, pure : 400 artabes [unité de volume d'environ 26 litres, cf. Poids et mesures, chap. IV] ; farine de blé, deuxième catégorie : 300 artabes ; farine de blé, troisième catégorie : 300 artabes [...] ; petit bétail (mâles) : 400 ; gros bétail : 100 ; chevaux : 30 ; oies grasses : 400 ; pigeons : 300 ; petits oiseaux variés : 600 ; agnelles : 300 ; oies jeunes : 100 ; gazelles : 30 ; lait doux du jour : 10 marriš [unité de volume d'environ 9 litres, cf. *ibid.*] ; petit lait adouci : 10 marriš ; ail : 1 talent [unité de poids d'environ 30 kg, cf. *ibid.*] ; oignons âcres : 1/2 talent [...] ; raisin sec noir : 3 talents [...] ; sésame : 10 artabes [...] ; vin : 500 marriš » (*Stratagemata* IV 3, 32). Si l'inscription d'un tel texte sur un pilier de bronze, attribuée en outre à Cyrus, n'inspire aucune confiance, la liste elle-même paraît crédible, et l'on imagine sans difficulté le tour de force logistique quotidien derrière les préparatifs et approvisionnements pour les administrateurs de la table royale. La « cuisine régionale » variait par ailleurs selon les lieux où se trouvait le roi, mais nous ne disposons malheureusement pas de recettes pour l'époque achéménide. Pour se donner une idée du déroulement d'un banquet royal, on ne peut s'empêcher de citer en entier les informations fournies par Héracleidès de Kymè et transmises par Athénée :

La table royale achéménide

« Tous ceux qui servent le grand roi lors de son dîner doivent d'abord prendre un bain et servir en vêtements blancs ; ils passent presque la moitié de la journée en préparatifs. De ceux qui sont invités à dîner avec le Roi (gr. *syndeipnoi*), quelques-uns dînent en dehors, sous le regard de ceux qui désirent les voir ; d'autres dînent à l'intérieur avec le Roi. Cependant, même ceux-ci ne dînent pas en sa présence, car il y a deux salles contiguës, l'une où le Roi prend son repas, l'autre où mangent les commensaux. Le Roi peut les voir à travers un rideau, mais eux-mêmes ne peuvent pas le voir. Quelquefois, cependant, à l'occasion d'une fête, tous dînent avec le Roi, dans la grande salle. Et, à chaque fois que le Roi organise un *symposion* (ce qu'il fait souvent), il a environ une douzaine de compagnons de libation (gr. *sympotoi*) avec lui. Quand le dîner est terminé, c'est-à-dire en fait quand le Roi a fini, parmi les commensaux, ses compagnons de beuverie sont convoqués par un eunuque ; et, entrant dans la salle, ils boivent avec le Roi, mais ils ne boivent pas le même vin ; de plus, ils s'asseyent sur le sol, tandis que le Roi est couché sur un lit supporté par des pieds en or ; et ils s'en vont après avoir beaucoup bu. Dans la plupart des cas, le Roi prend son déjeuner seul, mais parfois sa femme et certains de ses fils mangent avec lui. [...]

Le « dîner du Roi », comme on l'appelle, peut apparaître dispendieux à ceux qui en entendent parler, mais, quand on examine les choses avec soin, on s'apercevra qu'il est organisé avec économie et même avec parcimonie. Et la même observation vaut pour les dîners des autres Perses de distinction. Un millier d'animaux sont tués chaque jour pour le Roi ; on y trouve des chevaux, des chameaux, des bœufs, des ânes, des daims et la plupart des têtes de petit bétail ; beaucoup d'oiseaux sont également consommés, y compris des autruches d'Arabie — un grand animal ! —, des oies et des coqs.

Et, de tout cela, seules des portions modestes sont servies à chacun des commensaux royaux, et chacun d'entre eux peut emporter chez lui ce qu'il laisse intact lors du dîner. Mais la plus grande part de ces viandes et autres plats sont portés en dehors dans la cour pour les gardes du corps et les troupes légères entretenus par le Roi ; là ils partagent entre eux les restes à moitié mangés de viande et de pain et les divisent entre eux en portions égales. De même que les mercenaires en Grèce reçoivent leur salaire en argent, de même ces hommes reçoivent la nourriture du Roi en récompense de leurs services. De même chez les Perses de haut rang, toute la nourriture est servie sur la table en une seule et même fois. Mais, quand leurs commensaux ont terminé leur repas, tout ce qui reste sur la table, essentiellement des viandes et du pain, est donné par l'officier en charge de la table à chacun des gens de la maison : ceux-ci le prennent et reçoivent ainsi leur alimentation journalière. C'est la raison pour laquelle les plus honorés des commensaux du Roi vont à la cour uniquement pour le déjeuner, afin de ne pas y aller deux fois, et être ainsi en mesure de recevoir leurs propres commensaux. »

(Athénée, *Deipnosophistes* IV 145a-f/146a)

Si les « fidèles » du grand roi se régalaient dans l'abondance (même si — selon Héracleidès — ils ne se servaient que modestement des délices mises à leur disposition), les simples soldats devaient se contenter de pain (et de viande). Hérodote précise que « les Perses mangent peu de plats de résistance, mais beaucoup de plats de desserts qui ne sont pas tous servis en même temps », et la prédilection des Perses pour les pâtisseries et les friandises est également soulignée par Xénophon. Selon Strabon, la nourriture quotidienne des jeunes gens qu'il appelle *kardakes* (cf. Éducation, chap. X) est faite « de pain, de gâteaux d'orge, de cardamome, de grains de sel et de viande rôtie et bouillie » (cf. Agriculture, chap. IV).

Pour servir tous ces mets, le roi avait à sa disposition un **personnel de cuisine exceptionnel** qui l'accompagnait aussi lors de ses déplacements. C'est de nouveau Athénée (*Deipnosophistes* XIII 608a) qui transmet des chiffres précis à propos du service aux ordres de Darius III : « concubines royales musiciennes : 329 ; tresseurs de couronnes : 46 ; cuisiniers : 277 ; marmitons : 29 ; cuisiniers spécialisés dans les mets au laitage : 13 ; préparateurs de boissons : 17 ; filtreurs de vin : 70 ; fabricants de parfums : 14. Total : 796 ». Dans un autre extrait (XI 781f-782a), il cite aussi l'inventaire des coupes : « coupes d'or, d'un poids de 73 talents babyloniens et 52 mines ; coupes incrustées de pierres précieuses, d'un poids de 56 talents babyloniens et 34 mines ».

Pour l'époque sassanide, le texte *Husrav ī Kavādān ud Rēdak-ē* « Husrav, fils de Kavād, et un page » liste — sans en donner tous les ingrédients — plusieurs mets délicieux et préparations de viande bouillie, rôtie ou en aspic (chevreau, bœuf, onagre, sanglier, chameau, buffle, gazelle, mouton, porc), de volaille rôtie à la broche (faisan, poulet, perdrix, alouette, grue, etc.), ainsi que de friandises, compotes, fruits et vins.

X
LA VIE PRIVÉE

La nature même de nos sources fait que c'est avant tout sur **la vie quotidienne du roi et de sa famille**, ainsi que — dans une moindre mesure déjà — sur celle des nobles et des courtisans que nous pouvons recueillir quelques informations. Par le hasard des choses, l'incendie de Persépolis nous a heureusement préservé une quantité considérable de tablettes élamites administratives. Elles nous permettent au moins de nous faire une idée très incomplète de la vie de tous les jours des employés de la cour et des difficultés qu'ils rencontraient, mais aussi des privilèges dont ils bénéficiaient par rapport à la masse des petits paysans sur lesquels nous n'apprenons rien. Le portrait d'une partie de la société que nous obtenons à travers les tablettes élamites nous permet ainsi de corriger ou d'affiner l'image obtenue par les textes classiques.

Dès sa naissance, l'individu entrait dans sa **famille** du moment que ses parents lui donnaient un nom. À tout moment de l'époque préislamique, la famille se comprend au sens large du terme plutôt qu'au sens restreint de « foyer, famille nucléaire ». **L'individu y est largement effacé** : à cet égard, il est peut-être significatif que les textes juridiques sassanides contiennent des termes techniques pour les différentes formes et aspects de la famille, de l'autorité du *pater familias*, des pratiques d'adoption, de la gestion des biens familiaux, etc., mais ne connaissent pas de mot pour désigner l'individu ou la personne privée. Dans le même contexte, on pourrait aussi relever l'affaire d'Intaphernès (vp. *Vindafarnah*), un des six conjurés de Darius contre Gaumāta (cf. l'entrée correspondante dans les repères biographiques), qui avait été accusé d'un comportement déloyal envers le roi : selon Hérodote, il fut mis à mort, et *avec lui tous les hommes de sa maison*, ses fils et ses parents (gr. *syngeneis*) à l'exception d'un de ses beaux-frères, sauvé par sa sœur de la peine capitale. Dès l'époque de Darius Ier, les familles des « sept » ont par ailleurs joué un rôle prépondérant dans l'évolution des événements avant son accès au trône (même si leurs privilèges ont en réalité été fortement réduits après). Aux époques arsacide et sassanide, le pouvoir des **sept grandes familles aristocratiques** s'est de nouveau peu à peu accru, de sorte que le choix ou le maintien du roi à l'époque sassanide tardive ne dépendait pas rarement d'eux. Selon Théophylacte Simocatta, des représentants des sept familles tenaient aussi les positions clés dans la hiérarchie de l'empire sassanide. Enfin le mouvement mazdakite, vers la fin de l'époque sassanide, montre également l'importance de la place occupée par la famille et la communauté au sein de la société.

NOMS IRANIENS

Le poète comique romain Plaute (254-184 av. J.-C.) qualifia les noms iraniens de *longa nomina contortiplicata* « longs noms alambiqués ». Il s'agit là bien sûr d'une plaisanterie, mais sans doute faisait-il aussi allusion aux nombreux composés nominaux à deux lexèmes de caractère auguste des grands rois ou nobles achéménides, tels que *Artavardiya* « qui agit selon la vérité », *Artaxerxès* (vp. *Ṛtaxšaça–*) « dont le règne (se réalise) par la justesse/vérité », *Čiçantaxma* « brave par son ascendance », *Darius* (vp. *Dārayavahu-*) « qui maintient le bien », *Intaphernès* (vp. *Vindafarnah-*) « qui trouve la gloire », *Xerxès* (vp. *Xšāyarša-*) « qui gouverne des héros », etc. Ce type de noms pleins à deux lexèmes est fréquent aussi parmi les noms avestiques, et il est du reste non sans intérêt sur le plan de l'histoire culturelle et religieuse. À l'époque sassanide, les noms à trois termes d'un autre genre (majoritairement à caractère religieux) sont même fort nombreux (mp. *Dād-Burz-Mihr, Māh-Ādur-Gušnasp, Mihr-Yazd-xvāst,* etc.), et l'on trouve même des noms à quatre termes (mp. *Māh-Ādur-Farrbay-Gušnasp, Ādur-Māh-Ādur-Farrbay*) ; la juxtaposition des différents termes de ces noms composés moyen-perses est le plus souvent purement arbitraire. Même si chacun des éléments a un « sens » et remonte souvent au nom d'une divinité, le nom dans sa totalité est « intraduisible ».

Les noms iraniens sont formés selon un système hérité de l'indo-européen et que l'on retrouve également dans les noms indiens (indo-aryens), grecs, germaniques, slaves et celtiques. Outre les noms composés, les **principaux types d'anthroponymes** incluent les noms pleins à un lexème (avest. *saēna* « aigle », mp. *šād* « joie »), les noms courts (issus d'un abrègement d'un nom initialement composé), et surtout les très nombreux noms à suffixe hypocoristique qui sont par ailleurs souvent des sobriquets. Parmi les noms pleins à un lexème, les noms thériophores (dérivés du nom d'un animal) sont relativement fréquents à l'époque sassanide (mp. *Āhūg* « gazelle », *Gōr* « onagre »).

Critères de choix d'un nom

En donnant un nom à un nouveau-né, les parents montrent à la communauté qu'ils acceptent leur enfant. Le nom servait évidemment à distinguer les individus les uns des autres, mais le **choix** pouvait être motivé de différentes manières. Parfois, les **circonstances de la naissance** (au sens large) jouaient un rôle. Ceci est le cas dans un nom comme mp. *Farroxzād* « de naissance splendide », mais cela concerne aussi les « noms de calendrier » qui font allusion au jour ou au mois de naissance (mp. *Fravardīn*, *Hordād*, etc.), ou encore à un moment précis (avest. *Maidiiōi.mąŋha-* « [qui est né] au milieu du mois »).

Bien souvent l'enfant est considéré comme un cadeau des dieux en général ou d'un dieu particulier, ce qui explique les très nombreux noms du type iran. anc. **Miθra-dāta-* « donné (aux parents) par Miθra » (ainsi que les noms courts du type mp. *Mihr*, qui ne sont qu'en apparence identiques au théonyme Mihr/Miθra-). De même les parents placent leurs enfants non moins souvent sous la protection (cf. iran. anc. **Miθra-pāta-* « protégé par Miθra », mp. *Buxt-Anāhīd* « sauvé par Anāhitā ») ou au service (cf. mp. *Mihr-Bandag* « serviteur de Miθra ») des dieux. Il arrive aussi que les parents expriment un souhait à la naissance pour que l'enfant soit heureux (cf. Parysatis, vp. **Paru-šiyātiš* « ayant beaucoup de joie »), riche, fort, juste, pieux, etc.

Il n'était pas rare qu'un enfant soit appelé d'après son **grand-père**. En revanche, il était bien plus exceptionnel pour un enfant de recevoir le même nom que son père, mais il arrivait souvent que père et fils eussent un élément commun dans leurs noms respectifs, comme dans le cas d'un certain « *Baydād*, fils de *Dādmāh* ». De même des frères pouvaient également avoir un nom à composant identique (cf. avest. *Dāraiia.raθa*, *Frāraiia.raθa*, *Skāraiia.raθa*).

À partir de Darius Ier, les rois achéménides avaient l'habitude de prendre un « **nom de règne** » au moment de l'accès au trône (cf. La religion des Achéménides, chap. VI). Les noms de naissance de Darius ou de Xerxès restent malheureusement inconnus, mais nous savons qu'Artaxerxès Ier s'appelait en réalité « Cyrus », Darius II et Artaxerxès III « Ochus », Artaxerxès II « Arsès » et Darius III « Codoman ». Les rois parthes adoptèrent tous le nom du fondateur de la dynastie Arsace comme nom honorifique.

Noms féminins, patronymes et noms de famille

Les **noms féminins**, attestés en moins grand nombre que les noms masculins, sont souvent dérivés de ces derniers et ne se distinguent formellement d'eux que par la désinence. Aux époques arsacide et sassanide, plusieurs noms étaient composés avec l'élément pa./mp. *-duxt* « fille » (cf. mp. *Narsehduxt* « fille de Narseh »), ou contenaient le nom d'une divinité féminine (en particulier *Anāhīd*, cf. ci-dessus), sans qu'on puisse en conclure que de tels noms appartenaient sans exception à des femmes. Parfois les noms à base de traits physiques « féminins » ou autres caractéristiques permettent de déterminer s'il s'agit d'un nom d'une femme, comme c'est le cas par exemple pour les reines et princesses Artystone (cf. avest. *ərəduuafšnī* « aux seins fermes »), Roxane (iran. anc. **rauxšnā* « splendide, rayonnante ») ou Šīrīn (mp. *šīrīn* « douce [sucrée], mignonne »).

Quand le groupe social au sein duquel vivaient les individus devenait trop grand, il fallait distinguer une personne d'autres porteurs du même nom par un élément supplémentaire, par exemple en précisant le nom de son père. Les **noms patronymiques**, dérivés d'un nom personnel à l'aide d'un suffixe, y trouvent leur origine. Ces patronymes pouvaient eux-mêmes être déclinés au pluriel et devenaient de cette façon des **noms de famille**.

HABITAT

Si les plans des palais royaux achéménides de Persépolis ou de Suse sont fort bien connus (cf. Architecture et monuments, chap. VIII), il reste plus difficile de se faire une idée précise d'une maison ordinaire perse, à l'exception de celles que l'on trouve à Babylone à l'époque achéménide. Les maisons plus riches avaient une cour intérieure, pavée de briques en terre cuite ou de gravier, autour de laquelle étaient construites des pièces en briques d'argile mélangée à de la paille hachée, séchées à l'air. À l'intérieur des pièces qui n'avaient pas de fenêtres donnant sur l'extérieur, le sol était fait d'argile tassée (dans les maisons les plus simples) ou de briques en terre cuite. Les maisons urbaines disposaient parfois d'une salle de bains dans laquelle le sol et la partie inférieure des murs étaient isolés avec du bitume et d'où l'eau s'écoulait par des tuyaux de terre cuite ; en général, elle était située dans un coin de la maison. Les toits, probablement construits de paille couverte d'une couche d'argile et avec des dispositifs pour drainer l'eau de pluie, n'ont été conservés nulle part. La cuisine avait parfois un four enterré dans le sol. Peu de quartiers de villes sassanides ont été fouillés à ce jour, mais les maisons semblent également avoir été construites autour d'une cour donnant sur un ou deux portiques. Certaines maisons ont peut-être eu deux étages.

La qualité et le caractère précieux des meubles, tapis et autres objets de valeur perses étaient très réputés. Les **lits** superbement ouvragés sur lesquels les rois achéménides et leurs invités prenaient leurs repas couchés avaient des pieds revêtus d'or ou d'argent. Des tapis et coussins, arrangés par des « étendeurs de couvertures », étaient disposés sur eux. Des **tapis** moelleux ornés de merveilleux motifs tissés couvraient le sol. Sur les reliefs de Persépolis, on découvre Darius Ier trônant sur un fauteuil à haut dossier et posant les pieds sur un tabouret. Les pieds du **trône** royal ont été travaillés au tour et se terminent en pattes de lion qui reposent à leur tour sur des pieds ornés d'une couronne de feuilles qui les couvre tout autour. Les pieds du tabouret se terminent en sabots de bœuf. Le trône lui-même, fabriqué en or et en argent, est incrusté de pierres pré-

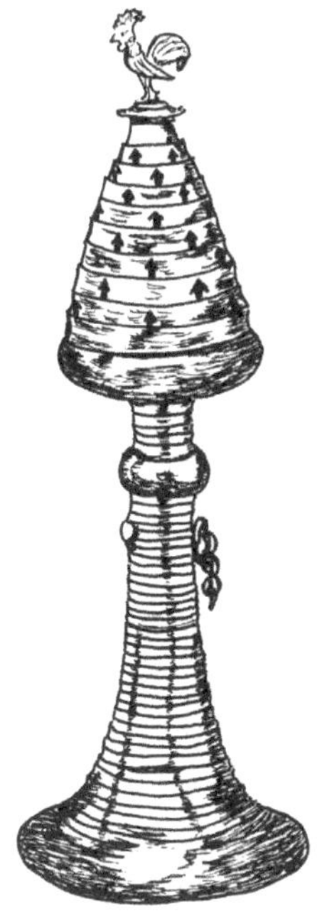

Encensoir achéménide en argent

cieuses et marqueté de motifs en ivoire. Les parties en bois sont en outre peintes de couleur, et une couverture finement brodée, avec des motifs carrés au milieu de rosettes et des lions sur les bords, pend sur les côtés. Devant le roi assis sont posés deux **encensoirs** d'argent sur un haut pied ; l'encens, déposé dans une cassolette remplie de charbon de bois, brûle lentement sous un couvercle étagé percé de fentes en forme de flèches par lesquelles s'échappe le parfum. Le couvercle couronné d'une fleur de lotus (ou d'autre chose) est attaché à l'encensoir par une chaîne.

Le mobilier, les tapis et autres trésors de l'époque sassanide tardive n'avaient rien à envier aux objets de l'époque achéménide. Parmi les nombreuses choses précieuses décrites par les auteurs arabes, le merveilleux *taxt ī tākdēs* « trône en forme de coupole » de Husrav II mérite une mention particulière :

Le *taxt ī tākdēs* de Husrav II

« C'était un trône fait d'ivoire et de bois de teck, dont les plaques et les balustrades étaient d'argent et d'or. Sa longueur était de cent quatre-vingts coudées. Sur les gradins se trouvaient des sièges de bois noir et d'ébène dont les cadres étaient d'or. Ce trône était surmonté d'un baldaquin fait d'or et de lapis-lazuli, où étaient représentés le ciel et les étoiles, les signes du zodiaque et les sept climats, ainsi que les rois en leurs différentes attitudes, soit dans le banquet, soit dans la bataille ou à la chasse. Il y avait aussi un mécanisme qui indiquait les heures du jour. Le trône lui-même était entièrement recouvert de quatre tapis de brocart broché d'or et orné de perles et de rubis, et chacun de ces tapis se rapportait spécialement à l'une des saisons de l'année. »

(Ṯaᶜālibī, *Histoire des rois des Perses*)

Quand la ville de Dastgerd tomba entre les mains d'Héraclius en 628, l'énorme butin comprit aussi des **tapis brodés** d'une beauté incomparable. Les plus beaux tapis de l'époque étaient en brocart de soie, et Balᶜāmī, l'auteur d'un résumé en persan de l'« Histoire de prophètes et de rois » de Ṭabarī, nous décrit en détail le grand tapis (de soixante coudées de longueur et de largeur) appelé *Vahār ī Husrav* « Printemps de Husrav » qui était étendu dans la salle d'audience du palais royal à Ctésiphon. Le tapis avait reçu ce nom parce que, en regardant les représentations d'allées et de cours d'eau traversant un jardin verdoyant pendant l'hiver, il donna au roi l'impression du printemps à venir.

ÉDUCATION

Les diverses sources donnent malheureusement fort peu de renseignements sur l'éducation des jeunes. **L'instruction est en principe ouverte à tout Perse, mais il ne fait aucun doute que les enfants des paysans en ont largement été privés** tout au long de l'époque préislamique et étaient donc pour la plupart des illettrés. Par contre il n'est pas improbable qu'au moins les marchands de l'époque sassanide (tardive) aient eu une connaissance minimale de l'écriture. Les graffitis et pétroglyphes de la vallée supérieure de l'Indus au nord du Pakistan, où se rencontraient Sogdiens (et autres Iraniens) et Indiens à mi-chemin sur leurs routes caravanières, le démontrent bien. Mais c'est avant tout sur l'instruction des princes et jeunes nobles, ainsi que sur celle des scribes et prêtres, que portent les quelques brins d'information que nous possédons.

L'éducation des jeunes aristocrates achéménides semble avoir commencé dès l'âge de cinq ans (cf. Rites de passage, chap. V) et avoir duré une dizaine ou une vingtaine d'années, selon les sources. D'après Strabon, pour ces jeunes gens qu'il appelle *kardakes*, la journée commençait toujours par des exercices gymniques. Après le repas (cf. Table royale et banquets, chap. IX), ils apprenaient la chasse à l'aide de la lance, de l'arc et de la fronde. Plus tard dans l'après-midi, ils étaient entraînés à planter des arbres, à cueillir des racines et à fabriquer des vêtements de lin et des filets de chasseurs. Hérodote y ajoute que les jeunes gens apprenaient à « dire la vérité », et Xénophon note dans sa *Cyropédie* que la formation incluait aussi un volet éthique pour développer le sens de la justice, l'obéissance, l'endurance et la maîtrise de soi. Ce modèle d'éducation trouve sa confirmation dans une des inscriptions de Darius Ier où celui-ci se vante d'être un bon cavalier, un bon archer et un bon lanceur de javelot. Une autre vertu royale était d'être un bon « jardinier ». Les auteurs grecs parlent également de la transmission des traditions orales perses par des chants, mais l'absence d'un apprentissage de la lecture et de l'écriture (peut-être limité aux seules écoles de scribes, comme on en connaît en Babylonie achéménide) est frappante. **Au terme de leur entraînement physique et moral dans le corps des cadets d'élite, les jeunes aristocrates ont appris à être de bons et loyaux serviteurs du roi et passent à la classe des adultes guerriers.**

Contrairement aux périodes précédentes, la formation des jeunes nobles et enfants des hautes classes de la société sassanide (tardive) incluait aussi la lecture. D'après les informations de différentes sources, **l'instruction des aristocrates sassanides avait lieu à la cour, où ils apprenaient ensemble avec les princes à lire et à écrire, à monter à cheval et à chasser, ainsi qu'à s'entraîner dans les arts militaires**. Le petit traité moyen-perse intitulé *Husrav ī Kavādān ud Rēdak-ē* « Husrav, fils de Kavād, et un page » est un document précieux à cet égard, parce qu'il ne fournit pas seulement une impression du luxe qui régnait à la cour sassanide, mais donne aussi un excellent aperçu sur l'enseignement. Interrogé par le roi des rois Husrav Ier, le jeune page précise ainsi qu'il a appris par cœur des livres entiers de l'Avesta avec leurs commentaires, et qu'il a aussi été formé dans les belles-lettres, l'histoire et l'astronomie, dans l'art de monter à cheval, de tirer à l'arc, de jeter la lance et la massue, ou encore de manier l'épée et la hache au combat. Il sait jouer au polo, connaît la musique et joue de plusieurs instruments. Enfin il surpasse ses camarades par sa maîtrise des échecs et autres jeux. Le droit ne fait pas partie de la liste des connaissances théoriques énumérées par le page, mais il est mentionné dans d'autres textes.

À l'époque sassanide, la « scolarisation » se faisait à l'âge de cinq ou sept ans et durait jusqu'au passage à l'âge adulte à 15 ans. Selon les spécialités, les termes utilisés dans les textes moyen-perses pour l'école sont *frahangestān* (le terme général, litt. « lieu du savoir »), *dibīrestān* (pour l'école des scribes) ou *hērbedestān* (pour l'école religieuse). La punition physique par des coups de bâton y était appliquée. Les futurs prêtres devaient en outre passer une épreuve à l'âge de vingt ans devant un jury composé de sages, de prêtres et de juges.

Les renseignements concernant l'**éducation des jeunes filles** sont très rares, mais, à l'époque sassanide, quelques-unes d'entre elles semblent tout de même avoir reçu une formation de base dans les écoles religieuses, et un texte parle du cas de cinq femmes débattant de problèmes juridiques avec un jurisconsulte. Leur principale formation se situait toutefois dans l'art du ménage. Quant aux jeunes filles royales et aristocratiques de l'époque achéménide, il semblerait qu'elles aient, elles aussi, reçu une éducation physique et un entraînement dans les arts martiaux (tir à l'arc, lancement du javelot, art équestre) comme les garçons.

ÉTIQUETTE DE COUR ET AUDIENCE ROYALE

Dès le début de l'époque achéménide, il semble avoir existé des **règles d'étiquette aulique très strictes**. Les auteurs grecs nous fournissent des détails concernant le protocole d'accueil du grand roi en visite dans une des villes de son empire, ou encore en relation avec le banquet royal et la chasse (cf. Chasse et paradis, chap. IX). Plusieurs exemples témoignent du fait que l'on ne pouvait pas violer impunément ces règles. Dans ce même cadre, toute demande pour une audience devant le grand roi passa obligatoirement par un officiel que les Grecs appelaient le *chiliarque* « chef des mille ». Il n'est du reste peut-être pas entièrement exclu que les Grecs aient confondu la fonction de ce chef de la garde personnelle du roi (cf. L'armée, chap. III) avec celle, sans doute plus ou moins homonyme en vieux-perse (si les deux mots avaient été attestés), d'un maître de cérémonies annonçant et introduisant les invités auprès du roi. Cette dernière fonction existait encore à la cour sassanide où son titulaire était appelé *nivēdbed* ou, plus tard, *handēmāngar* (litt. « celui qui introduit dans la présence de quelqu'un »). La procédure pouvait parfois prendre tant de temps que plusieurs auteurs grecs ont fait le reproche au roi perse d'avoir été quasiment inabordable. Si le roi avait toutefois répondu favorablement à une sollicitation pour une

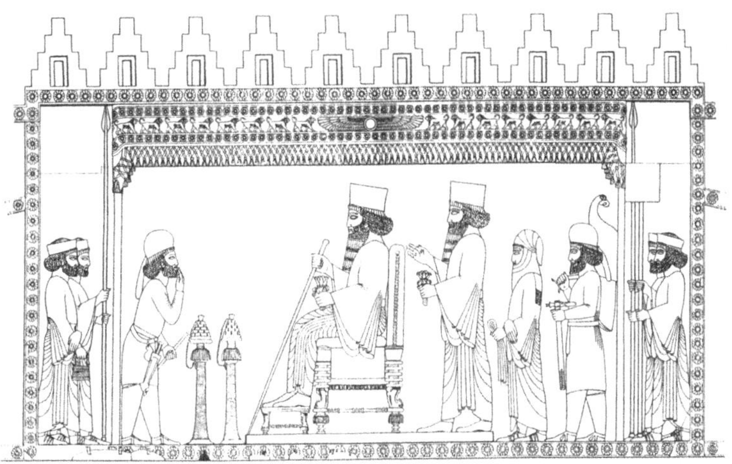

Scène d'une audience royale sur un relief de Darius Ier retrouvé dans la trésorerie à Persépolis

audience, le quémandeur était convoqué à l'*apadāna*, la grande salle d'audience au palais de Persépolis, qui pouvait contenir dix mille personnes à la fois (cf. Capitales et autres villes, chap. II). Une fois admis dans la présence du roi assis sur son trône, l'invité devait d'abord se plier au rituel de la **proskynèse** devant le souverain en reconnaissance de sa majesté. Ce geste, décrit de manière différente par les auteurs grecs, a autant provoqué leur étonnement que leur aversion. Le rite achéménide n'impliquait probablement pas (encore) la prostration, ni même l'agenouillement, mais semble s'être limité à **un baiser de la main en l'air et une inclination du buste**, en accord avec les représentations sur les reliefs perses. En revanche, à l'**époque parthe**, les artistes romains ont souvent représenté le geste comme une **génuflexion**. Puis, après avoir offert un cadeau au grand roi, qui était accepté par les « receveurs des présents », le visiteur pouvait enfin lui adresser sa requête.

Les règles de l'étiquette royale à la cour sassanide n'ont certainement pas été moins contraignantes, bien au contraire, et ont inspiré les Abbassides aux premiers siècles de l'islam. Grâce aux auteurs arabes, nous savons par ailleurs que les Sassanides avaient à leur disposition des livres (aujourd'hui perdus) comme le *ēwēnnāmag* (pers. *āyīnnāma*) « Livre des réglementations » ou le *gāhnāmag* « Livre des places » qui ont aussi dû contenir des détails sur le cérémonial de cour. Tandis que le premier, « un volume de plusieurs milliers de feuillets », portait entre autres choses sur l'organisation de l'État sassanide, l'art de gouverner et les règles de conduite, le deuxième présentait une sorte de *notitia dignitatum* sassanide où les six cents dignités de la cour perse étaient classées par rang. Plus élevé était le rang hiérarchique, plus près on pouvait s'asseoir près du roi des rois lors des banquets royaux et autres occasions. Le titre d'*ēwēnbed* (litt. « chef des coutumes »), dont la fonction précise reste toutefois difficile à déterminer, est en outre attesté sur un sceau de l'époque tardive (cf. Les institutions politiques et administratives, chap. III).

À en croire les auteurs arabes, **les audiences à la cour sassanide étaient des événements de très grande pompe** qui avaient lieu régulièrement et n'étaient omis que si le roi des rois était en voyage, ou malade ou s'il portait le deuil. À l'occasion d'une audience royale publique, la salle du trône était décorée de peintures murales et de mosaïques, et des tapis moelleux couvraient les murs et le sol. Dans la salle était dressé un arbre artificiel aux feuilles dorées et argentées ; des fruits garnis de bijoux et remplis de substances odorantes pendaient des branches. Au fond de la salle, derrière un rideau, le roi était assis sur son trône sur un coussin de brocart d'or. Les dignitaires, officiels et serviteurs de la cour se tenaient à distance prescrite du rideau ; le protocole la précisait même en coudées pour chacune des personnes présentes. La garde royale, alignée en rangées avec leurs armes et ceintures dorées, tenait la foule éloignée. Une lourde couronne de près de cent kilos, revêtue d'or et d'argent et garnie de perles incrustées, de rubis et d'émeraudes, était suspendue, au-dessus de la tête du roi, à une chaîne d'or attachée au plafond. La garde du rideau était confiée à un fils de chevalier qui avait le titre de *hurambāš* (mp. « Sois joyeux ! »). Au moment où celui-ci tirait le rideau, plus personne n'était autorisé à parler ni à faire le moindre geste. Les gens devaient baisser les yeux et se prosterner pour embrasser le sol, y compris les femmes. Tout individu admis en présence du roi par le chef de la garde rapprochée (mp. *puštibānsālār*) après en avoir obtenu la permission, devait en outre attacher un mouchoir de linge blanc devant sa bouche (mp. *padām*), pour empêcher que sa respiration ne souille la majesté royale. Invité par le roi à se rapprocher, il devait se jeter par terre et rester dans cette position jusqu'à ce que le roi lui ordonne de se lever. En fonction de son rang, il restait ensuite debout sur place ou avait la permission de s'asseoir à terre, sur un fauteuil, voire sur le trône à la gauche ou à la droite du roi. Il exprimait alors un vœu pour le bonheur du souverain avant de lui adresser sa demande. À la fin de l'audience, il embrassait la main du roi, son anneau, le trône ou le sol devant le trône, puis s'en allait en reculant.

Les sources écrites comme les reliefs donnent également une multitude de renseignements sur **les signes et gestes de révérence**. Conformément à une règle générale de conduite, un individu devait recouvrir ses mains en présence d'un autre individu de rang plus élevé, soit en les croisant sur la poitrine, soit en mettant ses paumes sous les aisselles, soit encore en cachant ses mains dans ses manches. En présence du roi, toute personne, en dehors de la famille royale, était donc obligée de recouvrir ses mains ; les nobles et hauts dignitaires lui montraient le poing avec l'index légèrement courbé. Contrairement aux Achéménides, les Perses de l'époque sassanide semblent bien avoir connu la prostration, un geste de soumission plus servile que le simple salut par inclination du buste et les différentes formes d'embrassement jusqu'au baiser au sol, mais moins obséquieux que le fait de se rouler dans la poussière, réservé aux membres de la classe inférieure, aux prisonniers privés de leurs droits et aux condamnés à mort.

FEMMES ET FAMILLE

Si l'on voulait croire Plutarque, les anciens Perses auraient été jaloux au point de garder leurs épouses et concubines, achetées à prix d'argent, dans une réclusion complète afin qu'elles ne soient vues de personne. Cette phrase sortie de son contexte doit toutefois être nuancée. L'étude des tablettes élamites de Persépolis montre bien que **les femmes avaient parfois des responsabilités considérables dans la vie sociale**. C'est le cas notamment des femmes à la tête des manufactures royales où étaient employées des couturières, etc. On peut aussi constater que les salaires en nature étaient échelonnés selon plusieurs critères, mais le sexe n'en faisait apparemment pas partie (cf. Salaires, chap. IV). Dans les mêmes tablettes, il apparaît aussi que la reine Artystone, fille de Cyrus et épouse favorite de Darius Ier, avait à sa charge la gestion d'au moins trois grands domaines, où elle semble d'ailleurs avoir surveillé personnellement les choses, car les tablettes prouvent qu'elle voyageait souvent entre ses propriétés avec toute son escorte. C'est elle aussi qui donne des instructions par écrit à son chef d'administration et qui délivre des récépissés portant son sceau. Les dépenses de la reine Ṛtabāma pour des vivres sur ses domaines en Élymaïde sont même encore plus impressionnantes, et plusieurs centaines de manœuvres travaillaient pour elle.

Par la force des choses, nos sources ne permettent pas de saisir la vie d'un Perse commun à l'époque achéménide, mais il paraît difficile de croire que la **polygamie** (sans compter les nombreuses concubines) aurait été la règle. Il en va tout autrement du grand roi : en principe, il s'était obligé de choisir ses épouses légitimes parmi les filles issues d'une des « sept familles ». La **politique matrimoniale** de Darius Ier prouve cependant qu'il n'a nullement tenu compte de ce privilège des familles nobles. À l'exception de Phaidymè, une fille d'Otanès, aucune autre de ses épouses légitimes n'appartenait au cercle des familles des conjurés. En revanche, on peut constater un effort de se relier à la souche de son avant-prédécesseur Cyrus, dans un souci de **continuité dynastique**, par le mariage de deux de ses filles (Atossa et Artystone). En plus de cela, il avait encore trois autres épouses. Plus tard à l'époque achéménide, des alliances matrimoniales entre la maison dynastique et les grandes familles cherchaient parfois à **récompenser de loyaux services**. Il y avait aussi une tendance croissante vers une politique matrimoniale **endogame** (à l'intérieur de la famille royale) pour sécuriser le pouvoir, une tendance encore renforcée à l'époque sassanide, quand le mariage entre proches parents (mp. *xvēdōdah*) fut glorifié par les mazdéens comme l'union idéale (cf. Rites de passage, chap. V).

S'il est vrai que les reliefs de Persépolis ne contiennent aucune image d'une femme, cela ne veut pas dire pour autant qu'elles n'ont jamais été représentées. Au contraire, **il existe de nombreuses représentations sur des gemmes et sceaux aussi bien de l'époque achéménide que de l'époque sassanide**. Les inscriptions, reliefs et monnaies sassanides témoignent en outre d'un grand respect à l'égard des membres féminins de la maison royale et, vers la fin de l'époque sassanide, des femmes comme Bōrān (630-631 ap. J.-C.) et sa demi-sœur Āzarmīgduxt (631 ap. J.-C.) ont même pu monter sur le trône, même si ce n'était que pour quelques mois et si la tradition souligne (de manière un peu simpliste et non sans jalousie) que tout cela était dû à un manque de candidats masculins au sein de la maison royale.

Le livre juridique sassanide intitulé *Mādayān ī Hazār Dādestān* « Livre des mille jugements » (cf. La littérature moyen-perse mazdéenne, chap. VII) contient des termes pour le « foyer » (mp. *dūdag*, litt. « fumée ») et la « famille élargie » (mp. *kādag*, litt. « maison »). Le *pater familias* s'appelait dès lors *kādag-xvadāy* (litt. « seigneur de la maison ») et avait la *patria potestas* (mp. *sālārīh ī dūdag*). Par agnation, la « **famille** » se rattachait à des associations plus grandes que l'on pourrait qualifier de « **clans** » (mp. *nāf*, *tōm*, *gōhr*). **Familles et clans avaient des obligations cultuelles envers les âmes des ancêtres** (sacrifices, fondations de feux, etc., cf. Le mazdéisme et le zurvanisme des Sassanides, chap. VI). Afin que l'exécution de ces obligations envers les aïeux, la continuité de la lignée familiale, le maintien au sein de la famille des biens familiaux accumulés au fil des générations (qui constituaient en même temps la base matérielle pour l'exécution desdites obligations), ainsi qu'un règlement clair des questions de succession (mp. *abarmānd*) soient toujours assurés, le droit sassanide avait prévu une série de mesures et de solutions comme le mariage par substitution (cf. Rites de passage, chap. V), l'adoption ou la tutelle d'enfants mineurs. Quand un homme mourait sans laisser de fils adulte pour le remplacer comme chef de famille, les membres mineurs devaient être mis en tutelle. On distinguait **trois formes de tutelle** différentes : « naturelle » (mp. *būdag*), résultant d'une procédure informelle et automatique à l'intérieur de la famille ; « légitime » (mp. *gumārdag*), au bout d'une décision formelle prise par les membres masculins du clan ; et « testamentaire » (mp. *kardag*), suite à une disposition formelle et écrite, prise par le *pater familias* de son vivant, qui avait ainsi la possibilité de désigner quelqu'un comme tuteur sans aucun lien de parenté avec sa famille ou son clan. En dernier lieu, toutes ces dispositions juridiques n'avaient pour autre but que de garantir le maintien du système social en vigueur, avec une distinction rigoureuse entre les classes (cf. Les classes sociales, chap. III).

Le souci d'un héritier était donc l'une des préoccupations centrales d'un bon mazdéen. Pour les Perses de l'époque achéménide, Hérodote note que plus un homme a d'enfants, plus grand est son mérite. **Tous les ans, le grand roi distribuait par ailleurs des présents à la famille la plus nombreuse.** Les mazdéens reconnaissaient cinq types de filiation : la descendance « légitime » (mp. *pādixšāyīh*) ou « substituée » (mp. *stūr*) pour les enfants nés d'un mariage légitime ou d'un lévirat (cf. Rites de passage, chap. V), puis filiations « adoptée » (mp. *padīriftag*), « illégitime » et « non libre ». **Parents et enfants étaient tenus par des responsabilités mutuelles strictes.** Le père était à la fois le tuteur et le propriétaire de ses enfants, qui avaient l'obligation de lui obéir. La désobéissance à trois reprises était même considérée comme un péché passible de la peine capitale (mp. *margarzān*). La mère n'avait aucun droit de propriété sur ses enfants, et son rôle était limité à les mettre au monde. Chez les Perses de l'époque achéménide, l'autorité parentale avait toutefois ses limites dans la mesure où toute convocation qui appelait un jeune à rejoindre l'armée royale devait être suivie, sous peine de mort.

SEXUALITÉ

Les débauches sexuelles à la cour, les intrigues politiques d'eunuques sournois et de reines perverses, ou encore le comportement efféminé et décadent des rois et princes achéménides ont été racontés avec beaucoup de délice par de nombreux auteurs grecs, et avant tout par Ctésias. Le fait que ce dernier ait lui-même longtemps vécu à la cour achéménide en tant que médecin personnel d'Artaxerxès II ne rend pourtant pas son témoignage plus crédible. Cette image très peu flatteuse des Achéménides mérite sans aucun doute quelques corrections.

En effet, tant l'image ctésienne du méchant eunuque toujours en train de comploter que l'idée xénophontéenne inverse du serviteur d'une fidélité à toute épreuve sont toutes deux des stéréotypes littéraires face à des personnes qui ont autant troublé que rebuté les Grecs. Au vu de la partialité de nos sources grecques et en l'absence d'autres sources, il est difficile de décrire dans le détail l'institution de l'eunuchisme. **Provenant de pays soumis, le statut des eunuques fut sans doute proche de celui des esclaves. Ils veillaient en premier lieu sur la chambre du roi et sur celles des reines et princesses royales**. Le terme désignant la fonction n'est malheureusement pas attesté en vieux-perse, mais c'est bien ce que semble aussi suggérer l'équivalent moyen-perse *šābestān* « (gardien) de la couche » du début de l'époque sassanide. À coup sûr, tous les individus que les auteurs grecs désignent comme des eunuques n'ont certainement pas tous été des esclaves émasculés, et l'on ne peut s'empêcher de penser que les Grecs ont souvent qualifié d'eunuques des personnes qui n'étaient que des détenteurs de hautes fonctions auliques (chiliarques, conseillers, porteurs du sceptre royal, etc.) dans l'entourage immédiat du roi.

L'idéal de beauté féminine à l'époque sassanide

« La meilleure femme est celle qui est dans sa pensée l'amie de l'homme, et, quant à sa stature, est de taille moyenne, dont le sein est large, la tête, le derrière et le cou bien formés, les pieds petits, la taille du corps mince, la plante du pied voûtée, les doigts longs, le corps souple et ferme, dont les mamelles ressemblent à des coings, les ongles blancs comme la neige, le teint couleur de grenade, les yeux comme des amandes, les sourcils (tendres) comme le poil de l'agneau, les dents blanches et fines, les cheveux noirs d'une teinte rougeâtre et longs, et qui ne parle pas inconvenablement de l'habit des hommes. »

(*Husrav ī Kavādān ud Rēdak-ē* « Husrav, fils de Kavād, et un page », § 96)

Outre leurs épouses légitimes, les grands rois achéménides avaient aussi un grand nombre de **concubines** dont le statut était supérieur à celui d'esclaves achetées. Celles qui avaient été sélectionnées et non simplement capturées comme butin de guerre n'étaient pas seulement réputées d'une beauté hors du commun, mais elles étaient aussi probablement vierges. À la cour royale ou dans les cours satrapiques, elles se produisaient également comme danseuses ou musiciennes pour égayer les banquets royaux (cf. Table royale et banquets, chap. IX). Quant au nombre des concubines royales, plusieurs auteurs grecs avancent le chiffre (symbolique ?) de 360, soit une pour chaque jour (nuit) de l'année lunisolaire vieux-perse (cf. Mesure du temps et calendriers, chap. V). Les concubines suivaient le grand roi dans tous ses déplacements et à la chasse (cf. Voyages, chap. IX). Il ne fait guère de doute que les femmes à la cour achéménide, concubines comme épouses et princesses, ont disposé d'appartements privés surveillés par des eunuques. Mais, contrairement aux concubines, les reines et princesses royales étaient bien plus libres dans leurs mouvements et disposaient d'une grande autonomie (cf. ci-dessus, Femmes et famille).

COSTUMES ET PARURES

Tout au long de la période achéménide, **la couleur des vêtements permet de distinguer les classes sociales** : le rouge est la couleur des guerriers, le blanc celle des prêtres, et le bleu celle des paysans. Pour symboliser son autorité sur toutes les classes (cf. Les classes sociales, chap. III), le roi porte des vêtements dans toutes ces couleurs. Les reliefs de Persépolis, sur lesquels des traces de peinture ont été retrouvées, sont une source inestimable pour les habits des **hommes**. Les frises de l'escalier est de l'*apadāna*, en particulier, qui représentent les délégations des peuples tributaires de l'empire perse, donnent une image variée des habits régionaux à l'intérieur de l'empire. On peut ainsi regrouper la tenue vestimentaire de l'époque en cinq grandes catégories : la tenue de cour des Perses et Élamites ; le costume cavalier des Mèdes, Parthes et autres peuples ; enfin les styles grec, indien, et celui des habitants des plaines (Arabes, Babyloniens, etc.).

Les **couvre-chefs** de l'époque achéménide varient du simple ruban ou serre-tête, orné de motifs floraux brodés ou appliqués, que portaient les gardes et serviteurs de cour, à la casquette sphérique (à laquelle on attachait par un anneau une queue d'un petit animal par-derrière) et au chapeau à cannelures (*mitra*) pour les dignitaires et nobles perses. Les cavaliers étaient coiffés de différents types de feutres ou bachliqs (appelés *tiares* par les Grecs), parfois doublés de fourrure, ou de bonnets à queue en cuir et pourvus d'oreillons pour protéger tête, nuque, oreilles, joues, et — dans certains modèles — menton (bonnet phrygien, bonnet pointu scythique, bonnet des mages). Les nobles nouaient parfois un diadème

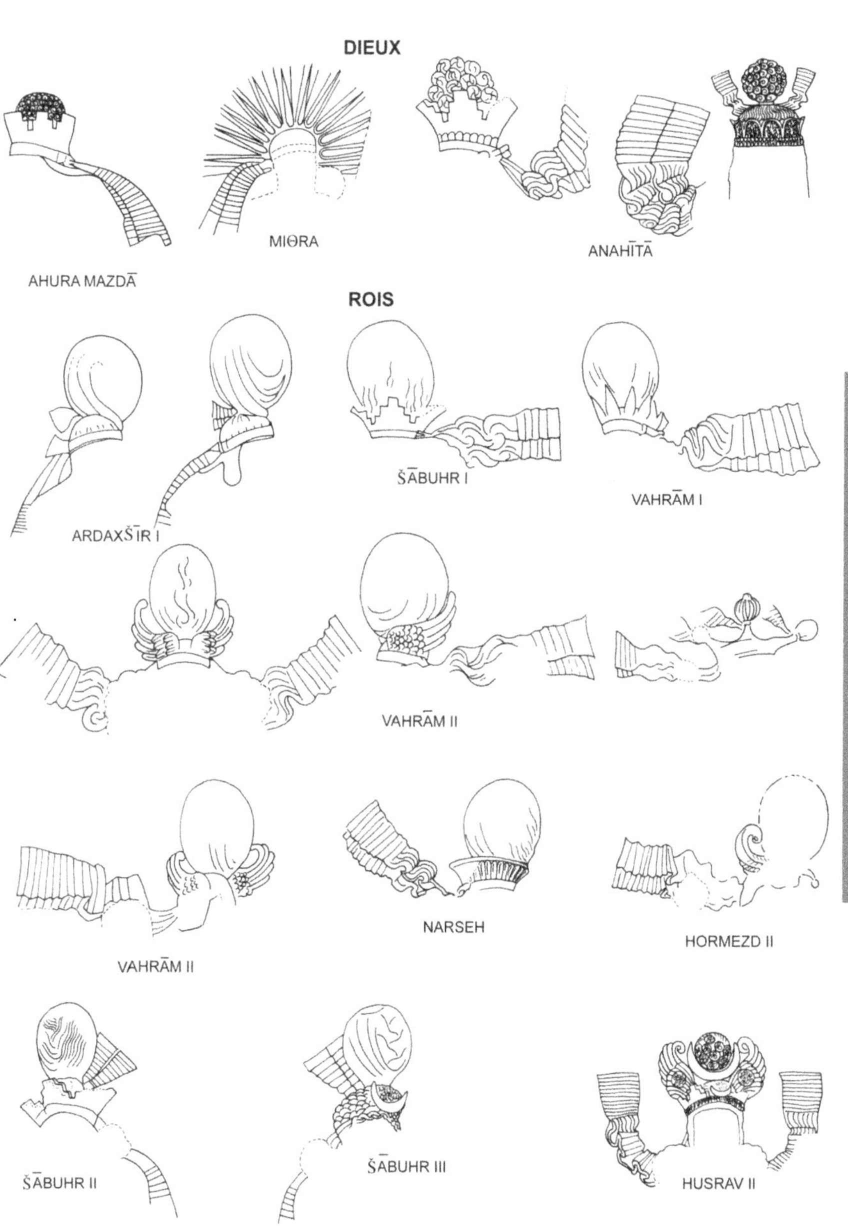

Couronnes de dieux et de rois dans les bas-reliefs sassanides

Robe perse

sur la tiare, mais seul le grand roi avait le droit de porter la tiare étroite (de cuir ?).

Les deux types les plus communs de coiffures sassanides étaient le grand casque arrondi, avec ou sans couvre-nuque, et le bonnet phrygien avec une pointe tombant vers l'avant. Les rois arrangeaient leurs cheveux (ou une perruque) en forme de globe (*korymbos*) qui dépassait la couronne royale et qu'ils ceignaient d'un diadème après l'avoir recouverte d'une étoffe de soie légère ornée de perles ou d'autres bijoux. Même si déjà les Achéménides ont connu des couronnes crénelées, ce n'est pas avant (le milieu de) l'époque sassanide que des formes de plus en plus élaborées de couronnes ont vu le jour (cf. aussi ci-dessus, Étiquette de cour), qui permettent d'identifier les différents rois.

Comme **survêtements**, les Perses achéménides portaient de longues robes plissées, avec ou sans manches, soutenues par une ceinture autour de la taille. Les cavaliers mèdes portaient des robes drapées autour des épaules avec de longues manches étroites qui pendaient le long du corps (*kandys*). Les peuples des provinces orientales étaient habillés de vestes moulantes en fourrure ou en cuir fourré ayant une coupe oblique afin de ne pas gêner à cheval (*gaunaka*). Ce type de veste courte aux hanches, drapée diagonalement sur la poitrine et fermée devant avec une ceinture étroite, sous laquelle on portait parfois une tunique longue, est devenu le survêtement le plus répandu de l'époque parthe.

À l'époque sassanide, les hommes étaient généralement vêtus d'une tunique douillette qui tombait jusqu'aux genoux ; elle pouvait être combinée avec une chemise plus courte et un pantalon. Aux premiers siècles de l'époque sassanide, les hommes étaient souvent représentés avec une sorte de cape légère, ajustée devant avec des rubans ou des boucles. Vers le milieu de l'époque sassanide, la poitrine des chasseurs royaux était protégée par une espèce de harnais en cuir, fixé par des bandes diagonales qui se rejoignaient devant sous une rosette. Vers la fin de l'époque sassanide, les rois ont de plus en plus développé un goût prononcé pour de lourds caftans richement décorés aux bords. Les textes font état d'une riche variété d'étoffes de qualité pour toutes les saisons (laine, soie, fourrure, etc.).

Les Perses ont également connu des **sous-vêtements** : sous sa robe de chasse, le grand roi achéménide portait par exemple une chemise pourpre avec une bande blanche. À l'époque achéménide, les **pantalons** de cuir coloré (*anaxyrides*) ou d'étoffe fine (*sarabara*) n'étaient pas portés à la cour, mais uniquement pour monter à cheval. Quelques siècles plus tard, l'usage des pantalons s'est généralisé sous les Parthes, ce qui n'est pas étonnant au regard de leur origine nomade. Les hommes portaient alors des pantalons flottants à plis verticaux ou elliptiques, glissés dans le haut de leurs bottes de cuir souple. Encore plus tard, les rois sassanides ont porté des jambières par-dessus un pantalon plus étroit, boutonnées en haut des cuisses et fixées par des lanières de cuir autour des chevilles. Les **chaussures** étaient de deux types : à la cour achéménide, on portait des souliers plats fermés avec trois ou quatre lacets (les Éla-

La robe d'État de Xerxès Ier, reconstituée d'après un relief dans le harem à Persépolis

mites portaient des chaussures basses à six lacets) ; ailleurs, et à d'autres époques, des bottes qui pouvaient parfois remonter jusqu'aux genoux.

L'habillement des femmes est relativement mal connu, mais la tenue principale des femmes nobles ainsi que des musiciennes et danseuses de l'époque sassanide semble avoir été la **tunique** longue qui leur tombait jusqu'aux talons. Les modèles à manches se portaient sans ceinture, ceux sans manches étaient fixés avec un cordon juste sous la poitrine. Parfois elles portaient en outre un **voile** sur la tunique, drapé sur les hanches et éventuellement fixé à l'épaule gauche. Quant aux reines sassanides, elles semblent avoir porté aussi bien des longues **robes** lourdes comme des manteaux que des robes flottantes de tissus vaporeux, ajustées à la taille avec des rubans plissés.

Un costume n'était toutefois pas complet sans la **parure**, essentielle **pour les hommes comme pour les femmes**. Sur les reliefs achéménides de Persépolis, les hommes portent des colliers d'or lisses ou tordus, ainsi que des bracelets en or autour des deux poignets. Ces derniers sont échancrés vers l'intérieur au milieu de la partie inférieure, et parfois incrustés de pierres précieuses ; les extrémités se finissent en (têtes d') animaux (béliers, bouquetins, griffons, lions, etc.). Les hommes ont en outre des boucles d'oreilles et portent des bagues aux doigts. Les fouilles archéologiques ont également mis au jour des colliers de perles et de pierres semi-précieuses. Les

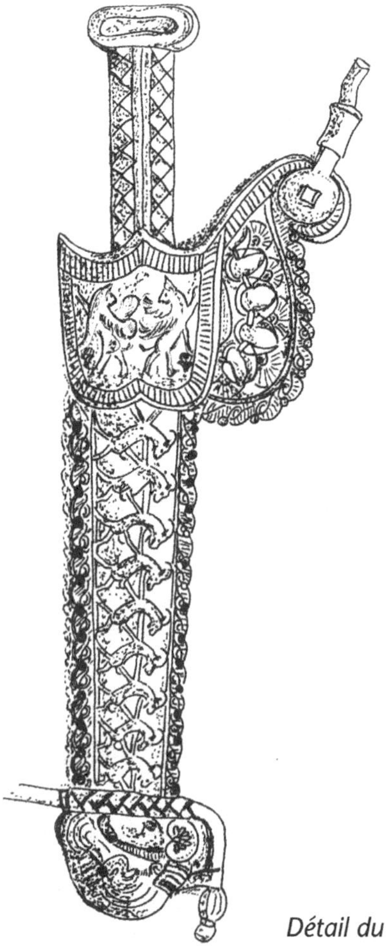

Détail du glaive (akinakēs) de Darius Ier

Bijoux achéménides (pendentifs, boucles d'oreilles)

capes se ferment parfois avec des fibules d'or ou d'argent. Si les rois perses voulaient récompenser ou distinguer un homme, ils lui donnaient non seulement une robe d'honneur, mais aussi des colliers, des bracelets et un glaive en or (gr. *akinakès*). À l'époque sassanide, un diadème tissé d'or et enrichi de perles était d'ailleurs l'une des plus grandes marques d'honneur après la dignité royale. Les reliefs sassanides montrent aussi des musiciennes avec des torques lourds munis de pendants en forme de rosettes, ainsi qu'avec des anneaux autour des chevilles, et les reines portent des colliers de perles.

Avec autant de naturel qu'ils portaient des bijoux, les hommes mèdes et perses riches se maquillaient non moins que leurs femmes : ils se fardaient les cils, se poudraient la peau, et portaient des perruques et barbes postiches. Ils utilisaient des onguents parfumés qu'ils gardaient dans des flacons d'albâtre égyptien, se regardaient dans des miroirs de bronze polis munis de poignées de bois ou d'ivoire, et se peignaient les cheveux à l'aide de peignes doubles dans les mêmes matériaux, avec de grosses dents d'un côté et de dents fines de l'autre, tous faits avec beaucoup d'art. Un des serviteurs du grand roi achéménide le suivait partout avec un chasse-mouches de crin de cheval en forme de vase ou de fleur, et plusieurs reliefs montrent un autre serviteur avec un flacon d'onguents dans la main et une serviette sur l'avant-bras. De nombreux récipients de fard noir (en verre ou en bronze) avec des bouchons pourvus de pinceaux pour appliquer le maquillage ont été retrouvés dans les fouilles ; le fard à sourcils était d'ailleurs un produit de luxe exporté vers la Chine à l'époque sassanide (cf. Commerce, chap. IV).

REPÈRES BIOGRAPHIQUES

• ACHÉMÉNÈS

Fondateur éponyme de la dynastie des Achéménides. En dépit des généalogies fournies par Hérodote et de la grande inscription trilingue de Darius Ier à Béhistoun/Bīsotūn, Achéménès n'est très probablement pas un personnage historique. Le texte babylonien du *Cylindre de Cyrus* ne le mentionne pas. Il pourrait s'agir au contraire d'un ancêtre mythique, inventé par Darius Ier pour justifier a posteriori ses droits sur le trône perse. Selon une légende transmise par Élien, il aurait été élevé par un aigle, et Platon en fait le fils de Perseus.

• ALEXANDRE III LE GRAND

Roi de Macédoine (356-323 av. J.-C.), fils de Philippe II et d'Olympias. Éduqué par Aristote, Alexandre obtient le pouvoir macédonien en 336, après l'assassinat de son père. Au printemps 334, il entreprend une campagne offensive contre la Perse. Ayant franchi l'Hellespont, il vainc les troupes perses sur les bords du Granique. Cette victoire lui ouvre le chemin vers l'Asie Mineure. Entre-temps Darius III mobilise une armée gigantesque et, en novembre 333, les deux armées s'affrontent à Issos. La bataille se termine par une défaite des Iraniens, et le roi perse s'enfuit. Dorénavant le Macédonien est maître de l'Asie Mineure, et la Syrie et l'Égypte s'ouvrent à lui. Déclinant une première offre de paix de la part de Darius, Alexandre poursuit sa marche le long du littoral phénicien et prend Tyr après un siège de neuf mois. Début 332, il atteint l'Égypte où il fonde la ville d'Alexandrie et rend visite à l'oracle de Zeus Ammon dans l'oasis Siwa. Les premières tensions avec son armée surgissent. Alexandre passe l'Euphrate et le Tigre, et une bataille décisive entre Perses et Grecs a lieu le 1er octobre 331 à Gaugamèles. Alexandre est proclamé roi d'Asie, et les satrapes de Babylone et de Suse se rendent ; une partie de Persépolis est saccagée et brûlée. Peu après, le roi Darius est assassiné par son satrape bactrien Bessos près d'Hécatompyle. Alexandre organise les funérailles de Darius et devient le successeur légitime du roi perse. L'introduction du cérémonial de cour perse chez ses compatriotes provoque l'opposition d'une partie de ses généraux et soldats qui désirent ardemment la fin de la guerre et le retour en Grèce. Alexandre mate ces tentatives de rébellion et condamne à mort Philotas et son père Parménion. Plusieurs provinces orientales (l'Hyrcanie, l'Areia, la Drangiane, l'Arachosie) sont soumises par la suite. En 329, Alexandre parvient jusqu'en Bactriane où Bessos est capturé et condamné à mort par un tribunal perse. À Samarcande, Alexandre poignarde son compagnon Kleitos au cours d'une beuverie. En 327, il épouse Roxane, une princesse bactrienne, et part pour l'Inde. Le souverain Taxilès accepte de se soumettre à lui, mais le roi Poros est battu en 326. Épuisée, l'armée d'Alexandre refuse de suivre son commandant au-delà de la rivière Hyphasis (Beas) et Alexandre est contraint à faire demi-tour. De retour à Suse, il organise en 324 des noces de masse entre des nobles macédoniens et des femmes iraniennes aristocratiques. L'indignation et la grogne de ses hommes grandissant toujours, Alexandre décide malgré tout de préparer une expédition en Arabie, mais meurt malade et affaibli à Babylone le 10 juin 323.

• ARDAXŠĪR Ier (ARDAŠĪR, **ARTAXERXÈS, ARTAXARÈS**)

Premier roi des rois sassanide (224-242 ap. J.-C.), fils de Pābag, un petit souverain local de Staxr issu d'une famille noble. Les premières années d'Ardaxšīr et le début de sa carrière restent largement dans l'ombre. Vers 224, il avait étendu son pouvoir sur toute la Perside et au-delà en Élymaïde et au Kermān, en soumettant nombre de roitelets vassaux des Arsacides parthes. Le refus de sa reconnaissance par le roi arsacide Artaban IV mène à un conflit, culminant en une bataille décisive dans la plaine mède, près de Hormizdegān, le 28 avril 224. Le roi parthe y perd la vie et, selon la tradition, Ardaxšīr aurait pris le titre de *šāhān šāh* (« roi des rois ») encore sur le champ de bataille. Cette année marque aussi le début « officiel » de la dynastie des Sassanides. Le couronnement d'Ardaxšīr Ier a lieu à Ctésiphon en 226. Les années suivantes, il réussit à soumettre une grande partie des anciens territoires parthes. Profitant des difficultés romaines suite à l'assassinat d'Alexandre

Sévère en 235, les Sassanides constituent une menace croissante pour l'empire romain. Leurs assauts en Mésopotamie sont couronnés de succès avec la prise de Carrhes, Nisibe et Hatra (235/6-240). L'Arménie passe sous la domination sassanide pour une longue période (238-280). Les dernières années d'Ardaxšīr font l'objet d'une controverse : il se peut que son fils Šābuhr Ier soit devenu co-régent en 239/40, mais qu'Ardaxšīr ait vécu jusqu'en 242.

• **ARSACE**

Ancêtre éponyme de la dynastie parthe des Arsacides (ca. 247–217 av. J.-C.). Il existe plusieurs traditions à propos de lui, transmises par les auteurs gréco-romains et inconciliables entre elles. Les versions les plus crédibles le présentent comme un chef des Parnes, des nomades cavaliers appartenant à la tribu sace des Daens. Vers 247 av. J.-C., ceux-ci envahissent les plaines steppiques au sud-est de la mer d'Aral. Ils semblent y avoir évincé le satrape parthe Andragoras qui avait lui-même fait sécession du pouvoir central séleucide quelques années auparavant. Les Parnes s'assimilent rapidement à la population iranienne indigène de la Parthie au point d'en reprendre le nom. Arsace Ier réussit à consolider sa position et est proclamé roi à Asaak : il fonde sa capitale Dara et frappe sa propre monnaie. Au fil du temps, le nom d'Arsace deviendra une sorte de titre honorifique des rois parthes.

• **BARDIYA/SMERDIS**

Fils cadet de Cyrus II le Grand et frère germain de Cambyse II, connu sous son nom vieux-perse de Bardiya, mais appelé Smerdis par Hérodote et Tanyoxarkès par Ctésias. Ce dernier nom signifie littéralement « au corps géant » et est probablement un sobriquet renvoyant aux qualités physiques ou guerrières de l'individu. Les récits sur cet épisode clé marquant la transition de Cambyse II à Darius Ier divergent très largement dans les détails, mais aussi sur le fond, de sorte qu'aucune certitude ne s'impose. Il est possible que Cambyse ait tué son frère avant de partir en Égypte, de crainte que celui-ci ne prenne le trône en son absence. Sur son lit de mort, Cyrus avait en effet désigné Bardiya comme gouverneur d'un grand territoire en Asie centrale. Mais la suite de l'histoire suscite le scepticisme, à tel point que l'on se demande si Darius n'aurait pas, après tout, inventé un personnage dénommé Gaumāta qui aurait usurpé l'identité de Bardiya pour cacher le fait qu'il avait en réalité lui-même renversé et tué ce dernier au moment où il était devenu le successeur légitime, à la mort de Cambyse.

• CAMBYSE II

Grand roi achéménide (530-522 av. J.-C.), fils aîné de Cyrus II le Grand et de Cassandane. Peu après sa conquête de la Mésopotamie en 539 av. J.-C., Cyrus nomme son fils Cambyse « roi de Babylone », mais sa royauté babylonienne dure à peine neuf mois. La conquête de l'Égypte que son père n'avait pu réaliser est mise en œuvre par Cambyse en 525. Il y est couronné pharaon (« Roi de haute et basse Égypte ») et fonde la XXVIIe dynastie, mais échoue dans son plan ambitieux de conquête du reste de l'Afrique. Il n'ira pas au-delà de la partie septentrionale de la Nubie, et il est contraint de renoncer à ses intentions de prendre Carthage. Les sources classiques, et notamment Hérodote, le décrivent comme un fou violent, pilleur de temples, profanateur de tombes et surtout tueur du bœuf sacré Apis. Cette image propagandiste, répandue par certains prêtres de temple destitués de leurs privilèges, ne semble toutefois pas correspondre à la réalité et mérite d'être corrigée. Des tensions subsistent en revanche avec l'aristocratie tribale perse à cause de ses efforts pour centraliser le pouvoir. En mars 522, un « mage » dénommé Gaumāta (cf. Bardiya/Smerdis) s'insurge et ayant appris cette nouvelle, Cambyse se hâte de rentrer en Perse, mais quelques mois plus tard il meurt accidentellement sur le chemin du retour.

• CYRUS II LE GRAND

Grand roi achéménide (558-530 av. J.-C.), probablement fils de Cambyse Ier et de Mandane, l'une des filles du roi mède Astyage, mais nombre de légendes existent autour de sa naissance et de sa jeunesse. Cyrus succède à son père comme roi des tribus perses et établit sa résidence à Pasargades. Entre 554 et 550, il se révolte contre son suzerain mède Astyage et prend Ecbatane. Les Perses occupent ensuite (549/8) les anciens territoires mèdes en Parthie, Hyrcanie, et peut-être aussi l'Arménie. Suivent alors la destruction de l'empire lydien de Crésus avec la prise de Sardes (547/6), des campagnes en Asie centrale (avec la fondation de Cyreschata en Sogdiane), la conquête de l'Élam et la prise de Babylone (octobre 539) qui déclenche la soumission de la Syrie, de la Phénicie et de la

Palestine peu après. Cyrus adopte aussitôt le titre royal de « roi de Babylone, roi des pays » et gagne la sympathie des habitants par ses tentatives de restauration de la vie économique du pays et par sa décision de préserver l'administration locale. Il permet aux juifs en captivité à Babylone de rentrer chez eux. Les préférences religieuses de Cyrus sont inconnues, mais il semble avoir pratiqué une politique de grande liberté de culte, comme en témoignent les sources babyloniennes et juives. En 530, il part en campagne contre les Massagètes qui menacent la frontière au nord-est du pays et meurt. Comme sa naissance, la mort de Cyrus est entourée de légendes contradictoires. Son corps est ramené à Pasargades où il est « inhumé » dans une tombe.

• CYRUS LE JEUNE

Prince achéménide (ca. 423-401 av. J.-C.), appelé « le Jeune » par les Grecs afin de le distinguer de Cyrus II, second fils de Darius II, et de Parysatis, frère cadet d'Artaxerxès II. En 408 ou 407, il est nommé satrape de la Lydie, de la Grande Phrygie et de la Cappadoce, et succède à Tissapherne comme commandant en chef de l'armée perse. Il soutient les Spartiates et notamment son ami Lysandre contre Athènes. Ceux-ci l'aident à leur tour quelques années plus tard dans son combat contre son frère Artaxerxès II qui avait accédé au trône achéménide à la mort de leur père Darius II en 404. Au printemps 401, Cyrus mobilise ses troupes perses, rejointes par des mercenaires grecs, à Sardes, et six mois après les armées d'Artaxerxès et de Cyrus s'affrontent à Kounaxa, non loin de Babylone. L'armée de Cyrus, numériquement inférieure, subit une lourde défaite, et Cyrus lui-même meurt sur le champ de bataille, âgé d'à peine vingt-deux ans. La marche de Cyrus sur Babylone et le retour des Grecs chez eux a été décrit dans son *Anabasis* par l'historien grec Xénophon qui avait lui-même participé à la campagne.

• DARIUS IER LE GRAND

Grand roi achéménide (522-486 av. J.-C.), fils aîné de Vištāspa (Hystaspes) et de *Vardagauna (Rhodogunè). Avant son accession au trône, il est le porte-lance de Cambyse II en Égypte. Immédiatement après sa prise du pouvoir, résultant d'une conspiration avec six autres conjurés contre le mage mède Gaumāta (éliminé en septembre 522), des rébellions éclatent dans plusieurs régions de l'empire et durent trois ans : Darius en donne le récit détaillé et sa version des faits dans une longue inscription trilingue (en élamite, néo-babylonien et vieux-perse) sur le rocher de Béhistoun/Bīsotūn. La véracité de ce récit exposé par le principal acteur des événements, à commencer par l'existence même de Gaumāta (cf. Bardiya/Smerdis) et les liens de parenté de Darius avec Cyrus, est toujours sujette à de vifs débats entre spécialistes. À l'automne 517, Darius règle un conflit en Égypte. La même année, il envoie une expédition dans la vallée de l'Indus. Un autre événement majeur de son règne est la campagne contre les Scythes européens en 513, pour laquelle il avait établi un pont sur le Bosphore. Mais les Scythes reculent en prati-

Darius Ier

quant la tactique de la terre brûlée. Comprenant vite la futilité de son action, Darius abandonne la poursuite, mais peut ajouter quatre nouvelles provinces à son empire qui s'étend désormais des Balkans à l'Indus ; dès le début de son règne, il réorganise l'empire en (vingt) satrapies desquelles il exige un tribut annuel. En 499, le tyran Aristagoras de Milet organise la « révolte ionienne » avec le soutien de l'Érétrie et d'Athènes. Le conflit dure près de six ans, mais à la fin la Perse parvient à rétablir l'ordre en Ionie, et la ville de Milet capitule en 494. L'ambiance anti-perse commence toutefois à prendre de l'ampleur à Athènes, et Darius décide d'envoyer son gendre Mardonios avec la flotte perse de l'autre côté de l'Hellespont. La flotte est détruite par une tempête, mais Mardonios réussit tout de même à affermir la domination perse en Thrace. Darius organise une deuxième expédition commandée par Datis qui conquiert l'Érétrie et débarque à Marathon, guidé par Hippias, tyran exilé d'Athènes. À l'été 490, l'infanterie athénienne sous Miltiade bat les Perses. En Égypte, Darius avait déjà fait creuser un canal entre le Nil et la mer Rouge (497) ; il est désormais plus préoccupé par son programme de construction dans ses capitales Suse et Persépolis. Une révolte en Égypte et des problèmes de santé l'empêchent de préparer une nouvelle expédition punitive contre les Athéniens. Malade, il meurt en octobre 486 et est inhumé dans un tombeau qu'il avait fait construire dans le rocher de Naqš-e Rostam. Les funérailles sont organisées par son fils Xerxès qui avait été désigné comme son successeur du vivant même de Darius.

• DARIUS III

Le dernier grand roi achéménide (336-330 av. J.-C.) ; son lien avec la famille royale n'est pas clair. Le récit de la fin de l'empire achéménide est connu presque exclusivement à travers des sources grecques partiales. À un moment non spécifié avant son accession au trône, il semble avoir été en charge du service des courriers royaux, une position élevée. Le chiliarque (et eunuque) Bagoas l'installe sur le trône après l'assassinat d'Arsès, mais Darius l'élimine rapidement. Au début de son règne, Darius avait négligé de renforcer l'armée perse dans les provinces occidentales, de sorte qu'Alexandre ne rencontra que peu de résistance sur le Granique lors de son invasion en Asie Mineure début 334. Après la mort de Memnon, un de ses meilleurs généraux, Darius prend lui-même en main le commandement de ses forces armées. Son manque d'expérience militaire lui fait perdre une première bataille contre Alexandre dans la plaine d'Issos (333), puis une deuxième à Gaugamèles (331). Darius s'enfuit vers Ecbatane pendant qu'Alexandre prend les autres capitales royales les unes après les autres. En janvier 330, Alexandre atteint Persépolis où il détruit une partie des bâtiments construits par Xerxès, comme un acte symbolique de vengeance pour la dévastation de l'acropole d'Athènes. Darius ne semble pas avoir essayé de mettre sur pied une autre armée, et il est finalement fait prisonnier par ses propres compagnons. Alexandre s'empresse pour capturer lui-même Darius, mais il apprend que celui-ci a été poignardé par Bessos, son satrape en Bactriane, près d'Hécatompyle.

Darius III au combat

• FERDOWSĪ

Nom de plume (litt. « [homme] du paradis ») du grand poète épique Abu'l Qāsim Manṣūr, auteur du *Šāhnāma* « Livre des rois » (329-410 ou 416/940-1019 ou 1025). Il est né près de Ṭūs (aujourd'hui : Mašhad) au Chorassan, mais peu de détails biographiques sont connus qui précèdent la rédaction du *Šāhnāma*, mis à part son appartenance à la petite noblesse campagnarde des *dehkāns*. Selon ses propres dires, le poète commença la composition de son immense épopée vers 366-67/976-77 et la compléta près de trente-cinq ans après, en 400/1010. L'auteur aurait présenté lui-même son œuvre à la cour du sultan Maḥmūd de Ghazna, où il ne rencontra toutefois pas le succès escompté et ne reçut au contraire une bien maigre rémunération. Son chef-d'œuvre monumental (comprenant entre 48 000 et 52 000 distiques dans la plupart des manuscrits) fait suite à la tradition épique de Daqīqī et d'autres poètes qui avaient puisé eux-mêmes à différentes versions en circulation du *Xvadāy-nāmag* « Livre des seigneurs », une sorte d'histoire nationale officielle dont les origines remontent à l'époque sassanide tardive. Ferdowsī y raconte, en cinquante chapitres de longueur inégale, l'histoire de l'Iran à partir des premiers rois mythiques et légendaires jusqu'à la fin des Sassanides. Il meurt en 411/1020 dans des circonstances obscures.

• HUSRAV Ier ANŌŠIRVĀN (XUSRŌ, **CHOSROÈS**)

Roi des rois sassanide (531-579 ap. J.-C.). Husrav Ier est très admiré par la tradition arabe sous le nom de Kisrā comme un roi « juste et magnanime » (son surnom *anōširvān* signifie « à l'âme immortelle »). Sous son règne, l'État est entièrement réorganisé sur les plans social, économique et politico-administratif après la répression commune avec son père Kavād Ier de la révolte mazdakite (528/9). Les réformes militaires et administratives impliquent notamment l'armement aux frais de l'État d'une cavalerie légère, recrutée parmi une nouvelle classe de nobles, les petits propriétaires terriens (les *dahigān*). D'autres mesures visent à améliorer la sécurité aux frontières, comme la construction d'une muraille dans le Caucase et la mise en place de garnisons dans les zones frontalières. De plus, Husrav divise l'empire en quatre régions militaires selon les quatre points cardinaux, chacune sous le commandement d'un *spāhbed* (général). Cette réforme, jusqu'ici connue principalement à travers les sources arabes, a récemment été confirmée par la découverte d'une série de sceaux administratifs. La fiscalité est également réformée : Husrav fait recenser la population et instaure une taxe personnelle en fonction de la fortune de chacun. De même il introduit le cadastre et l'impôt foncier fixe au lieu d'une taxe variable sur le rendement. Se sachant soutenu par une armée plus puissante, Husrav reprend aussi l'initiative en matière de politique étrangère :

en 540, il rompt la « paix éternelle » avec Byzance, conclue en 532, pour prendre part à un conflit entre deux états arabes, les Ghassanides soutenus par Justinien et Byzance d'une part, et les Lakhmides soutenus par les Perses d'autre part. Après la prise d'Antioche par les Perses et quelques succès d'un côté comme de l'autre, un armistice est décidé pour cinq ans en 545, mais non respecté par Byzance. En 556/7 de nouvelles négociations de paix sont entamées, pendant que Husrav attaque (avec l'aide des Turcs) l'empire hephtalite qu'il détruit définitivement trois ans plus tard (560). Les pourparlers avec les Byzantins se terminent en 561 par la « paix de cinquante ans », très avantageuse pour les Sassanides. En 570, Husrav conquiert l'Arabie du Sud et expulse les Axoumites et leur négus. Les années de règne de Husrav sont aussi propices au développement culturel du pays : les arts et la littérature fleurissent et les échanges culturels des connaissances entre Occident et Orient s'amplifient (par exemple par l'accueil des néoplatoniciens pour quelques mois en 532, après la fermeture de leur école à Athènes en 529).

• **HUSRAV II** ABARVĒZ (XUSRŌ PARVĒZ, **CHOSROÈS**)

Roi des rois sassanide (590-628 ap. J.-C.), renommé pour la splendeur de sa cour et ses dépenses exorbitantes. Au début de son règne, Husrav II mate la révolte du prétendant Vahrām VI Čōbīn avec l'aide des Byzantins et de l'empereur Maurice (d'où son sobriquet *abarvēz* « le victorieux »). En 600, Husrav entreprend une campagne contre les Lakhmides. Leur roi Nuʿmann III tombe entre les mains des Perses et est assassiné en prison (602). Deux ans après, les Sassanides subissent une défaite près de Kufa contre une alliance de plusieurs tribus arabes. Sous son règne, l'empire sassanide atteint sa plus grande expansion territoriale : Husrav entreprend la guerre contre Byzance en 603 après l'assassinat de Maurice par son général Phokas. Il arrive en Chalcédoine en 604 et subjugue de larges régions en Asie Mineure et en Syrie dès 604. Il prend Édesse, Amida, Alep en 605 et Antioche en 611. Damas et Tarse tombent en 613. Le roi des rois soumet l'Égypte en 619 et assiège Constantinople en 626 en même temps que les Avares. En 614, il emporte la sainte croix de Jérusalem à Ctésiphon. Mais bientôt la riposte d'Héraclius (626-628) inflige une défaite aux Sassanides à Ninive et les force à abandonner les territoires conquis. Depuis Šābuhr III (383-386), les Sassanides n'avaient plus réalisé des reliefs, mais cet art revit une dernière fois sous Husrav II. Il est renversé et assassiné par son fils

Šīrōy lors d'une révolte de nobles en 628. Peu après sa mort, les premières attaques des Arabes contre l'empire sassanide ont lieu (633). Le roman *Chosrou va Šīrīn* (une de ses épouses préférées, une chrétienne monophysite), du poète Neẓāmī (XIIe siècle), vante sa popularité.

• KAYANIDES

Dynastie légendaire de l'histoire nationale iranienne, à localiser dans la partie orientale de l'Iran. Le nom de la dynastie est dérivé de *kayān* (< **kavyān*), forme plurielle de *kay*, un titre honorifique en moyen-perse pour certains rois, mais qui désigne à l'origine un « devin, sage » dans les Védas. La tradition post-avestique en connaît quatorze, mais les huit premiers du fondateur *Kauui- Kauuāta-* (mp. *Kay Kavād*) à *Kauui- Haosrauuah-* (mp. *Kay Husrav*), le plus glorifié dans la tradition avestique, forment une unité plus ancienne. Le héros Rostam appartient également au cycle kayanide. À partir du Ve siècle ap. J.-C., plusieurs rois des rois sassanides ont délibérément cherché à rattacher leur dynastie au cycle épique kayanide, car il reflétait un âge héroïque avec une société dans laquelle les guerriers nobles dominaient et les rois justes et intrépides détenaient la splendeur royale (mp. *xvarrah*, *farr*). Les femmes y occupaient une place plus que marginale. Ces légendes avaient non seulement pour but de divertir mais aussi d'instruire, tant sur le plan religieux que sociopolitique, et de forger une identité nationale.

• MĀNĪ

Fondateur du « manichéisme », né en 216 près de Ctésiphon et décédé en prison en 276 ou 277. Son père Pātteg, un Iranien dit originaire d'Ecbatane, se serait affilié à une secte de baptistes en Babylonie, les judéo-chrétiens elchasaïtes, au moment où sa femme, dont le nom et l'origine sont contestés, était enceinte de Mānī. Cette secte avait une activité missionnaire très active, pratiquait des ablutions corporelles rituelles et observait un code alimentaire strict interdisant la viande et les boissons fermentées. Le père de Mānī fait venir son fils près de lui à l'âge de quatre ans, dans la secte où Mānī reste jusqu'à l'âge de vingt-quatre ans, quand il reçoit la visite d'un ange. Contestant la religion elchasaïte, il mûrit le projet d'une nouvelle religion. À la deuxième apparition, son ange l'incite à commencer son œuvre missionnaire, et Mānī devient apôtre de terrain.

Encore sous le règne d'Ardaxšīr Ier, il part pour l'Inde, et sur sa route il convertit le Turānšāh. Le contact avec le bouddhisme à cette époque est très important. À la mort d'Ardaxšīr, Mānī rentre chez lui. Suivent de nombreux voyages à travers la Perside, la Susiane, la Mésène et la Babylonie. En Perside, Pērōz, gouverneur du Chorassan et frère du roi des rois Šābuhr Ier, le présente à celui-ci (253). Mānī lui dédie même son ouvrage *Šābuhragān*, écrit en moyen-perse, dans lequel il explique les bases de sa religion. Séduit par le syncrétisme confiant de Mānī, dont la doctrine réunissait des éléments mazdéens, bouddhiques et chrétiens, Šābuhr l'admet dans sa suite lors de ses campagnes militaires, de sorte que le manichéisme est implanté dans tout l'Iran vers 270. Sous son successeur Hormezd Ier, Mānī ne semble pas avoir rencontré de difficultés particulières, mais quand celui-ci est remplacé par son frère Vahrām Ier, après quelques mois de règne à peine, la situation change. Le nouveau roi des rois lui refuse un voyage en territoire kouchan. À l'instigation des prêtres mazdéens et notamment du grand-prêtre Kerdīr, Vahrām est de plus en plus méfiant à l'égard de Mānī. Il le fait jeter en prison où le prophète, lourdement enchaîné, meurt épuisé après vingt-six jours de détention.

• MAZDAK

Rebelle sectaire et meneur d'un mouvement populaire autour d'une doctrine religieuse avec un fort aspect social à la fin du Ve siècle ap. J.-C. L'épisode de la rébellion mazdakite est difficile à reconstituer, car elle n'est connue qu'à travers des sources majoritairement hostiles. L'existence même de Mazdak et la réalité de son mouvement ont été remises en question parce que deux des principales sources sur l'histoire de l'Iran sous Kavād Ier (488-496 ; 499-531) ne le mentionnent pas. Les événements s'insèrent dans le contexte politique de la fin du Ve siècle et la tentative du roi des rois Kavād de réduire l'influence grandissante des nobles. L'élément socio-éthique du mouvement de Mazdak, stipulant la mise en commun des biens matériels (et des femmes) entre riches et pauvres, bénéficie à cet égard à l'origine d'une certaine sympathie de Kavād. Mais le mouvement est poussé à l'extrême par ses partisans et dégénère en une révolte générale qui mène à la destitution du roi des rois en 496 (les manuels marxistes-communistes ont souvent repris ce thème avec délice). Kavād revient au pouvoir trois ans plus tard avec l'aide des Hephtalites que son père Pērōz avait combattus avec ardeur durant tant d'années. La rébellion est finalement noyée dans le sang par Kavād et son fils Husrav Ier en 528/9, mais la doctrine religieuse mazdakite survivra à l'empire sassanide. Sur le plan religieux, la plupart des auteurs grecs et arabes semblent considérer les mazdakites comme une secte manichéenne. Les prêtres mazdéens les prennent pour des hérétiques à cause de leur aversion pour les rituels superficiels.

• MITHRADATE IER PHILHELLÈNE

Roi des rois parthe (ca. 171 – 139/8 av. J.-C.). Il est généralement considéré comme le vrai fondateur de l'empire parthe. Il mène une guerre sur deux fronts. Lors de sa première campagne (entre 160 et 155), il marche contre l'empire gréco-bactrien où il réussit à reconquérir une grande partie des territoires perdus sous Arsace Ier, en particulier la région autour de Nisā. Il se tourne ensuite vers la Médie, où le satrape séleucide Timarque avait fait sécession (162/1), qu'il soumet non sans difficulté en 148. La voie vers la Mésopotamie, qu'il assujettit à son tour vers 141, est dorénavant libre. À Séleucie, il fait frapper des monnaies à son nom avec le titre — anciennement achéménide — « roi des rois » et l'épithète « philhellène » (espérant gagner pour lui l'importante communauté grecque de Séleucie). Mais en 141/40 les événements au nord-est de son empire, en Hyrcanie, appellent toute son attention, car les nomades saces sont de plus en plus menaçants. Il parvient à les repousser et le roi séleucide Démétrios II Nikator qui les avait soutenus est fait prisonnier (140/39). Juste avant sa mort en 139/8, il réussit à prendre Suse et l'Élymaïde. L'empire parthe est devenu une grande puissance qui aura une influence décisive dans les événements en Orient pendant les trois siècles et demi à venir.

• MITHRADATE II LE GRAND

Roi des rois parthe (ca. 124/3 – 88/7 av. J.-C.). Arrivé au pouvoir dans des circonstances difficiles après la mort d'Artaban Ier, tombé au combat contre les nomades, Mithradate II fait vite preuve d'une personnalité remarquable. Au début de son règne, il met un terme à l'indépendance de la Characène sous Hyspaosinès (122/1) et incorpore de grandes parties de la Mésopotamie dans l'empire parthe : il prend Doura Europos (113), et les trois royaumes d'Adiabène, Gordyène et Osrhoène, entre Tigre et Euphrate, deviennent des états vassaux parthes. Vers la fin de son règne, Mithradate intervient pour la première fois en Arménie où il destitue le roi arménien régnant Artavasde (vers 97) et le remplace quelques années plus tard (vers 94) par le fils de celui-ci, Tigrane, pris en otage pendant tout ce temps par les Parthes. Le règne de Mithradate est aussi marqué par la visite d'une ambassade chinoise de l'empereur Wu-ti des Han vers 115. Les négociations entre les deux parties mènent vers une première ouverture de ce qui deviendra plus tard la « route de la Soie ». Un autre fait marquant est la rencontre sur l'Euphrate de l'envoyé parthe Orobazès avec Sulla, à cette époque propréteur romain de Cilicie, pour lui offrir l'« amitié » des Parthes. Mais les Romains ne prennent pas encore vraiment au sérieux les Parthes, et Orobazès est même exécuté par ses propres compatriotes pour avoir nui à l'image parthe à l'étranger... L'influence de la noblesse et des grandes familles parthes s'accroît dans les dernières années du règne de Mithradate et sera un problème grandissant pour l'empire parthe au fil du temps. Avec l'installation d'un « contre-roi » Gotarse Ier en Babylonie (91/0) commence par ailleurs une période de troubles intérieurs. On ne sait plus rien de Mithradate avant sa mort, si ce n'est la prise en otage du roi séleucide Démétrios III (88/7).

• ŠĀBUHR IER (ŠĀPŪR, SAPOR, SAPORÈS)

Roi des rois sassanide (240-272 ap. J.-C.), fils d'Ardaxšīr Ier. Même si la question reste très controversée, Šābuhr semble avoir été d'abord co-régent de son père (239/40 ?), et la prise de Hatra se situe sans doute dans cette période (240/1). La perte de la ville est considérée comme un *casus belli* par les Romains. Dès 241/2 Šābuhr Ier gouverne seul, et sous son règne les campagnes contre Rome se succèdent : l'armée romaine, envoyée en Syrie en 242 sous le commandement de Gordien III et de son préfet du prétoire Timésitheus, remporte quelques succès initiaux au printemps 243 avec la reprise de Carrhes et de Nisibe et la défaite sassanide près de Rhésaina. Mais les Romains perdent la bataille de Misikhè en 244 (alors rebaptisé du nom de Pērōz-Šābuhr « victorieux (est) Šābuhr ») avant d'atteindre la capitale Ctésiphon. Le jeune empereur romain meurt sur la route du retour, et son successeur Philippe l'Arabe est contraint de conclure un traité de paix humiliant et de payer une rançon en échange d'une retraite sûre pour l'armée romaine (244). En 252, Šābuhr conquiert l'Arménie et y installe son fils aîné Ohrmezd comme gouverneur. Encouragé par ces succès, le roi des rois entreprend alors trois campagnes victorieuses en Syrie, Cilicie et Cappadoce, avec entre autres victoires les prises d'Antioche (253, 256) et de Doura (256). Lors de la troisième campagne en 260, les Perses s'emparent une nouvelle fois de Carrhes et d'Édesse où ils capturent l'empereur Valérien. En 262, le souverain palmyrénien Odénath, allié des Romains, entreprend une contre-offensive en Mésopotamie : Carrhes et Nisibe passent de nouveau sous contrôle romain, mais la capitale sassanide Ctésiphon est défendue par les Perses. Toutefois les conquêtes et campagnes de Šābuhr ne se limitent pas à l'ouest. De l'autre côté de l'empire, il soumet le Touran (Tūrān), le Makrān, la Gédrosie, l'Inde septentrionale, ainsi que la partie occidentale de l'empire kouchan, où il installe des gouverneurs kouchano-sassanides qui frapperont leur propre monnaie jusqu'au milieu du IVe siècle. Le règne de Šābuhr n'est cependant pas seulement marqué par les campagnes militaires et les guerres, mais aussi par la fondation de nombreuses villes (Ardašīr-Xvarrah [appelée plus tard Fīrūzābād], Veh-Šābuhr [Bīšāpūr]), la construction de barrages en Xūzestān (la Susiane achéménide), ou encore par la rencontre avec Mānī.

• **ŠĀBUHR II (ŠĀPŪR, SAPOR, SAPORÈS)**

Roi des rois sassanide (309-379 ap. J.-C.). Le règne de Šābuhr II est de loin le plus long parmi les Sassanides, mais les informations sur la première moitié de son règne sont quasi inexistantes. Pour cette période, l'historien perso-arabe Ṭabarī fait mention de campagnes victorieuses contre des tribus arabes et de la conquête du Bahreïn. En 338, Šābuhr parvient à reconquérir l'Arménie, perdue depuis le traité de Nisibe en 298. Il se tourne alors contre la Mésopotamie où il remporte quelques succès contre les Romains, mais subit une défaite à Singara en 344, et le siège de Nisibe échoue à deux reprises (338, 350). De 350 à 358/9, il refoule régulièrement les Chionites au nord de l'empire. En 356, l'empereur romain Constance II lui offre la paix, mais Šābuhr décline cette offre. En 359, il reprend la guerre avec Rome et prend Amida en 360, et les Chionites sont cette fois-ci de son côté. Constance meurt en Cilicie en 361, et son successeur Julien entreprend la dernière grande offensive romaine en Orient en 363, mais échoue devant Ctésiphon et meurt sur la route du retour. L'armée choisit Jovien comme successeur qui entame des négociations de paix quelques jours plus tard : les Romains perdent pratiquement toutes les terres conquises par Dioclétien et doivent rendre Nisibe et Singara. Le règne de Šābuhr est également marqué par les persécutions des chrétiens, considérés comme des sympathisants des Romains depuis la conversion de Constantin, qui continueront jusqu'à sa mort, surtout après l'arrivée au pouvoir de Julien l'Apostat, un ennemi déclaré des chrétiens, en 361.

• SĀSĀN

Ancêtre éponyme des Sassanides. Comme pour les autres fondateurs de dynasties iraniennes préislamiques, beaucoup de choses relèvent de la légende ; si les données fournies par le roi des rois Šābuhr Ier dans sa grande inscription trilingue de Naqš-e Rostam sont fiables, Sāsān semble avoir été son arrière-grand-père. Issu d'une famille noble et marié à Dēnag, une femme de la maison des Bazrangī, il n'est pas exclu qu'il ait été administrateur du temple de la déesse Anāhīd à Staxr. Contrairement à son fils Pābag, père d'Ardašīr Ier et grand-père de Šābuhr Ier, il ne porte pas encore le titre de « roi », mais il est simplement appelé « seigneur » par Šābuhr. La tradition iranienne populaire le présente en revanche comme un berger, et Ardašīr Ier comme un fils naturel de Sāsān et de la fille de Pābag. La tradition grecque, peu crédible car partiale, et que l'on peut saisir chez Agathias (VIe siècle), fait apparaître Pābag non pas comme un roi, mais comme un simple cordonnier.

• ṬABARĪ

Historien universel originaire d'Āmul au Ṭabaristān (225-310/839-923). Peu de détails biographiques sont connus sur Abū Ǧaʿfar Muḥammad b. Ǧarīr b. Yazīd, fils d'un propriétaire terrien relativement prospère. Ayant appris le Coran à l'âge de sept ans, il entreprend plusieurs voyages de recherche en Iran, Syrie, Palestine et Égypte, mais s'installe finalement à Bagdad vers 256/870 jusqu'à sa mort afin de s'y consacrer à l'enseignement et à l'écriture. Auteur d'ouvrages juridiques et d'un commentaire du Coran, son principal ouvrage reste sans aucun doute son « Histoire de prophètes et de rois » (*Taʾrīx al-rusul wa l-mulūk*). Elle traite de la création, des prophètes et patriarches de l'Ancien Testament, des peuples bibliques, et passe ensuite aux anciens Perses (avec une longue section sur les Sassanides) ; puis, après le récit du prophète Mohammed, l'auteur présente l'histoire des Omeyyades et des Abbassides sous forme d'annales jusqu'en l'an 915. Les sources de Ṭabarī comprennent une traduction arabe du *Xvadāy-nāmag* « Livre des seigneurs », l'histoire nationale iranienne dont les origines remontent à l'époque sassanide tardive. Un résumé persan de son ouvrage, enrichi de nouveaux éléments, a été réalisé en 352/963 par le vizir samanide Abū ʿAlī Muḥammad al-Balʿamī.

• VAHRĀM V GŌR (BAHRĀM)

Roi des rois sassanide (421-439 ap. J.-C.), fils et successeur de Yazdgerd Ier. Sa mère Šōšenduxt est une des filles de l'exilarque juif. Vahrām est élevé à la cour des rois lakhmides à Ḥīra. Les nobles perses, qui ont vu s'accroître continuellement leur pouvoir et leur influence depuis Šābuhr II (309-379), veulent l'écarter du trône sassanide afin d'y installer leur propre homme de paille, un dénommé Husrav. Alarmé par l'assassinat de son frère aîné Šābuhr, gouverneur de la Persarménie, Vahrām cherche le soutien des Lakhmides et marche sur la capitale Ctésiphon. Au terme de négociations avec les nobles, ceux-ci cèdent aux exigences légitimes de Vahrām à condition qu'il accepte de corriger les erreurs de gouvernement de son père. Le roi des rois laisse dès lors les affaires d'État à son premier ministre (*vuzurg framādār*) Mihr-Narseh, un ennemi déclaré des chrétiens qui sont de nouveau exposés aux persécutions brutales dont ils avaient déjà été victimes au siècle précédent durant le règne de Šābuhr II. Vahrām lui-même remet aux contribuables une partie de l'impôt foncier et préfère s'adonner aux plaisirs de la musique et de la chasse (d'où son sobriquet d'« onagre »). Cela explique sa popularité inégalée dans la littérature et l'art où il est un motif favori dans les enluminures ou sur les coupes d'argent, les tissus et les tapisseries perses bien au-delà de l'époque sassanide. Les innombrables légendes autour de sa personne relatent également ses exploits dans la lutte contre les Hephtalites à qui il inflige une lourde défaite dans les steppes au nord de Merv. Sur le front occidental, il a moins de succès : la brève guerre opposant les Sassanides à Byzance en 421 se termine par la signature d'un traité de paix dans lequel est stipulée la liberté de culte pour les chrétiens dans l'empire sassanide, et celle des zoroastriens dans l'empire byzantin. Aussi la clause obligeant les Byzantins à une contribution financière pour le maintien de la surveillance des défilés du Caucase est renouvelée. Les circonstances de la mort de Vahrām Gōr restent non élucidées.

• VAHRĀM VI ČŌBĪN (BAHRĀM)

Commandant en chef de l'armée sassanide sous Hormezd IV (579-590 ap. J.-C.) en tant que membre de la famille des Mihrān (où cette fonction était héréditaire) et contre-roi (590-591) du roi des rois sassanide Husrav II (590-628). Sa stature grande et mince lui vaut le surnom de Čōbīn « ressemblant à un bâton ». Ayant débuté sa carrière militaire comme margrave (mp. *marzbān*) de Ray, il commande les forces perses qui refoulent les Turcs occidentaux en 588 et prend la ville de Balx (l'ancienne Bactres). En traversant l'Oxus, il remporte par la suite une victoire retentissante contre les Turcs orientaux et passe pour avoir tué de sa propre main le Grand Xāqān. Méfiant et jaloux devant le succès de Vahrām Čōbīn, le roi des rois Hormezd lui reproche d'avoir voulu garder pour lui une partie du butin saisi aux Turcs et le disgrâcie. C'était sans compter sur la popularité de Vahrām auprès de ses troupes. Vahrām s'insurge et se met en marche vers Ctésiphon, rejoint par de nombreux vétérans. Afin d'éviter le pire, les nobles destituent Hormezd pour le remplacer par son fils Husrav II. À l'approche de Vahrām, celui-ci s'enfuit en territoire byzantin. Vahrām s'autoproclame roi des rois à l'été 590 à Ctésiphon, mais les nobles et les prêtres choisissent le camp de l'inexpérimenté Husrav qui entre-temps a obtenu le soutien militaire de l'empereur byzantin Maurice en échange de concessions territoriales. L'affrontement inégal entre la grande armée de Husrav et les forces plus réduites de Vahrām a lieu en Azerbaïdjan, autour du lac d'Ourmia. Vahrām est battu, et ses enfants et femmes capturés. Il s'enfuit vers Nīšābuhr et se résout finalement à traverser l'Oxus et à demander asile auprès des Turcs, où il est accueilli avec tous les honneurs par le Grand Xāqān. Il y meurt peu après, probablement assassiné sur les consignes de Husrav.

• XERXÈS Ier

Grand roi achéménide (486-465 av. J.-C.), un des fils nés de l'union de Darius et d'Atossa (une fille de Cyrus) et désigné successeur par son père de son vivant aux dépens du fils aîné Artobarzanès. Selon ses propres mots, Xerxès souhaite agir dans la continuité de son père afin de poursuivre ses projets militaires et d'achever les travaux de construction à Persépolis. Ayant maté « brutalement » une rébellion en Égypte (485/4) et une révolte éphémère en Babylonie (482) au début de son règne, Xerxès commence sa campagne contre la Grèce, et en particulier Athènes, en 481. Il quitte la Perse en avril 481 et hiverne à Sardes. L'hiver passé, il traverse la Thrace méridionale, la Macédoine et la Grèce du Nord. Les cités grecques anti-perses, sous la direction de Sparte et d'Athènes, concluent une alliance militaire (*symmachia*) à Corinthe en 481. En août 480, les troupes grecques et perses s'affrontent aux Thermopyles où les Perses s'emparent du défilé malgré la résistance courageuse de Léonidas et de ses Spartiates. La flotte grecque, stationnée au cap Artémision dans un premier temps, se replie vers le sud. L'armée de terre perse détruit la Phocide et l'Attique sur sa route vers Athènes où elle brûle l'Acropole. Sur les conseils de Thémistocle, les Athéniens décident de mener un combat décisif sur mer : dans la baie de Salamine, la flotte perse est en partie détruite en septembre 480. L'année suivante, les troupes perses terrestres, sous le commandement de Mardonios, envahissent l'Attique pour la deuxième fois. Au terme d'une lourde bataille de plusieurs semaines près de Platées, Mardonios meurt en septembre 479, et les Perses rescapés ont du mal à rejoindre l'Asie Mineure. Peu avant, les Grecs avaient vaincu près du cap Mycale ce qui restait de la flotte perse. Les défaites en Grèce n'ont vraisemblablement pas eu le même effet sur Xerxès et les Perses (après tout, Athènes avait reçu sa « punition »), bientôt préoccupés par une nouvelle révolte en Babylonie, que sur les Grecs, pour qui il s'agissait d'une victoire contre un adversaire puissant. Xerxès meurt en août 465, victime d'une révolution de palais.

• **ZOROASTRE**/ZARAΘUŠTRA

Fondateur d'une religion appelée le « zoroastrisme » d'après lui. Il est censé être l'« auteur » des *Gāθās*, la partie la plus ancienne de l'Avesta, mais ce texte ne contient pas de renvois géographiques ou chronologiques précis en rapport avec lui. La datation et la localisation du « prophète » sont par conséquent vivement disputées, et même son historicité est mise en question. Les anachronismes dans le texte avestique, dus à une longue transmission orale, et les nombreuses légendes autour de sa personne n'arrangent évidemment pas les choses. La datation précise de 258 ans avant Alexandre le Grand, fournie par les auteurs arabes Masʿūdī (Xe siècle) et Bīrūnī (XIe siècle), est très probablement une re-datation de l'époque sassanide tardive. Si Zoroastre (dont le nom avestique *Zaraθuštra-* signifie « celui qui a de vieux chameaux ») a réellement existé, une datation au tournant du IIe au Ier millénaire av. J.-C. semble plausible. Le lieu de ses activités est, s'il est possible, encore plus disputé : plusieurs régions ont été proposées, dont la Chorasmie, le Chorassan, la Margiane, la Bactriane ou le Sistān. La seule certitude semble être celle d'une localisation dans la partie orientale de l'Iran, mais ni la philologie, ni la linguistique historique, ni l'archéologie ne permettent de résoudre la question de manière définitive.

ORIENTATION BIBLIOGRAPHIQUE

Le nombre d'ouvrages en langue française étant plutôt limité, cette bibliographie contient aussi de nombreux titres récents en anglais et en allemand.

Bibliographies et cartes

Abstracta Iranica. Supplément à Studia Iranica, 1977– (en cours, revue bibliographique contenant de brèves notices critiques).

Section « Iranian languages – langues iraniennes », dans *Bibliographie Linguistique,* Dordrecht etc., 1950– (en cours, publication annuelle ; paraît actuellement avec un retard de quatre ans).

BRIANT, Pierre, *Bulletin d'Histoire Achéménide I (BHAch I),* dans : *Topoi,* suppl. 1, 1997, pp. 5-127 — essai bibliographique complétant la bibliographie contenue dans Briant, *HEP* et Weber/Wiesehöfer (cf. *infra*).

BRIANT, Pierre, *Bulletin d'Histoire Achéménide II.* Persika 1, Paris, 2001 — prend suite à *BHAch* I dans une nouvelle série.

WEBER, Ursula, et Josef WIESEHÖFER, *Das Reich der Achaimeniden. Eine Bibliographie,* Berlin, 1996 (AMI. Ergänzungsband 15) — constitue la bibliographie la plus exhaustive sur les Achéménides.

Pour les autres grandes dynasties de l'Iran ancien, il n'existe malheureusement pas d'instrument équivalent, mais on trouvera une première orientation bibliographique utile sur les sites web www.seleukids.org/Bibliography.htm et www.parthia.com/parthia_biblio.htm (pour l'heure, on ne dispose de rien de comparable pour les Sassanides ; en attendant, cf. www.sasanika.com/library.asp).

HOURCADE, Bernard ; Mahmoud TALEGHANI et Mohammad-Hossein PAPOLI-YAZDI (éds.), *Atlas d'Iran,* Paris, 1997.

De nombreuses cartes historiques sont à consulter dans le *Tübinger Atlas des Vorderen Orients (TAVO),* Wiesbaden.

The Barrington Atlas of the Greek and Roman World, éd. par R. J. A. TALBERT, Princeton/Oxford, 2000.

Ouvrages de référence

Compendium Linguarum Iranicarum, éd. par Rüdiger SCHMITT, Wiesbaden, 1989 — recueil d'articles en français, anglais et allemand avec des descriptions succinctes de très haute qualité des langues de l'iranien ancien, moyen et moderne.

Encyclopædia Iranica, éd. par Ehsan YARSHATER, Londres etc., 1982– (en cours) — 12 vols. [A-H] parus à ce jour ; les articles sont également disponibles librement sur le site web de cette encyclopédie <www.iranica.com>.

SCHMITT, Rüdiger, *Die iranischen Sprachen in Geschichte und Gegenwart*, Wiesbaden, 2000 — excellent abrégé du *Compendium* (cf. ci-dessus).

Sources

BOYCE, Mary (ed. and tr. by), *Textual Sources for the Study of Zoroastrianism*, Manchester, 1984 (= paperback Chicago, 1990).

Corpus Inscriptionum Iranicarum, Londres, 1955– (en cours) — comprend jusqu'à ce jour une quarantaine de volumes de textes épigraphiques (inscriptions, ostraca, papyrus et parchemins) de l'Iran ancien (et postérieurement).

DODGEON, Michael H., et Samuel N. C. LIEU (éds.), *The Roman Eastern Frontier and the Persian Wars (A.D. 226-363). A Documentary History*, Londres/New York, 1991 (= paperback, 1994) — contient une traduction commentée d'une large sélection de passages concernant les relations romano-perses au début de la dynastie sassanide.

GREATREX, Geoffrey, et Samuel N. C. LIEU (éds.), *The Roman Eastern Frontier and the Persian Wars.* Part II. *AD 363-630. A Narrative Sourcebook*, Londres/New York, 2002 — suite du volume précédent (jusqu'à la fin de l'époque sassanide).

LECOQ, Pierre, *Les inscriptions de la Perse achéménide*, Paris, 1997.

WINTER, Engelbert et Beate DIGNAS, (éds.), *Rom und das Perserreich. Zwei Weltmächte zwischen Konfrontation und Koexistenz*, Berlin, 2001 — une traduction anglaise paraîtra sous peu.

ORIENTATION BIBLIOGRAPHIQUE

Histoire et civilisation

Études d'ensemble

The Cambridge History of Iran, vols. 2-3, Cambridge, 1983-1985.

The Cambridge Ancient History, vols. 4-10, 13, Cambridge, 1984-1997.

Frye, Richard Nelson, *The History of Ancient Iran*, Munich, 1984 (Handbuch der Altertumswissenschaft, vol. 7) — concerne avant tout l'histoire politique.

Potts, Daniel T., *The Archaeology of Elam. Formation and Transformation of an Ancient Iranian State*, Cambridge, 1998 (Cambridge World Archaeology). — étude très détaillée sur l'Élam des origines jusqu'aux Sassanides (et après).

Wiesehöfer, Josef, *Ancient Persia. From 550 B.C. to 650 A.D.*, Londres/New York, 2001 [2e éd. ; trad. angl. mise à jour de l'édition originale en allemand de 1994] — vue d'emsemble très bien informée avec de très utiles « essais bibliographiques », s'adressant à un large public.

De l'arrivée au plateau iranien jusqu'aux Achéménides

Achaemenid History I-VIII, éd. par Heleen Sancisi-Weerdenburg, Amélie Kuhrt et autres, Leyde, 1987-1994.

Briant, Pierre, *Darius, les Perses et l'Empire*, Paris, 1992 (collection « Découvertes Gallimard »).

—, *Histoire de l'Empire Perse. De Cyrus à Alexandre*, Paris, 1996 (*HEP*) — avec un dossier sur ce livre, résultant des actes d'un colloque tenu à Lyon, dans *Topoi*, suppl. 1, 1997, pp. 129-434.

—, *Darius dans l'ombre d'Alexandre*, Paris, 2003.

Kuhrt, Amélie, *The Ancient Near East c. 3000-300 B.C.*, vol. 2, Londres, 1995.

Alexandre et les Séleucides

Briant, Pierre, *Alexandre le Grand*, Paris, 5e éd. revue, 2002 (Que sais-je ? 622).

—, *Alexandre le Grand : De la Grèce à l'Inde*, Paris, 2004 [=1987] (collection « Découvertes Gallimard »).

Sherwin-White, Susan, et Amélie Kuhrt, *From Samarkhand to Sardis. A New Approach to the Seleucid Empire*, Londres, 1993 — avec un dossier sur ce livre dans *Topoi* 4/2, 1994, pp. 431-610.

WIESEHÖFER, Josef, *Die ‚dunklen Jahrhunderte' der Persis*, Munich, 1994 (Zetemata, Heft 90) — traite du Fārs de 330 à 140 av. J.-C.
WOLSKI, Józef, *The Seleucids. The Decline and Fall of their Empire*, Kraków, 1999.

Les Parthes

Das Partherreich und seine Zeugnisse – The Arsacid Empire : Sources and Documentation, éd. par Josef WIESEHÖFER, Stuttgart, 1998 — actes d'un colloque.
OLBRYCHT, Marek J., *Parthia et ulteriores gentes. Die politischen Beziehungen zwischen dem arsakidischen Iran und den Nomaden der eurasiatischen Steppen*, Munich, 1998.
VERSTANDIG, André, *Histoire de l'Empire des Parthes (-250 – 227)*, Bruxelles, 2001 — s'adresse à un large public et se limite à l'histoire événementielle.
WOLSKI, Józef, *L'Empire des Arsacides*, Louvain, 1993 (Acta Iranica, 32).

Les Sassanides

CHRISTENSEN, Arthur, *L'Iran sous les Sassanides*, Copenhague, ²1944 (réimpr. Osnabrück, 1971) — reste la seule étude approfondie et systématique, quoique dépassée à maints égards et ne pas suffisamment critique envers les sources.
SCHIPPMANN, Klaus, *Grundzüge der Geschichte des sasanidischen Reiches*, Wiesbaden, 1990.

Autres

Art et archéologie

BOARDMAN, John, *Persia and the West : An Archaeological Investigation of the Genesis of Achaemenid Persian Art*, Londres, 2000.
CHEVALIER, Nicole, *La recherche archéologique française au Moyen-Orient, 1842-1947*, Paris, 2002.
COLLEDGE, Malcolm A. R., *Parthian Art*, Londres, 1977.
COOL-ROOT, Margaret, *The King and Kingship in Achaemenid Art*, Leyde, 1979 (Acta Iranica, 10).
CURTIS, John, *Ancient Persia*, Londres, ²2000.
CURTIS, Vesta Sarkhosh ; Robert HILLENBRAND et Michael ROGERS, (éds.), *The Art and Archaeology of Ancient Persia : New Light on the*

Parthian and Sasanian Empires, Londres, 1998.
GHIRSHMAN, Roman, *L'art de l'Iran des origines aux Achéménides*, Paris, 1963.
—, *Parthes et Sassanides*, Paris, 1962.
KAWAMI, Trudy S., *Monumental Art of the Parthian Period in Iran*, Leyde, 1987 (Acta Iranica, 26).
MILLER, Margaret C., *Athens and Persia in the Fifth Century B.C. : A Study in Cultural Receptivity*, Cambridge, 1997.

Une mission en Perse. 1897-1912. Paris, Éditions de la Réunion des Musées Nationaux, 1997 (Les dossiers du musée du Louvre. Dossier du département des Antiquités orientales, 52). — dossier sur la Délégation scientifique française en Perse et les fouilles françaises à Suse.
Splendeur des Sassanides. L'empire perse entre Rome et la Chine [224-642], Bruxelles, Musées Royaux d'Art et d'Histoire, 1993.
7000 ans d'art perse. Chefs-d'œuvre du Musée National de Téhéran. Éd. par Wilfried SEIPEL, Paris, 2002 (trad. fr. de la version originale allemande de Vienne, 2000).
Forgotten Empire. The World of Ancient Persia. Éd. par John Curtis et Nigel Tallis, Londres, 2005.
Plusieurs numéros des « Dossiers d'Archéologie » ont été entièrement consacrés à l'Iran ancien, dont par exemple :
Iran : La Perse de Cyrus à Alexandre (n° 227, octobre 1997).
Empires perses d'Alexandre aux Sassanides (n° 243, mai 1999).
Les Parthes (n° 271, mars 2002).

Religion

BOYCE, Mary, *A History of Zoroastrianism*, Leyde, I, 1975 (réimpr. corrigée, 1989) ; II, 1982 ; III (avec Frantz Grenet), 1991 (Handbuch der Orientalistik).
—, *Zoroastrianism. Its Antiquity and Constant Vigour*, Costa Mesa (Ca.)/New York, 1992 (Columbia Lectures on Iranian Studies, 7).
CURTIS, Vesta Sarkhosh, *Mythes perses*, Paris, 1994 (trad. fr. de *Persian Myths*, Londres, 1993).
DUCHESNE-GUILLEMIN, Jacques, *La religion de l'Iran ancien*, Paris, 1964.
Die Gnosis. Der Manichäismus. Unter Mitw. von Jes Peter ASMUSSEN eingel., übers. und erläut. von Alexander BOHLIG, Munich/Zurich, 1995.
JULLIEN, Christelle et Florence, *Apôtres des confins. Processus missionnaires chrétiens dans l'empire iranien*, Bures-sur-Yvette, 2002 (Res Orientales, XV).

KELLENS, Jean (éd.), *La religion iranienne à l'époque achéménide*, Gand, 1991.
—, *Essays on Zarathustra and Zoroastrianism*. Tr. and ed. by Prods Oktor Skjærvø, Costa Mesa (Ca.), 2000 (Zoroastrian Studies Series, 1).
MIKKELSEN, Gunner B., *Bibliographia Manichaica : a Comprehensive Bibliography of Manichaeism through 1996*, Turnhout, 1997 (Corpus Fontium Manichaeorum : Subsidia).
NEUSNER, Jacob, *Israel and Iran in Talmudic Times. A Political History*, Lanham/New York/London, 1986 (Studies in Judaism).
STAUSBERG, Michael, *Faszination Zarathustra : Zoroaster und die Europäische Religionsgeschichte der frühen Neuzeit*. Vorw. Carsten COLPE, Berlin, 1998 (Religionsgeschichtliche Versuche und Vorarbeiten, 42).
—, *Die Religion Zarathushtras : Geschichte – Gegenwart – Rituale*. Band 1, Stuttgart/Berlin/Köln, 2002.
TARDIEU, Michel, *Le manichéisme*, 2e éd. corrigée, Paris, 1997 (Que sais-je ? N° 1940).

Vie quotidienne, économie, organisation militaire, sociale et politique

ALRAM, Michael, et Rika GYSELEN, *Sylloge Nummorum Sasanidarum. Paris-Berlin-Wien*. Vol. I. *Ardashir I. – Shapur I.*, Vienne, 2003. — cinq autres volumes de cet ouvrage standard de la numismatique sassanide sont en cours de rédaction.
BAR KOCHVA, Bezalel, *The Seleucid Army. Organisation and Tactics in the Great Campaigns*, Cambridge, 1976.
BRIANT, Pierre (éd.), *Irrigation et drainage dans l'Antiquité, qanāts et canalisations souterraines en Iran, en Égypte et en Grèce*. Séminaire tenu au Collège de France, Paris, 2001 (Persika 2).
BROSIUS, Maria, *Women in Ancient Persia*, Oxford, 1996.
DANDAMAEV, Muhammad, et Vladimir LUKONIN, *The Culture and Social Institutions of Ancient Iran*, Cambridge, 1989.
GYSELEN, Rika, *La géographie administrative de l'Empire sassanide. Les témoignages sigillographiques*, Bures-sur-Yvette, 1989 (Res Orientales, I).
HEAD, Duncan, *The Achaemenid Persian Army*, Reddish, 1992.
KOCH, Heidemarie, *Es kündet Dareios der König... Vom Leben im persischen Großreich*, Mainz, 1992 (Kulturgeschichte der antiken Welt, 55).
—, *Verwaltung und Wirtschaft im persischen Kernland zur Zeit der*

Achämeniden, Wiesbaden, 1991.

MACUCH, Maria, *Rechtskasuistik und Gerichtspraxis zu Beginn des siebenten Jahrhunderts im Iran. Die Rechtssammlung des Farroḫmard i Wahrāmān*, Wiesbaden, 1993 (Iranica 1).

NICOLLE, David, *Sassanian Armies : the Iranian Empire early 3rd to mid-7th Centuries AD*, Stockport, 1996.

WILCOX, Peter, et Angus MCBRIDE, *Rome's Enemies*. Vol. 3. *Parthians and Sassanid Persians*, Osprey, 1986 (Men-At-Arms Series, 175).

Littérature

CERETI, Carlo G., *La letteratura pahlavi. Introduzione ai testi con riferimenti alla storia degli studi e alla tradizione manoscritta*, Milano, 2001.

INDEX GÉNÉRAL

Les mots en caractères gras bénéficient d'une (sous-)rubrique.

INDEX DES NOMS
DE PERSONNES ET DE DIEUX

Les noms en caractères gras bénéficient d'une notice biographique.

INDEX GÉOGRAPHIQUE

INDEX GÉOGRAPHIQUE

INDEX GÉOGRAPHIQUE

DANS LA MÊME COLLECTION

Rome par Jean-Noël Robert
La Chine classique par Ivan P. Kamenarović
La Grèce classique par Anne-Marie Buttin
L'Islande médiévale par Régis Boyer
L'Inde classique par Michel Angot
L'Empire ottoman, XVe-XVIIIe siècle par Frédéric Hitzel
La Mésopotamie par Jean-Jacques Glassner
L'Espagne médiévale par Adeline Rucquoi
La France au Moyen Âge par Marie-Anne Polo de Beaulieu
Les Khmers par Bruno Dagens
La Russie médiévale par Jean-Pierre Arrignon
Venise au Moyen Âge par Jean-Claude Hocquet
Le Siam par Michel Jacq-Hergoualc'h
Les Mayas par Claude-François Baudez
Les Étrusques par Jean-Noël Robert
Les Gaulois par Jean-Louis Brunaux
La Birmanie par Guy Lubeigt
L'Amérique espagnole par Oscar Mazin
Le Viêtnam ancien par Anne-Valérie Schweyer
La Perse antique par Philip Huyse
Carthage et le monde punique par Hédi Dridi
Le Japon d'Edo par François & Mieko Macé
Byzance par Michel Kaplan
La Palestine à l'époque romaine par Caroline Arnould-Béhar
Québec par Raymonde Litalien
Les Incas par César Itier
Les Aztèques par Jacqueline de Durand-Forest
Pétra et les Nabatéens par Marie-Jeanne Roche
La Corée du Choson par Francis Macouin
L'Amérique du XVIIIe siècle par Claude Coulon
Les Inuit par Michèle Therrien
L'Angleterre élisabéthaine par Henri Suhamy
Naples entre baroque et Lumières par Luca Salza
La France de Louis XIV par Jean-François Bassinet
La Chine au XVIIIe siècle par Damien Chaussende
Le Dernier Siècle de l'Empire ottoman par Frédéric Hitzel
Pompéi et la Campanie antique par Jean-Noël Robert
L'Iran médiéval par Ève Feuillebois
L'Âge d'or du Tibet. XVIIe & XVIIIe siècles par Katia Buffetrille
L'Asie centrale de Tamerlan par Alexandre Papas et Marc Toutant
La Turquie au XXe siècle par Frédéric Hitzel

Ce volume,
le vingtième
de la collection « Guide Belles Lettres des Civilisations »
publié aux Éditions Les Belles Lettres
a été achevé d'imprimer
en novembre 2022
sur les presses
de l'imprimerie SEPEC Numérique
01960 Péronnas, France

N° d'édition : 10425
N° d'impression : N05425221102
Dépot légal : décembre 2022